江苏省残疾人事业发展研究课题重点项目"人工智能赋能特殊教育高质量发展路径研究"（2023SC01007）和国家语委一般项目"关键领域语言文字规范标准建设新需求研究"（YB145-120）成果

总主编　雷江华　　副总主编　路荣喜　杨宁春

人工智能赋能
特殊教育探索

葛修娟　张居晓　主编

重庆大学出版社

图书在版编目（CIP）数据

人工智能赋能特殊教育探索 / 葛修娟, 张居晓主编.
重庆 : 重庆大学出版社, 2025. 5. -- (特殊教育数字化
实践与研究丛书). -- ISBN 978-7-5689-4928-6

Ⅰ. G76-39

中国国家版本馆 CIP 数据核字第 2025QC2368 号

人工智能赋能特殊教育探索

主　　编：葛修娟　张居晓
策划编辑：陈　曦
责任编辑：董　康　　版式设计：姿　兰
责任校对：关德强　　责任印制：张　策
*
重庆大学出版社出版发行
出版人：陈晓阳
社址：重庆市沙坪坝区大学城西路 21 号
邮编：401331
电话：(023)88617190　　　88617185(中小学)
传真：(023)88617186　　　88617166
网址：http://www.cqup.com.cn
邮箱：fxk@cqup.com.cn(营销中心)
全国新华书店经销
重庆市正前方彩色印刷有限公司印刷
*
开本：787mm×1092mm　1/16　印张：14.5　　字数：257 千
2025 年 5 月第 1 版　2025 年 5 月第 1 次印刷
ISBN 978-7-5689-4928-6　定价：68.00 元

本书编委会

总　主　编：雷江华

副总主编：路荣喜　杨宁春

主　　编：葛修娟　张居晓

副　主　编：相　林　许梦阳　蒋小艳　张悦歆

　　　　　　彭　鹏　蔡　寅　龚寓恺

推荐序一

在当今数字化浪潮席卷全球的背景下，教育领域正经历着前所未有的变革。"特殊教育数字化实践与研究丛书"的编纂与出版，无疑是这一变革中一抹亮丽的色彩，它积极响应了《国务院办公厅关于转发教育部等部门"十四五"特殊教育发展提升行动计划的通知》的精神，不仅是对当前特殊教育数字化转型与发展趋势的深刻洞察，更是对未来教育形态的前瞻布局。我深感此书系的重要性与深远影响，特此向贵社强烈推荐其出版。

本套丛书由国内特殊教育领域的专家学者、一线校长和骨干教师精心编撰，汇集了他们在特殊教育数字化实践中的丰富经验与深刻洞见。丛书内容广泛，从智慧校园、智慧课堂的建设，到师生数字化素养的提升；从数字资源的开发与应用，到人工智能在特殊教育中的创新实践；从特殊教育的信息化教学，到数字化时代特殊教育学校的管理，均有深入探讨。

特别值得一提的是，丛书不仅停留在理论层面的探讨，更结合了大量生动鲜活的实践案例，让读者能够直观地感受到数字化技术在特殊教育领域的实际应用效果，数字化技术的融合不仅为特殊儿童提供了更加个性化、便捷的学习方式，也为教师和学校管理者带来了新的挑战与机遇。这种理论与实践相结合的编写方式，使得丛书具有很高的实用价值和借鉴意义。

我相信该丛书的问世，将对我国特殊教育领域的数字化发展产生重要的促进作用，也能为特殊教育的高质量发展做出新的贡献。

尚俊杰

2024年9月12日

推荐序二

　　《国务院办公厅关于转发教育部等部门"十四五"特殊教育发展提升行动计划的通知》（国办发〔2021〕60号）指出，"促进信息技术与特殊教育融合。充分应用互联网、云计算、大数据、虚拟现实和人工智能等新技术，推进特殊教育智慧校园、智慧课堂建设。推动残疾儿童青少年相关数据互通共享。开发特殊教育数字化课程教学资源，扩大优质资源覆盖面"。如何全面落实这一目标措施，通过信息技术与特殊教育的融合推进特殊教育高质量发展是当前面临的重要课题。

　　目前新一代信息技术在人们社会生活中被广泛应用，引发了教育领域的第四次教育革命，对教师教学方式、学生学习方式产生了重要影响。特殊教育作为教育事业的重要组成部分，数字化将改变学生教育康复、学习生活、教师教学方式和学校管理方式，正在影响着特殊教育办学效益和质量提升。普通学校在教育信息化方面从软硬件装备、信息化环境建设、教学及管理应用已经有很多成熟的经验和做法，也有很多理论和实践案例书籍资料可供学习参考，而特殊教育信息化方面的资料匮乏，研究和实践书籍几乎空白。

　　中国教育学会特殊教育分会组织了在国内本领域有一定理论研究和实践经验的专家学者、一线校长和骨干教师，编写了"特殊教育数字化实践与研究丛书"，对盲、聋、培智学校和融合教育学校的智慧校园、智慧课堂、师生数字素养、数字资源建设与应用规范，人工智能如何赋能各类障碍儿童教育，盲校、聋校、培智学校的信息科技课程教学，数字化时代的特殊教育学校管理等分别进行了探讨，结合多年的实践案例进行分析梳理，提出下步的发展趋势和思路。本套丛书的出版将填补我国特殊教育数字化研究的空白，为特殊教育领域提供很好的经验借鉴和学习参考，建议尽快出版。

　　特此推荐！

许家成

2024年5月11日

丛书总序

人工智能、云计算等数字技术的发展需要特殊教育主动予以应对，特别是需要特殊教育工作者通过深度学习来实现数字技术与特教管理、课堂教学、支持系统建设等的深入融合，助推教师未来在学科教学中自觉从"教了"向"教好了"到"教美了"再到"教绝了"的阶梯式攀登，以达成数字化赋能特殊教育的高质量发展，实现立德树人的根本任务。党的二十大报告明确提出了"推进教育数字化"的战略要求，《"十四五"特殊教育发展提升行动计划》明确指出："鼓励有条件的地方充分应用互联网、云计算、大数据、虚拟现实和人工智能等新技术，推进特殊教育智慧校园、智慧课堂建设。推动残疾儿童青少年相关数据互通共享。开发特殊教育数字化课程教学资源，扩大优质资源覆盖面。"为了应对党和国家提出的数字化战略行动以及数字技术日新月异的变化，重庆大学出版社提议出版一套数字化背景下特殊教育丛书来满足基层特殊教育工作者的需求，助力他们数字化素养的提升。

丛书是集体智慧的结晶，希望通过这套丛书能激发大家运用人工智能等信息技术来提升教学的热情和行动，从将信息技术作为一种手段上升到视其为文化与理念的高阶境界。为了体现这一想法，丛书试图凸显如下特点：一是在传统性的基础上彰显现代性。课堂永远是学校教育教学的生命线，尽管特殊教育学校的课堂教学依然保持着传统的班级组织形式，但信息化、数字化、人工智能等技术变革让传统课堂焕发出了现代的生机活力，如智慧教室的线上教学实现了优质资源的共享，信息化的管理系统让学生的学习过程可以实时监测和个性化评估等。二是在普遍性的基础上凸显特殊性。数字化转型在教育各个领域推进，特殊教育作为高质量教育体系的一个子系统，必然在跟上数字化步伐的同时体现出自身的独特性，无论是学校的信息化规划还是具体举措，都应体现特殊性，例如天津理工大学开发的"手语实时翻译系统"可以提高听障学生交流的质量。三是在实用性的基础上显现推广性。数字技术与特殊教育的深度融合除了要从理论层面予以深入思考外，特别需要强调从实用的角度聚焦特殊教育学校的实践，因此在相关的内容中提供了具体的案例，以便能够推广。总之，数字技术可以实现资源的快速整合和共享，打破地域和时间限制，让更多人平等地享受到优质教育资源。

丛书由《人工智能赋能特殊教育》《特殊教育学校智慧校园建设》《特殊教育学校课程与教学数字化》《特殊教育学校管理数字化》等四部构成，《人工智能赋能特殊教育》主要探讨人工智能的发展趋势以及在特殊教育各个领域的具体应用，《特殊教育学校智慧校园建设》主要阐述数字技术赋能特殊教育学校校园建设的实践与成效，《特殊教育学校课程与教学数字化》重点关注特殊教育学校信息技术课程与教学的组织与实施，《特殊教育学校管理数字化》主要聚焦数字技术支持学校管理的举措与效能等。特别需要指出的是，该丛书是高校与基层特殊教育学校合作编写的成果，既有理论的思考，也有实践的经验，希望能借出版之机，让全国特殊教育学校携手共进，通过区域资源中心聚合教学资源，聚焦教师成长，聚力学生发展。

特别感谢中国教育学会特殊教育分会唐淑芬理事长对丛书的成稿工作给予高屋建瓴的指导和充满智慧的支持！衷心感谢丛书付梓之前，北京大学尚俊杰教授与北京联合大学许家成教授拨冗写序，在对丛书表示肯定的同时也提出了很多中肯的修改建议；由衷感谢重庆大学出版社对丛书所付出的辛勤劳动！最后，丛书因编写时间仓促，编写人员较多，难免有疏漏及欠妥之处，敬请各位同仁不吝赐教为感！

雷江华

2024年6月29日

前　言

　　人工智能（AI）是当今科技领域最具潜力和影响力的技术之一。通过大数据驱动，不断改进的深度学习和神经网络算法，加上不断提升的计算能力，人工智能技术在社会的各个领域拥有了广泛的应用。人工智能正不断提高生产效率、推动科学研究、改善人民生活和促进经济社会发展，对人类社会的各个领域产生深远的影响。教育需要适应人工智能的发展，需要利用人工智能技术和理念全面改进知识观、学习观、教学观、课程观和人才观的教育理论；全面重塑学校制度和教育生态；加速提升教师的数字素养；不断提高提升学生的思维水平与创新能力。

　　正当人工智能影响着教育的时候，亦不断与特殊教育深度融合。人工智能技术和理念应用于听觉障碍者、视觉障碍者、孤独症等学生的教育教学，助力个性化教育，提高教育公平。

　　为了更好促进人工智能在特殊教育领域应用，不断提高特殊教育人才培养质量，我们立足"特殊教育+人工智能"的现代化背景，编著本书。共分八章，第一章梳理了人工智能的发展历史与学派，阐述了人工智能的应用领域；第二章描述了人工智能主要技术方法，讲解了深度学习与神经网络等相关理论，以便帮助读者初步了解相关领域知识；第三章介绍了人工智能在教育领域的应用，总结了人工智能在教育领域的应用情况及发展趋势；第四章到第七章分别介绍了人工智能在视障教育、听障教育、智力障碍教育、孤独症教育等领域的运用；第八章介绍了人工智能在图书馆无障碍服务中的应用。

　　南京特殊教育师范学院葛修娟、张居晓负责全书的策划和统稿；葛修娟编著了第一章，南京特殊教育师范学院相林和龚寓恺编著了第二章和第五章，南京特殊教育师范学院许梦阳编著了第三章，北京师范大学张悦歆和彭鹏编著了第四章，南京特殊教育师范学院蒋小艳编著了第六、七章，江苏经贸职业技术学院蔡寅编著了第八章，在此谨向他们表示衷心的感谢！

　　为确保准确性和严谨性，本书编写过程中参阅了大量文献和著作，并引用了一些专家和学者的观点；得到了诸多人工智能与教育领域的专家指导和帮助；华中师范大学雷江华教授调整了框架结构；淄博市特殊教育中心路荣喜校长给出了很多建议；董康、陈曦编辑为本书的出版付出了艰辛的努力。在此一并表示感谢。因写作水平有限，书中难免有错误和疏漏之处，还望广大读者批评指正。

编者

目 录 /

第一章

人工智能概述

2023年，ChatGPT如流星般一夜崛起，风靡大街小巷。从专家学者到普通学生，都纷纷尝试与ChatGPT进行对话，希望探索其背后的奥秘。虽然"人工智能"这一术语已广为人知，并在社会生活的多个领域得到应用，但ChatGPT的出现再次掀起了人工智能领域研究的新浪潮，使公众的目光再次聚焦到这一领域。本章旨在介绍人工智能的定义、发展历程、主要研究流派及其应用领域。

第一节　什么是人工智能

人工智能（Artificial Intelligence），简称AI。根据牛津词典的解释，人工智能是指"研究如何制造出具有人类思维某些特质的机器，如理解语言、识别图片、解决问题和学习的能力"。然而，关于人工智能的科学定义，学术界尚未达成一致，各学者对其有不同的见解，针对不同领域的人工智能应用也存在多样的定义。以下是一些学者关于人工智能概念的描述。

一、国外学者的定义

斯坦福大学人工智能研究中心的Nils J. Nilsson教授将人工智能定义为"人工智能涉及所有智能行为，智能行为包括在复杂环境中的感知、推理、学习、沟通和行动"。麻省理工学院的Winston教授认为："人工智能是研究如何使计算机去做过去只有人才能做的智能工作"。麻省理工学院人工智能实验室的创始人之一Marvin Minsky则认为："人工智能就是研究'让机器能胜任那些需要人类智慧才能完成的事情'的科学"。斯坦福大学人工智能实验室主任John McCarthy认为，人工智能是研究制造能够模拟人类智能的智能机器的学科。赫伯特·亚历山大·

西蒙认为，人工智能就是学会怎样编写计算机程序来完成机智的行为，并学习人类怎样做这些机智行为。这些定义强调了人工智能的能力，即让计算机系统能够模拟、仿真或实现人类智能活动，通过学习、推理和自主决策来执行任务，并具备理解、学习、推理和行动的能力。

二、国内学者的定义

蒋新松指出，人工智能是用计算机模拟人的智能行为。蔡自兴、徐光祐认为人工智能近期的主要目标是用机器来模仿和实现人类大脑的某些智力功能，并开发相关理论和技术。朱祝武认为人工智能就是研究怎样用技术的方法在计算机上模拟、实现和扩展人类的智能的一门技术和科学。陈如明认为人工智能就是研究理解和模拟人类智能、智能行为及其规律的一门学科。

综上，从各国学者对人工智能的不同理解可以看出，人工智能的定义涵盖了一系列技术和方法，包括感知、认知、学习、理解自然语言以及适应新环境等各方面，目标是使计算机系统能够执行通常需要人类智力的任务。作为计算机科学的一个分支，人工智能领域涵盖了包括计算机科学、数学、工程学、心理学和神经科学在内的多个学科，旨在开发能够模拟、扩展和执行人类智能的系统。

第二节　人工智能的发展历史

人工智能的发展历史可以追溯到20世纪中叶，经历了多个阶段的演进，力图模拟人类智能，使计算机系统能够执行类似人类的智能行为，引起了各领域专家的广泛关注。目前，人工智能的应用已经涵盖了自然语言处理、计算机视觉、机器学习、智能推荐系统等多个领域。通过不断地研究和创新，正努力研发能够执行智能任务的系统。

人工智能的发展在全球范围内都备受关注，各个国家都在积极推动人工智能技术的研究、发展和应用。美国一直是人工智能领域的领导者，硅谷地区孕育了众多著名的人工智能公司，如谷歌、Meta、Amazon等。美国政府通过资助研究、提供研究资金以及促进产学研合作等方式来支持人工智能的发展。在学术界，美国的大学如斯坦福大学、麻省理工学院等也是人工智能研究的重要机构。加拿大在深度学习领域的研究上也取得了显著的突破。多伦多大学是全球深度学习研究的中心，该校著名学者Geoffrey Hinton是深度学习领域的重要人物。加拿大政府通过支持研究和创新项目，积极推动人工智能的发展。欧洲各国也在人工智能领域取得了重要进展。英国、德国、法国等国家都在政府层面提出了支持人工智能研究和应用的战略。同时，欧洲联盟通过Horizon 2020等项目支持跨国合作和研究。日本、韩国、新加坡等亚洲国家也在人工智能领域有所建树。日本在机器人技术和人工智能应用方面有显著贡献，而韩国和新加坡则在推动创新和人工智能应用上表现活跃[①]。一些新兴市场如印度、以色列等国家也在人工智能领域崭露头角，取得了一些独特的研究和创新成果。印度在数据科学和软件开发方面有强大的实力，以色列则以创新和初创公司的活跃程度著称。我国在人工智能领域同样取得了显著的成就，国家发布了《新一代人工智能发展规划》，明确将人工智能发展纳入国家战略。一些知名公司如百度、阿里巴巴、腾讯等在人工智能研究和应用上都取得了突出进展。国内还相继成立了中国人工智能学会（CAAI）、中国计算机学会人工智能与模式识别专业委员会、中国软件行业协会智能应用服务分会、中国自动化学会模式识别与机器智能专业委员会等学术团体开展人工智能方面的学术交流[②]。总体而言，全球各国都在人工智能领域投入大量资源，并通过政府支持、产学研合作等方式促进人工智能的发展。在国际合作和竞争中，人工智能将是科技创新和经济增长的重要引擎。

谈到人工智能的发展历史，就不得不提到英国数学家、逻辑学家艾伦·图灵（Alan Mathison Turing）。图灵在20世纪30年代提出了图灵机的概念，这是一种用于理解和定义计算的抽象数学模型。图灵机的提出成为计算机科学的基石，为人工智能的理论和发展提供了基础，使人们能够更深入地思考计算和算法的本质。艾伦·图灵还提出了著名的图灵实验，用于评估机器是否具有智能。如果一个人不能通过对话区分其对话的机器对象是机器还是人类，那么可以认为该机器具有智能。这个概念至今仍在人工智能领域中有着重要的影响，尤其是在评估自然语言处理和对话系统的能力方面。艾伦·图灵的思想和贡献为人工智能领域奠定了重要基础，因其对人工智能发展的深远影响，被称为"计算机科学之父"，"人工

---

①韦淋元. 人工智能发展的困境和出路 [D]. 广西师范大学，2011：6

②蔡自兴、徐光祐. 人工智能及其应用 [M]. 北京：清华大学出版社，1996：1.

智能之父"。

一、古代萌芽时期（16世纪以前）

尽管人工智能的正式定义和研究始于20世纪中期，但自古以来人类就致力于用机器替代人类大脑以提高生存能力。古代的一些思想和机械装置，都可以看作人工智能的古代萌芽。古希腊哲学家亚里士多德，对逻辑思考有着深刻的洞察。他的逻辑学和形式化推理的思想奠定了形式逻辑和数理逻辑等新的逻辑学派的基础，对后来的计算机科学和人工智能产生了重大影响。

世界上最早的计算装置之一，希腊小岛安提基特拉的机械装置发明于公元前一世纪，能执行天文计算，在一定程度上代表了人类早期尝试用机械装置模拟和扩展智力的成果。我国早在汉魏时期就有自动机械的相关记载，其中以记里鼓车和指南车最有影响，甚至有机器人。据《列子·汤问》篇记载，在公元前九百多年，周穆王西游时，途中遇到一个名叫偃师的匠人，他把一个能歌善舞的机器人献给穆王。这个机器人走起路来像真人一样昂首、低头，并能歪着脸合乎音律地唱歌，扬起手合乎节拍地跳舞。这些记载在一定程度上反映了我国古代劳动人民在自动机械方面的发明创造[①]。

尽管这些早期的尝试不能被视为真正的人工智能，但它们代表了人类在古代就开始思考如何用机械手段模拟智能行为的愿望。随着时间的推移，科学、哲学和技术的进步，逐渐将这些思想引向了更为系统和科学的研究，最终在20世纪中叶形成了现代人工智能的基石。

二、近现代奠基时期（16世纪—20世纪40年代）

十二世纪末至十三世纪初，随着逻辑学、数学、哲学等相关学科的兴盛，人工智能技术在近代科学兴起后又有了实际的进展。西班牙的神学家和逻辑学家罗门·卢乐提出了逻辑机的概念，引发了各方学者对思维机器制造的思考。1642年，法国物理学家和数学家布莱士·帕斯卡设计了能自动进位的机械计算装置，被称为第一台数字计算器。在此基础上，德国数学家和哲学家莱布尼茨设计出了四则运算计算器，并提出逻辑机的实际设计思想。英国数学家、逻辑学家乔治·布尔进一步实现了莱布尼茨的数学思想，提出了后来在计算机上广泛应用的布尔代数。

---

①林尧瑞，魏宏森.人工智能研究的发展历史及若干问题的初步探讨 [J].国外自动化，1981 (01)：25-31.

进入20世纪，自英国数学家艾伦·图灵提出的图灵机和图灵测试后，人工智能相继出现若干开创性的工作[1]。1943年W·S·McCulloch和W·H·Pitts完成了神经网络的数学模型第一个奠基性的工作[2]，这一工作是从神经网络的生物原型出发，探索脑功能的最早最明确的尝试，因而有人把他们的这一工作看作是人工智能的开端[3]。1946年，世界上第一台通用计算机ENIAC在美国宾夕法尼亚大学研制成功，随后更多的科学家继续为计算机的实用性升级而努力奋斗，其中最著名的学者当属冯·诺依曼。冯·诺依曼计算机结构的设计是当代计算机体系结构的基础，几乎所有现代计算机都遵循这一模型。

虽然在这个时期人工智能的概念尚未正式确立，但这一时期的思想和技术为后来的人工智能研究和发展提供了关键的基础。随着科技和计算能力的不断进步，人工智能的发展逐渐迈入了现代化的阶段。

三、形成时期（20世纪50年代—20世纪50年代末期）

1956年8月约翰·麦卡锡（John McCarthy）、马文·闵斯基（Marvin Minsky，人工智能与认知学专家）、克劳德·香农（Claude Shannon，信息论的创始人）、艾伦·纽厄尔（Allen Newell，计算机科学家）、赫伯特·A·西蒙（Herbert A. Simon，诺贝尔经济学奖得主）等科学家聚在美国汉诺斯小镇的达特茅斯学院中进行学术研讨，会上他们第一次正式使用了人工智能（AI）这一术语，从而开创了人工智能的研究方向。这次历史性的聚会标志着"人工智能"这一概念的诞生，1956年被称为人工智能元年，被认为是人工智能学科正式诞生的标志。自此美国开始了以人工智能为目标的研究，卡内基梅隆大学、麻省理工学院等知名大学及IBM公司分别成立了相关的研究小组，并在此基础上发展出多个著名的人工智能研究中心。

在达特茅斯会议后，人工智能受到高度关注。20世纪50年代后期至60年代初期，人工智能的主导范式是符号主义，重点关注逻辑推理和符号处理。亚瑟·塞缪尔（Arthur Samuel）是人工智能领域的先驱之一，他开发了一个早期的西洋跳棋程序，被称为"Samuel's Checkers"，该程序基于机器学习的概念。他采用了一

---

① 韦淋元. 人工智能发展的困境和出路 [D] . 广西师范大学，2011：4

② McCulloch, W. S. and Pitts, W. H. A Logical Calculus of the Ideas Immanent in Nervous Activity, Bulletin of Mathematical Biophysics, Vol. 5. PP. 115-33/Univ. Of Chicago Press, (1945).

③ 李家治，汪云九，涂序彦等. 人工智能国外研究情况综述 [J] . 自动化学报，1979（01）：74-87.

种称为"自适应控制"的方法，通过不断调整权重来优化程序的性能。塞缪尔的程序使用了一个基于特征的表示方法，通过考虑棋盘上的各种特征和位置，为每个局面分配权重。程序会自动学习和调整这些权重，以提高下棋的效果。这种方法被认为是机器学习的早期实践之一，在人工智能的发展历史中具有重要意义，为后来的机器学习和博弈论等领域的研究提供了经验和启示。1957年艾伦·纽厄尔（Allen Newell）和赫伯特·西蒙（Herbert A. Simon）等人为了解决数学中的定理证明问题，开发了逻辑理论机（Logic Theorist），使用一种称为"逻辑学"的表征方式，试图在机器中模拟人类推理的步骤。程序使用一组逻辑规则和推理策略，通过对定理的逻辑表示进行搜索，试图找到形式上的证明。逻辑理论机是人工智能领域的奠基之作，它在机器学习和推理领域的初期研究中发挥了重要作用。虽然这个项目本身后来并没有继续发展，但它为人工智能的发展奠定了基础。同时期发展出的LISP列表（符号）处理语言（约翰·麦卡锡）、行动计划咨询系统（约翰·麦卡锡）、文法体系（N·Chomsky）及模式识别系统（Oliver Selfridge）等理论和系统，很大程度上推动了人工智能技术的进一步发展。

四、发展时期（20世纪60年代—20世纪90年代）

20世纪60年代至21世纪初，是人工智能得到发展的时期，相关研究经历了多个重要阶段，涵盖了逻辑推理、专家系统、神经网络等多个方向。60年代初，人工智能的先驱们主要关注符号主义和逻辑推理，逻辑理论机的开发以及LISP编程语言的创立是该时期的重要成就。在70年代末至80年代初，专家系统成为人工智能研究的主要方向，使用专家知识库来解决特定领域的问题，如用于医学诊断的MYCIN。80年代，神经网络等模型开始引起关注，如著名的Hopfield网络和反向传播算法，这些方法为神经网络的发展奠定了基础。在80年代和90年代，研究者们致力于改进知识的表示和推理方法，以更有效地模拟人类的思考过程。90年代，机器学习重新引起关注，统计学习方法如支持向量机（SVM）和决策树等在解决模式识别问题方面取得了成功。

在学术领域，这一时期也兴起了一些重要的学术交流组织和活动，大大推动了人工智能的研究发展。国际人工智能联合会议（International Joint Conference on Artificial Intelligence，缩写为IJCAI）是人工智能领域最具权威性和历史最悠久的国际学术会议之一。该会议自1969年首次举办以来，已经成为全球范围内人工智能研究者、学者和从业人员的主要聚会之一。1982年，欧洲地区最古老的人工智能学术组织之一的欧洲人工智能学会成立。同年，学会主办了欧洲人工智能大会（European Conference on Artificial Intelligence，简称ECAI）。该会议是欧洲地区人工智能领域的主要国际性会议之一，旨在促进学术界和工业界之间的交流，展示和讨论最新的人工智能研究成果。会议每两年举办一次，提供了一个国际性的论坛，让全球范围内的人工智能研究者和专业人士分享他们的研究成果、交流思想并建立合作关系。除此之外，还出现了很多人工智能方面的刊物，如1970年创办了《Artificial Intelligence》国际性期刊，IJCAI会议文集、ECAI会议文集等，甚至许多国际知名刊物上都刊载了人工智能相关的论著[1]。

然而，在20世纪80年代中期至90年代初期，由于计算机本身的计算性能不足，且缺乏有效的学习算法，人类在心理学、逻辑学等领域的研究不够深入，以及神经网络、专家系统在处理不确定性和复杂性方面遇到困难，人工智能领域相关的研发目标相继落空，人工智能领域经历了一次相对较长的低迷时期，被称为"人工智能寒冬"（AI Winter），公众对人工智能的热情减退，资金和支持减少，一些技术和方法受到限制。这段低谷期并非整个人工智能领域都停滞不前，仍然有一些重要的研究和发展，但整体上，人工智能在学术、产业和社会层面都经历了相对沉寂的时期。

五、繁荣时期（21世纪至今）

20世纪90年代以来，随着硬件技术的不断进步，特别是图形处理单元（GPU）的发展，计算能力大幅提升，这对于处理大规模数据和训练复杂的神经网络等机器学习模型至关重要。同时，互联网的普及和数字化技术的发展导致大规模数据的产生和积累，这些大数据为机器学习算法提供了更多的训练样本，提高了模型的准确性和泛化能力。机器学习领域也取得了一系列的突破，如支持向量机（SVM）、决策树、随机森林等方法，使得模型能够更好地从数据中学习模式。21世纪初期，随着深度神经网络的成功应用于计算机视觉、自然语言处理和语音识别等领域，深度学习逐渐兴起并成为人工智能的关键驱动力，人工智能得到突飞猛进的发展，出现了新的研究高潮。如图1-1所示，在中国知网上以"人工智能"为关键词搜索，可以看到2002年只有1996篇研究文献，到2022年已经达到27567篇。这20年，知网上与人工智能相关的研究文献数量增长了二十多倍。人工智能

---

[1]李红霞.人工智能发展综述［J］.甘肃科技纵横，2007（5）：17-18.

学术研究的热度上涨从一个侧面反映了社会各界对人工智能技术的关注。从工业应用的角度来看，随着自然语言处理技术、计算机视觉技术及语音识别技术的发展，人工智能技术在工业应用中发挥着重要的作用。质量检测、智能控制、实时监测等工业手段的应用使工业生产更加智能、高效和灵活，带来了生产效率的提升、生产的智能化和创新的可能性。

2016年，Google DeepMind开发的人工智能围棋程序AlphaGo以4∶1的成绩战胜围棋世界冠军李世石的新闻引发了全球震动。AlphaGo的成功，展示了深度学习和强化学习在处理复杂的智能任务上的潜力，并在全球范围内引起了对人工智能在各个领域的影响和应用的讨论。2017年，深度学习成为人工智能领域的热点[①]。2022年11月30日，美国人工智能公司OpenAI发布了自然语言处理模型ChatGPT，该模型是一个大规模的深度学习模型，具有1750亿个参数，被广泛用于自然语言处理任务，如文本生成、对话生成等。ChatGPT的发展是OpenAI在自然语言处理领域的一项重要成就，它为人们提供了一个强大的对话生成工具，并在各种应用中展现出潜力，从而推动了自然语言处理技术的发展。目前，Chat - GPT在全球的工业界和学术界都受到了巨大关注，并引发了新一代人工智能技术的突破，将为信息产业及数字经济带来巨大的变革[②]。国内外很多公司推出了相似的人工智能产品，如2023年2月7日，谷歌发布了基于谷歌LaMDA大模型的下一代对话AI系统Bard；同日，百度宣布正在研发"文心一言"（ERNIE Bot）项目；2023年2月8日，微软宣布推出由ChatGPT支持的最新版本Bing（必应）搜索引擎和Edge浏览器等，这些更自然、更智能的对话系统的出现标志着人工智能技术进入蓬勃发展时期。

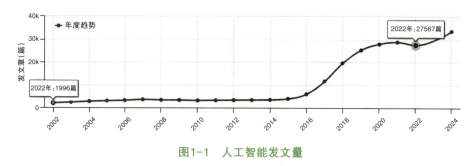

图1-1　人工智能发文量

目前，人工智能技术在医疗、金融、电子商务、教育、制造业、能源等各个

①李艳燕编著.人工智能教育应用［M］，北京师范大学出版社，2022：6-8.
②张夏恒.基于新一代人工智能技术（ChatGPT）的数字经济发展研究［J］.长安大学学报（社会科学版），2023，25（03）：55-64.

领域都有广泛的应用，甚至在蛋白质结构预测、新药发现、国防军工等领域也有突破性的进展①。利用机器学习算法分析医学图像，辅助医生进行疾病诊断，如X射线、MRI等医疗检测；基于患者的基因组数据，预测疾病风险并制定个性化的治疗方案；利用传感器和智能设备监测患者的生理数据，提供实时的健康管理和建议等。利用模型分析个人和企业的信用历史，对个人和企业进行智能化信用评估；通过分析交易数据，检测可能的欺诈行为和异常交易；利用算法进行投资组合优化和市场预测。在电子商务方面，利用用户历史行为数据，提供个性化的产品推荐；使用预测模型优化库存管理，减少过剩和缺货。就教育而言，利用学生的学习数据，提供个性化的教育内容和练习，利用机器学习辅助教师和学生更好地理解学科内容，实现智能化辅导；甚至在科学研究中应用机器学习分析大规模数据，提供新的研究视角。利用计算机视觉和传感技术实现车辆的自动导航和驾驶，利用数据分析优化交通流，提高城市交通效率，使用机器学习和优化算法改进供应链和物流管理。而这些只是人工智能技术应用的一小部分，随着技术的不断发展，人工智能将在更多领域发挥作用。各国政府都在充分挖掘人工智能所具备的巨大战略潜力，努力把这项推动人类社会发展的技术提升到战略高度。而新一代的人工智能技术也正作为核心动力，推动全球产业变革和社会发展。

中国政府对人工智能技术非常重视，将其视为促进国家创新、经济增长和社会发展的重要引擎。中国政府通过发布政策文件、制定计划和提供资金支持等多种途径，积极推动人工智能的研发、应用和产业化。在《中国制造2025》等战略文件中，将人工智能列为支持制造业升级的关键技术之一，旨在推动中国制造业向智能化、绿色化发展。2017年，政府发布了《新一代人工智能发展规划》，明确了未来人工智能发展的愿景和目标。规划提出到2030年，中国在核心技术、关键应用、产业规模等方面要取得重大进展。2017年底，中国工业和信息化部发布了《促进新一代人工智能产业发展三年行动计划（2018-2020年）》，明确了在人工智能基础研究、技术创新、产业发展等方面的任务和目标。2019年5月16日，习近平总书记向国际人工智能与教育大会致贺信指出：人工智能是引领新一轮科技革命和产业变革的重要驱动力，中国高度重视人工智能对教育的深刻影响，积极推动人工智能和教育深度融合，促进教育变革创新。在党的二十大报告中，习近平总书记指出：推动战略性新兴产业融合集群发展，构建新一代信息技术、人工智能、

---

① 郭毅可. 论人工智能历史、现状与未来发展战略［J］. 学术前沿，2021（23）：41-53.

生物技术、新能源、新材料、高端装备、绿色环保等一批新的增长引擎。这些政策和举措表明中国政府将人工智能技术视为国家发展的重要战略方向，并积极推动人工智能在经济、科技和社会各个层面的广泛应用。

第三节　人工智能的主要学派

作为一门新兴的交叉学科，人工智能涉及数学、计算机科学、心理学、信息论、控制论等多学科知识，在长期发展的过程中，不同专家学者从不同的理论视角和学科背景出发，对人工智能有不同的认识，逐渐形成了三大学派，分别是符号主义、连接主义和行为主义。

一、符号主义

符号主义（Symbolism），又称为逻辑主义（Logicism）、心理学派（Psychologism）或计算机学派（Computerism），以艾伦·纽厄尔、赫伯特·A·西蒙、约翰·麦卡锡和马文·明斯基为主要的代表人物[①]，在20世纪80年代中期之前的人工智能研究领域中一直处于主导地位。主要方法是基于逻辑推理，专注于处理符号层面的信息，用于解决问题的表示和推理。

符号主义认为人工智能源于数学逻辑，符号是人类认知的基本单元，人类认知过程即符号的操作过程。艾伦·纽厄尔（Allen Newell）是计算机科学家和认知心理学家，与赫伯特·A·西蒙（Herbert A. Simon）和克拉弗·肖（Cliff Shaw）合作开发了"逻辑理论机"（Logic Theorist），这是符号主义早期的一个重要成就。他还是"通用问题求解"（General Problem Solver）和"Soar"等项目的创始人之一。赫伯特·A·西蒙是一位获得诺贝尔经济学奖的计算机科学家和心理学家。他与艾伦·纽厄尔合作开发了逻辑理论机，提出了"满意度理论"（Satisficing）等重要概念，对符号主义的发展产生了深远影响。约翰·麦卡锡是人工智能领域的奠基人之一，他提出了"人工智能"这一术语，并在符号主义的框架内发展了

---

①蔡自兴. 人工智能学派及其在理论、方法上的观点［J］. 高技术通讯，1995（05）：55-57.

LISP编程语言。他对逻辑推理和知识表示的研究在符号主义中起到了重要作用。作为人工智能领域的重要人物之一，马文·明斯基同时还是一位认知科学家，是麻省理工学院人工智能实验室的创始人之一，与西蒙、纽厄尔一起推动了符号主义在人工智能中的发展。符号主义认为，知识是信息的一种形式，是构成智能的基础。人工智能的核心问题是知识表示、知识推理和知识运用。既然知识可用符号表示，也可用符号进行推理，因此建立起基于知识的人类智能和机器智能的统一理论体系是极有可能的①。

在人工智能研究方法问题上，符号主义强调使用符号和规则来表示知识和推理，关注符号之间的关系和符号的意义，力图用数学逻辑方法来建立人工智能的统一理论体系，旨在用数学和物理学中的逻辑符号来表述思维的形成，强调思维过程的逻辑性，侧重于推理和解决问题的思路。该思想为人工智能的发展作出了重要贡献，在计算机代数、自然语言处理、语音识别等领域得到广泛应用，尤其是专家系统的成功开发与应用，对人工智能走向工程应用和实现理论联系实际具有特别重要意义。但随着人工智能的发展，连接主义和统计学习等方法的兴起，人工智能领域逐渐呈现出多元化的发展趋势。符号主义在知识获取和知识处理能力上遇到的理论瓶颈，以及在机器语言翻译问题上遇到的实践困难，使其受到其他学派的否定和质疑，发展备受阻碍。

二、连接主义

连接主义是一种模拟人脑神经网络结构和学习过程的思想，通过大量的神经元的连接，模拟人脑中信息处理的方式，使得神经网络能够通过学习数据中的模式和关系来执行各种任务。连接主义强调模拟人脑神经元之间的连接和学习，通过神经网络模型处理信息，从数据中学习知识。在连接主义中，人工神经网络模型由大量的人工神经元（或称为节点）组成，这些神经元通过连接进行相互通信。每个连接都有一个权重，这个权重表示了神经元之间信息传递的强度。通过调整连接的权重，神经网络可以学习适应不同任务。神经元通过激活函数确定输出值的范围，引入了非线性因素，使神经网络能够学习更复杂的映射关系。

弗兰克·罗森布拉特（Frank Rosenblatt）是连接主义早期的代表人物之一，他于1957年提出了感知机（Perceptron）模型。这是一种简单的神经网络模型，具

①黄伟，聂东，陈英俊.人工智能研究的主要学派及特点 [J].赣南师范学院学报，2001 (03)：73-75.

有单层神经元，用于二分类任务。尽管感知机的局限性很快被指出，但它是神经网络发展的开端。戴维·鲍姆（David E. Rumelhart）和詹姆斯·麦克莱兰德（James L. McClelland）是神经网络领域的先驱，他们合作提出了反向传播（back propagation，BP）算法，用于训练多层神经网络。反向传播是连接主义中一种常用的学习算法，通过使用已知输出与实际输出之间的差异来调整网络中的权重，以最小化误差。这种通过反向传播调整权重的过程使得网络能够逐渐提高对输入数据的准确性。反向传播是深度学习中的核心算法之一，使得神经网络能够从数据中学习并提高性能，对神经网络的发展产生了深远的影响。

连接主义的一个重要发展是深度学习，它是指包含多个隐层的深层神经网络。深度学习通过堆叠多个层次的神经元，可以学习到更复杂、抽象的特征表示，从而提高模型的表达能力。乔治·瑞斯曼（Geoffrey Hinton）是深度学习领域的重要人物，被誉为"深度学习之父"。他在神经网络的研究和发展方面作出了重要贡献，尤其是在反向传播算法的改进和多层神经网络的训练方面。雅恩·勃雷曼（Yann LeCun）是深度学习和卷积神经网络（CNN）的先驱之一，他对CNN的发展和在图像识别领域的应用做出了突出贡献，他也是深度学习领域的重要思想领袖之一。深度学习领域的另一代表人物，杰出科学家杰弗里·辛顿（Jeffrey Hinton）主要关注神经网络的学习算法，他对反向传播算法的改进以及对无监督学习和生成模型的研究在深度学习领域具有深远的影响。

连接主义强调模式识别和学习的能力，神经网络通过学习大量数据中的模式，可以对未见过的数据做出预测和分类。同时，信息通常以分布式表示的形式存在，即一个概念或特征由多个神经元共同表示。这种分布式表示使得系统更加灵活，能够处理更复杂的关系和模式。连接主义的思想在现代深度学习中得到了广泛的应用，取得了在图像识别、自然语言处理、语音识别等领域的显著成就。深度学习，尤其是基于神经网络的方法，在连接主义学派中取得了显著的进展，推动了人工智能领域的发展。

三、行为主义

行为主义（Behaviorism），又称进化主义（Evolutionism）或控制论学派（Cyberneticsism），其原理为控制论和"感知—动作"控制系统，注重建立基于观察和实验的行为模型，用于实现特定的任务。作为心理学概念的行为主义认为，行为是一个有机体用来适应环境变化的生理反应的组合。人工智能的行为主义学派延续了行为主义在心理学中的观点，专注于主体与环境的相互作用，强调对于外部可观察行为的研究，而不关注内部认知过程，认为行为是对刺激的响应。

俄罗斯生理学家伊万·帕维洛夫（Ivan Pavlov）是行为主义的代表人物，以他的经典条件反射实验而闻名。19世纪末和20世纪初，伊万·帕维洛夫在对狗的唾液分泌过程研究时发现了食物和其他刺激之间的条件反射的关系。帕维洛夫开始将一个中性的刺激，比如钟声，与食物一起呈现给狗。最初，钟声作为中性刺激并不引起唾液分泌。通过反复将钟声与食物同时呈现，狗逐渐建立了钟声与食物之间的关联。最终，仅仅是响起钟声，即使没有食物出现，狗也会产生唾液分泌的条件反射。进一步，帕维洛夫发现，一旦建立了钟声和食物之间的条件反射，狗还可能对与钟声相似的声音产生相似的反应，这是一种泛化现象。这些实验揭示了条件反射的形成过程，其中一个中性刺激通过与一个与生物体有关的刺激相结合，能够产生类似于自然反射的响应。这为学习和行为心理学的发展提供了基础，并影响了后来行为主义的发展。他的研究对于理解动物行为、学习和条件反射产生了深远的影响，并为他赢得了诺贝尔生理学或医学奖。尽管帕维洛夫的工作主要在生理学和心理学领域，但他的实验对于行为主义思想在人工智能中的启发具有一定的影响。

在研究方法上，行为主义认为人工智能的研究方法应采用行为模拟方法，也认为功能、结构和智能行为是不可分开的。不同的行为表现出不同的功能和不同的控制结构。行为主义的研究方法也受到其他学派的怀疑与批判，认为行为主义只能创造出智能昆虫行为，而无法创造出人的智能行为[1]。

人工智能的三种流派共同推动了人工智能的发展，在实践中都形成了自己的问题解决方法体系，并在不同时期都有成功的案例。符号主义的特点是强调使用符号和规则来表示知识和进行推理，基于形式化的知识表示和推理，认为智能是基于符号层面的符号操作，通过逻辑推理解决问题。该思想适用于问题的抽象和逻辑推理，处理复杂的符号关系，并且显式的知识表示有助于解释和理解。但是缺乏对于感知和学习的自然处理方式，难以处理不确定性和模糊性。连接主义模拟人脑神经网络结构，强调从数据中学习知识，着重于神经元之间的连接权重和分布式表示，通过反向传播等算法进行学习，适用于处理大量数据和复杂模式的学习任务，具有较好的自适应性和泛化能力。但该思想缺乏可解释性，难以解释

---

①蔡自兴、徐光祐：《人工智能及其应用》，清华大学出版社，1996，第395-395页

模型的决策过程，对于需要明确逻辑推理的任务可能不够强大。行为主义强调通过对环境的反馈进行学习，重视对刺激和响应之间关系的建模，适用于基于经验和实际行为的学习。但行为主义忽视了内在的认知过程，难以处理复杂的智能任务，缺乏对抽象概念和复杂推理的处理方式。总的来说，符号主义强调逻辑和符号操作，适用于抽象推理；连接主义强调学习和模拟神经网络结构，适用于大规模数据和复杂模式的处理；而行为主义关注可观察的行为和通过经验学习的方式。不同流派在处理问题的角度和对智能的理解上存在差异，而现代人工智能研究通常倾向于综合不同流派的优势，采用混合方法以应对多样化的任务和挑战。

第四节　人工智能的应用案例

随着理论的不断完善和技术的不断突破，人工智能在计算机视觉、自然语言处理、机器学习、智能机器人制造等方面取得了巨大进步。2022年底至2023年初，ChatGPT横空出世。它不仅能回答问题、写诗编故事、翻译文字，还能根据个性化需求进行文案撰写或创意策划、编写和调试程序等。ChatGPT首次具有完成通用任务的智慧特性和生成性功能，使人工智能大规模走入普通民众的学习、生活和工作场景，短时间内就成为了全球瞩目的技术热点，对科技、传媒、广告、科研、出版等多个行业产生了巨大影响。ChatGPT问世半年多以来，迅速引领了新一波技术热潮，甚至引发了国际上新一轮技术追赶的狂潮。如2023年2月，谷歌发布基于大语言模型训练的Bard聊天机器人；2023年3月，Open AI发布GPT4，微软宣布将生成式人工智能整合到Office办公软件中；2023年4月，亚马逊发布大语言模型产品Bedrock等。在中国，ChatGPT引起了国家层面的高度重视。除了百度、阿里云、讯飞等IT巨头，更多的中小型企业以及一些学术机构也在致力于推进相关技术并进行本土化创新。

2023年6月，中国经济信息社江苏中心与新一代人工智能产业技术创新战略联盟共同发布了《新一代人工智能发展年度报告（2022-2023）》。该报告认为，全球人工智能进入新的快速发展阶段，机遇与挑战并存。各国相继出台重磅战略规划，美国宣布三项人工智能监管与发展计划，旨在遏制风险并促进创新；欧盟人工智能法案"呼之欲出"，布局向善发展；日本聚焦人工智能顶层规划、人才培育等，开展新一轮政策设计；韩国将人工智能指定为"十二大国家战略技术"之一。我国人工智能重点领域加速突破，产业发展迈向成熟。全球人工智能市场规模稳步扩容、技术红利加速释放、研发成果不断涌现，人工智能在国防、教育、科研、医疗、交通、工业、农业等领域得到广泛应用。

人工智能的应用领域非常广泛，下面仅用以下几个实例做一个简单的介绍。

一、人工智能在医疗领域的应用

随着"健康中国2030"国家决策的不断推进，人工智能作为一项基础技术被提升为国家战略规划，纳入国家重点研究发展计划。医疗AI作为AI领域的一个重要方向发展迅速，利用新型技术助力医疗领域的理论与应用早已成为医疗和研究机构研究的热点[①]。人工智能在智能影像诊断、智能药物研发、智能导医问诊、远程医疗、健康管理、智能医疗机器人等方面应用广泛。

人工智能在智能影像诊断领域的应用为医疗影像分析提供了革命性的进展，增强了医生的诊断能力、提高了诊疗准确性，同时也提高了医疗效率。结合图像识别技术，人工智能算法可以对患者的X射线、CT扫描、MRI等医学影像进行分析和解读，快速、准确地检测到肿瘤、结石、血管病变等异常部分并分析数据，给出诊断结果和辅助制定诊疗方案。该技术已广泛应用于病理学图像分析、眼底图像分析、乳腺X射线影像分析、神经影像分析、心脏影像分析、肺部影像分析、超声影像分析等多个医学影像分析领域中。这些应用使医生能够更快速、准确地进行影像诊断，提高了医疗诊断的水平，有助于更早地发现潜在的疾病，提供更有效的治疗。

近年来，医疗机器人在医疗领域的应用取得实质性的进展，目前全球最成功的机器人系统是达·芬奇（Da Vinci）外科手术机器人。这是一种常见的机器人辅助手术系统，可用于多种外科手术，包括胃肠道、泌尿系统和妇科手术。机器人系统通过昆虫臂形状的操作仪器，由外科医生远程操控，提供更精确的控制和微创手术选项。我国三所高校联合研发的"妙手S"腹腔微创手术机器人可完成

---

①庚敏，侯梦婷，鲍娟.人工智能在医疗领域的应用现状和思考［J］.中国现代医生，2022，60（22）：72-75.

直径<1mm微细血管的剥离、剪切、缝合和打结等手术操作①。我国学者设计的全自动无针头疫苗注射机器人，可精准定位疫苗穿刺点和注射角度，提高疫苗接种的效率和便捷性，减轻医疗工作者的工作负担，同时为大规模疫苗接种提供更可行的解决方案②。

人工智能在医疗领域的应用呈现出巨大的潜力，能创新解决方案，提高医疗效率，精准诊断并制定治疗方案，有望改善医疗服务的质量、效率和可及性。

二、人工智能在交通领域的应用

随着人工智能技术的不断发展，其在交通领域的应用也在不断深入，自动驾驶、交通管理、车牌识别、交通预测和规划、共享出行、交通安全监控等领域都在逐步应用人工智能技术，提高交通效率和安全性。

自动驾驶是通过将各种传感器、计算机视觉、机器学习和先进的控制系统结合在一起，使汽车能够在不需要人类干预的情况下自主地行驶的技术，是人工智能技术在智慧交通领域的成功应用。自动驾驶车辆通过激光雷达、毫米波雷达、摄像头、超声波传感器和惯性测量单元（IMU）等多种传感器，感知车辆周围的环境，获取道路、障碍物、其他车辆和行人的信息，再结合包含道路几何、交叉口、标志、交通信号等详细信息的高精度地图，理解当前位置、道路结构和周围环境。结合计算机视觉和深度学习算法，车辆可以检测和识别道路标志、车辆、行人和其他障碍物。自动驾驶系统根据感知到的环境和车辆的目标，通过决策算法生成实时决策，规划车辆的路径、速度和执行各种驾驶动作，以确保安全、高效地驾驶。控制系统将决策生成的指令转化为车辆的转向、加速、刹车等实际动作。自动驾驶系统还通过机器学习和深度学习算法提高系统的性能和适应性，从而具备实时学习的能力，能够根据不断变化的环境和用户行为进行更新。无人驾驶技术不仅能有效解决疲劳驾驶的发生，而且可以保证较强的反应能力，提升行驶的安全性③。总体而言，自动驾驶技术是一项复杂的工程任务，涉及人工智能领域的多种技术和算法。不同的汽车制造商和技术公司采用不同的方法，但都在不断改进和优化自动驾驶系统，以实现更安全、高效和可靠的自动驾驶体验。另外，

①闫志远，梁云雷，杜志江. 腹腔镜手术机器人技术发展综述［J］. 机器人技术与应用，2020（2）：24-29.

②吴金娇. 同济大学研发国内首款全自动无针疫苗注射机器人［N］. 文汇报，2022-01-19（7）

③赵英华. 人工智能技术在交通领域的应用［J］. 河南科技，2021，40（12）：19-21.

自动驾驶汽车符合环境保护政策的要求，可减少对环境的污染，缓解交通堵塞状况，其紧急制动功能及自主避让障碍物的能力，在一定程度上可帮助人们规避人为失误，作出正确的判断，提高行车安全性[①]。

"商业应用层面最具代表性的是自动驾驶。"李彦宏说。对于百度自动驾驶业务推进情况，李彦宏介绍，在北京、上海和广州，萝卜快跑平均每天每车完成15次乘车服务。人们对自动驾驶的接受程度很高，自动驾驶落地速度可能比预期的要快。百度2022年第三季度财报显示，2022年第三季度萝卜快跑提供的无人驾驶出行服务订单超过47.4万单，同比增长311%，环比增长65%。截至2022年第三季度末，萝卜快跑向公众提供的乘车服务次数累计达到140万次[②]。自动驾驶车辆可以通过车对车（V2V）和车对基础设施（V2I）通信与其他车辆和基础设施进行通信，有助于实现更高水平的协同驾驶和交通优化。人工智能在交通领域的应用前景十分广阔，将为城市交通带来更大的便利性、安全性和效率。

以上只是人工智能应用领域的一小部分，随着技术的发展和创新，人工智能在更多领域的应用将会不断扩展。

---

①王伟. 人工智能技术在智慧交通领域的应用研究 [J] . 智能建筑与智慧城市，2020（06）：88-89.
②彭思雨. 人工智能在交通等领域应用加快落地 [N] . 中国证券报，2023-01-11（A05）.

第二章 /
人工智能与人工神经网络

从第一台可编程计算机的设计开始，人类就在努力将"智能"赋予机器，试图让其智能化地完成类人大脑的工作。从形式化的数学规则描述并解决简单问题，到从经验中学习，层次化理解并解决复杂问题，人工智能经历了从浅层学习到深度学习的转变。深度学习（Deep Learning，DL）是人工智能的核心技术之一，也是机器学习（Machine Learning，ML）的一个重要分支，其原理和实现的功能相比其他机器学习方法均更胜一筹。机器学习，是从人工智能中产生的一个重要学科分支，涉及概率论、统计学、逼近论、凸分析、算法复杂度理论等多个学科领域知识。作为一种基于算法和统计模型的方法，机器学习从数据中自动寻找规律，并利用学习掌握的规律对数据进行建模，以完成预测、分类、识别等任务。其以获取新知识或新技能为目标，以重组现有的知识结构并不断提高性能为智能化的关键手段，是专门研究计算机模拟或实现人类学习行为的方式和方法。

深度学习作为机器学习的一个分支，其模型相较于传统浅层模型包含更多的学习层次，并明确强调特征学习的重要性，即以初始的数据形态作为输入，通过对数据逐层抽象和组合提取特征，将数据从原空间变换到一个新的特征空间，最终实现特征到目标的映射，使得分类或预测等问题变得更加容易。深度学习的过程中，包含特征提取、特征学习、模型学习等多个学习模块，从输入到结果的输出，全部自主学习完成，不包含任何的人为操作。深度学习的最终目标，是让机器能够像人一样具有分析学习能力。构成深度学习模型的多个线性或非线性的组件对最终输出的贡献度是深度学习中的关键问题，该问题被称为贡献度分配问题，关系到如何学习每个组件中的参数。能够较好解决贡献度分配问题的经典模式是人工神经网络（Artificial Neural Network，ANN），简称神经网络。

人工神经网络作为一种智能化学习的思维范式，是目前研究人工智能理论的重要工具，在神经专家系统、模式识别、智能控制、组合优化、预测等领域得到了广泛应用。人工神经网络的自学习功能、联想存储功能、高速寻找优化解的能力以及非线性、自适应的信息处理能力，从多方面弥补了传统方法的缺陷，推动了人工智能技术的进步和革新。

第一节　人工神经网络的基本概念

　　神经网络泛指生物神经网络和人工神经网络。其中，生物神经网络是人工神经网络的技术原型，主要指人脑的神经网络，包括脑、脊髓的中枢神经系统以及感觉神经、运动神经、交感神经、副交感神经等周围的神经系统，负责主导人体的各种机体活动。

　　人工神经网络基于生物神经网络的基本原理，以大量的基本元件（神经元）广泛互联而成的网络拓扑结构为模型，通过模拟人脑神经系统对外界复杂信息的响应处理机制，实现与人类大脑相似的智能行为。与人脑工作原理相似，ANN利用内部的神经元获取和存储知识信息，通过训练和学习从外部环境中获取知识，具有很强的鲁棒性、容错性及自学习能力。神经网络技术根植于神经科学、计算机科学、统计学、物理学等学科，被广泛应用于模式识别、建模、时间序列分析等各个领域。

一、神经元基本模型

　　与生物神经网络的结构类似，人工神经网络由大量处理单元广泛互联而成。单个的神经元是最基本的处理单元，其结构如图2-1所示。输入 $p = [p_1, p_2, \cdots, p_R]$ 与权值 $w = [w_1, w_2, \cdots, w_R]$ 相乘后送入累加器，加上偏置 b，得到累加器的输出 $n = \sum \omega_i p_i + b$，通常称为净输入。将净输入 n 送入传递函数 f，产生神经元的输出 a。

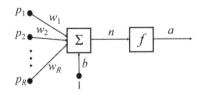

图2-1　神经元结构图

其中传递函数ƒ又称激活函数，分为线性和非线性函数两种，根据待解决的特定问题类型被设置为不同的形式。最常见的传递函数包括硬极限函数、线性函数和对数-S型函数（如图2-2）。

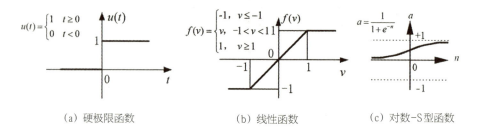

（a）硬极限函数　　　　　　（b）线性函数　　　　　　（c）对数-S型函数

图2-2　常见的激活函数

　　以基本的神经元为单位，多个并行的神经元构成的集合称为"层"。图2-3给出了S个神经元构成的一层网络的结构，神经元的输出向量$a = [a_1, a_1, \cdots, a_s]^T$对应$S$个分量。神经元与输入的各个分量之间都有连接，这样的连接方式称为全连接。

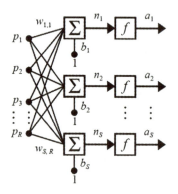

图2-3　神经网络的层结构图

二、神经网络

　　神经网络通常由多个网络层构成，如果某层的输出是整个网络的输出，则该层称为输出层，其他层称为隐含层。通常，一个网络包含一个输出层和多个隐含层。图2-4中三层前馈型全连接神经网络结构，包含1个输出层和2个隐含层。根据不同的实际需要，可以设置不同类型的网络，常见的网络类型有前馈型网络、反馈型网络、竞争型网络等。

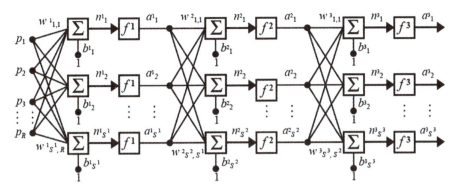

图2-4 前馈型全连接神经网络结构图

神经网络的学习也是训练数据的过程,是指根据所在环境的刺激作用调整神经网络的权重和偏置,通过拟合与优化方法对外部环境作出响应的过程。学习方式分为有监督学习(Supervised Learning)、无监督学习(Unsupervised Learning)和强化学习。图2-5展示了有监督学习神经网络的训练过程。有监督学习是一种目的明确的训练方式,在学习时需要给出"教师"信号,即期望输出t。每次学习完成后都需要检查学习结果,即实际输出a与目标输出t的距离(误差e):一是确定是否再次学习,二是根据误差情况调整学习,使网络的实际输出与目标输出之间的距离随着学习次数增加而逐渐减小,最终达到性能要求。无监督学习则是训练方式没有明确目的,即不存在"教师"的指导,仅根据输入信息及其特定的网络结构和学习规则来调整网络本身的参数或结构,使网络的输出能够体现输入的聚类或数据分布特征等固有特性。

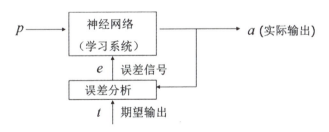

图2-5 有监督学习神经网络的训练过程

相比其他两种学习方式,有监督的学习更为常见。在网络训练过程中,将度量实际输出a与目标输出t差别的函数设为训练的目标函数,逐步调整网络权值以减小目标函数的值,直到满足设定的性能要求。常见的目标函数类型包括:

1）均方误差（Mean Squared Error，MSE）：

$$mse = E[e] \approx \frac{\sum_{k=1}^{n} (t_k - a_k)^2}{n} \tag{2-1}$$

2）平均绝对误差（Mean Absolute Error，MAE）：

$$mae = \frac{\sum_{k=1}^{n} |t_k - a_k|}{n} \tag{2-2}$$

3）误差平方和（Sum of Squared Errors，SSE）：

$$sse = \sum_{k=1}^{n} (t_k - a_k)^2 \tag{2-3}$$

针对目标函数设计的调整权值或阈值的算法称为学习规则。学习规则的优劣决定了网络调权的效率和性能。针对不同的网络类型，有不同的学习规则。就最常见的前馈型网络—多层感知器（MLP）而言，1958年弗兰克·罗森布拉特提出了用于单层感知器调整权值的感知器规则[①]。

$$w(k+1) = w(k) + ex^T \tag{2-4}$$

$$b(k+1) = b(k) + e \tag{2-5}$$

1960年，Widrow和他的学生Hoff引入了以均方误差为性能指标，近似最速下降为优化方法的学习规则——Widrow-Hoff规则[②]，对单层的类似感知器的Adaline的网络权值进行调整。

$$w(k+1) = w(k) + 2\alpha e(k) x^T \tag{2-6}$$

$$b(k+1) = b(k) + 2\alpha e(k) \tag{2-7}$$

感知器规则和Widrow-Hoff规则只能对单层神经网络的权值进行调整，因此只能解决线性可分的问题。在此基础上，针对多层前馈型神经网络的学习规则——反向传播算法（Back-propagation algorithm，BP）[③]被提出，用于训练多层

---

①Rosenblatt F. The perceptron: a probabilistic model for information storage and organization in the brain [J]. Psychological Review, 1958, 65 (6): 386.

②Widrow B, Hoff M E. Adaptive switching circuits [R]. Stanford Univ Ca Stanford Electronics Labs, 1960.

③Rumelhart D E, Hinton G E, Williams R J. Learning internal representations by error propagation [R]. California Univ San Diego La Jolla Inst for Cognitive Science, 1985. LeCun Y. A Learning Scheme for Asymmetric Threshold Networks) [J]. Proceedings of Cognitiva 85, 1985: 599-604.

神经网络。BP算法同样将均方误差设为目标函数，通过梯度计算的链式法则，从输出层向输入层反向计算各层梯度，沿梯度下降最快方向调整权值和偏置。

$$w_{ji} \leftarrow w_{ji} + \Delta w_{ji} \qquad (2\text{-}8)$$

$$\Delta w_{ji} = \eta \delta_j x_{ji} \qquad (2\text{-}9)$$

$$\delta_k \leftarrow o_k (1 - o_k)(t_k - o_k) \qquad (2\text{-}10)$$

$$\delta_h \leftarrow o_h (1 - o_h) \sum_{k \in outputs} w_{kh} \delta_k \qquad (2\text{-}11)$$

δ_k和δ_h分别是输出层、隐藏层神经元的误差项。BP算法是神经网络训练中最经典的算法，尽管存在训练时间长、易陷入局部极小值等缺点，但它提供了多层网络的权值调整策略。前馈型网络大多使用BP算法调整权值，如Madaline、MLP，包括卷积神经网络。除此以外，还有Instar、Outstar等针对其他类型网络的学习规则。实际的应用中，根据特定的问题，选择合适的目标函数及学习规则对网络进行训练，获得合适的权值和偏置，实现分类或判别任务。

第二节　人工神经网络的发展概况

一、浅层神经网络

自20世纪40年代开始，人们就开始了对ANN的研究。追古溯今，该技术的发展并非一帆风顺，而是经历了三次兴盛和两次衰落。1943年，神经学家McCulloch与数学家Pitts参考了生物神经元的组成结构，提出了第一个抽象的形式神经元模型——MP模型[①]，该模型可以看成人工神经网络的雏形。1949年，生理学家D. O. Hebb提出了著名的Hebb规则[②]，奠定了神经网络的理论基础。1952年，Ashby在论著《Design for a Brain》中提出了自适应行为是由学习产生的结果的基本概念。1954年，全息照相术的发明者Gabor提出了非线性自适应滤波，通过将一个随

---

①McCulloch W S, Pitts W. A logical calculus of the ideas immanent in nervous activity [J]. The Bulletin of Mathematical Biophysics, 1943, 5 (4): 115-133.

②Hebb D O. The Organization of Behavior: A Neuropsycholocigal Theory [J]. A Wiley Book in Clinical Psychology, 1949: 62-78.

机过程的样本输入机器中，实现机器学习。1957年罗森布拉特提出的感知机（Perceptron）模型，实现了模式识别问题的新的监督学习，首次将神经网络的研究应用于工程实践。该模型的提出也引起了神经网络的第一次兴盛，当时的人们认为只要将网络互联，就可以模拟人类的思维解决问题。

1969年，Minsky和Papert出版了著作《感知器》（Perceptron），用详细的数学方法分析、证明了单层感知器的弱点，指出单层感知器不能解决"异或"问题，且多层感知器也不能全部克服单层感知器存在的局限性。Minsky对神经网络的批判导致了神经网络研究的衰落，从20世纪60年代末开始，神经网络的研究进入了萧条时期。大批研究人员放弃了对神经网络的研究，只有少量学者仍致力于这一研究。

直到20世纪80年代，美国加州理工学院生物物理学家Hopfield教授利用能量函数提出了一种新的计算方法，该方法依托有对称突触连接的反馈网络实现。他还利用非线性动力学研究神经网络的特性，形成了著名的Hopfield网络，这也是神经网络研究的突破性进展。1984年，Hopfield利用神经网络成功解决了旅行商（TSP）问题，标志着神经网络的第二次兴盛。这一时期涌现出大量有代表性的网络模型。1985年，Ackley、Hinton和Sejnowski提出了一种随机神经网络模型——Boltzmann机，该模型基于模拟退火思想，将随机机制引入离散型Hopfield网络，第一次构建出多层神经网络的功能，改变了人们长期以来对神经网络的偏见，并从理论上证明了Minsky和Papert推测的神经网络不能解决非线性问题是不正确的。1986年，Rumelhart、Hinton和Williams重新描述并展示了反向传播算法[1]，否定了Minsky等所预言的多层神经网络功能的局限性，解决了多层神经网络的学习问题，提出了利用多层网络可以完成多种学习任务、解决许多实际问题。反向传播算法一度成为大多数多层感知器训练的学习算法。1988年，Broomhead和Lowe基于多变量插值的径向基函数（Radial Basis Functions，RBF）设计了分层反馈的神经网络，为多层感知器的研究提供了又一途径。

受制于有限的数据量，神经网络在中小型规模数据集上的训练导致了过拟合问题。另一方面，由于神经网络算法的不可解释性，训练结果变得不可预测，再加上网络结构的计算代价对硬件的高要求，使人们对神经网络的研究再一次陷入低谷。相比之下，支持向量机（Support Vector Machines，SVM）等数学优美且

---

[1]Hinton G E, Rumelhart D E, Williams R J. Learning representations by back-propagating errors [J] . Nature, 1986, 323 (9): 533-536.

可解释性强的机器学习算法逐渐盛行。

这一情况一直持续了近30年，直到2006年，机器学习领域的领军人物、加拿大多伦多大学的Hinton教授和他的学生Salakhutdinov提出了一种称为"深度置信网络"的神经网络模型[①]，通过逐层预训练实现整个网络的对模型的训练，证明了神经网络训练的可行性，并验证了神经网络的预测能力远远优于传统的机器学习算法。该篇在《Science》上发表的文章重新引起了学术界对神经网络研究的热潮。从这一时期开始，神经网络被冠以"深度学习"之名，以一种深层的网络结构，开启了神经网络的第三次兴盛。

二、深度神经网络

神经网络试图通过模拟人类大脑中神经元的工作机理，解决机器学习的各种问题。1986年，Rumelhart、Hinton和Williams在《Nature》上发表了用于训练神经网络的反向传播算法，该算法直到今天仍有广泛应用。但是，由于神经网络包含大量的模型参数，且训练数据集包含抽样误差，易导致过拟合问题，即准确率往往在训练集上很高、而在测试集上表现较差，这与训练数据集规模较小有直接关系。而且计算资源有限，即便是训练一个较小的网络也需要很长的时间，而神经网络与其他模型相比并未在识别的准确率上体现出明显的优势，且难于训练。正是由于神经网络的种种局限，学者们普遍在相当长的一段时间内放弃了对神经网络的研究，导致神经网络进入萧条时期。此时更多的学者开始关注分类器，如支持向量机、Boosting、最近邻等方法。这些分类器属于浅层机器学习模型，可用具有一到两个隐含层的神经网络来模拟。它们不再模拟大脑的认知机理，而是专门为不同的任务设计不同的系统，并采用不同的人工设计特征。如语音识别采用高斯混合模型GMM和隐马尔可夫模型HMM，物体识别采用SIFT特征，人脸识别采用LBP特征，行人检测采用HOG特征。

2006年，Geoffrey Hinton和他的学生Salakhutdinov在著名学术刊物《Science》上发表的文章中提出了深度网络和深度置信网络概念，以及两个主要观点：1）包含多隐层的人工神经网络具有优异的特征学习能力，学习得到的特征对数据本质有着更为精确的描绘，从而有利于可视化或分类；2）深度神经网络在训练上的难度问题，可以通过实现无监督的"逐层预训练"（layer-wise pre-training）来有效

---

①Hinton G E, Salakhutdinov R R. Reducing the dimensionality of data with neural networks [J]. Science, 2006, 313 (5786): 504-507.

解决。该篇文章打破了神经网络的长期沉寂，重新开启了深度学习的研究热潮，其在诸多领域取得了巨大成功，受到广泛关注。目前，许多顶级的技术公司都使用了深度学习技术，包括Google、Microsoft、Meta、IBM、Baidu、Apple、Adobe、Netflix、NVIDIA和NEC等。随着精确识别和预测能力的不断提高，深度学习已经成功地应用于图像识别、语音识别、行人检测等广泛的实际问题中。深度学习是人工智能的核心技术，其原理和实现的功能相比其他机器学习方法都更胜一筹。深度学习以初始的数据形态作为输入，通过对数据逐层抽象和组合提取特征，将数据从原空间变换到一个新的特征空间，最终实现特征到目标的映射。深度学习的过程中，包含特征提取、特征学习、模型学习等多个学习模块，从输入到结果的输出，全部自主学习完成，不包含任何的人为操作。深度学习模型包括深度神经网络、深度高斯过程、深度森林与支持向量机混合模型等多种学习模型。其中，深度神经网络是最重要的一类，很大程度上，深度神经网络几乎成为深度学习的代名词。

2012年，Hinton的研究小组采用深度学习①赢得了ImageNet图像分类的比赛，使深度学习在计算机视觉领域发生了最具影响力的突破。ImageNet是当今计算机视觉领域最具影响力的比赛之一②，其数据集中的训练样本和测试样本均来自互联网图片，其中训练样本总数超过100万，图像分类任务则是将测试样本分为1000个类别。从2009年起，包括工业界在内的很多计算机视觉小组都参加了每年一度的比赛，采用的方法逐渐趋同。在2012年的比赛中，排名第2到第4的小组都采用了传统的计算机视觉方法，他们根据人工设计的特征进行图像分类，准确率的差距在1%以内；而Hinton的研究小组首次参加比赛，采用深度学习的分类结果却超出了第2名10%以上，该成绩在计算机视觉领域引发了巨大的震动，掀起了深度学习的热潮。

除了图像分类以外，计算机视觉领域中另一个重要的挑战是人脸识别任务。创建于2007年的Labeled Faces in the Wild（LFW）是当今最著名的人脸识别测试集之一。在此之前，大多数人脸识别测试集都是在实验室可控的条件下采集的，而LFW基于非可控条件评估人脸识别算法的性能，它从互联网上收集了五千多个

---

①Krizhevsky A, Sutskever I, Hinton G E. Imagenet classification with deep convolutional neural networks [C] //Advances in Neural Information Processing Systems. 2012：1097-1105.

②Deng J, Dong W, Socher R, et al. Imagenet：A large-scale hierarchical image database [C] //2009 IEEE conference on computer vision and pattern recognition. 2009：248-255.

名人的人脸照片，这些照片在光线、表情、姿态、年龄和遮挡等方面有着复杂的变化。LFW的测试集包含了6000对人脸图像。其中3000对是正样本，每对的两张图像属于同一个人；剩下3000对是负样本，每对的两张图像属于不同的人。研究表明，如果只把不包括头发在内的人脸的中心区域给人看，人眼在LFW测试集上的识别率是 97.53%，如果把包括背景和头发的整张图像给人看，人眼的识别率是99.15%。在这个测试集上，经典的人脸识别算法Eigen-face只有60%的识别率，在其他非深度学习的算法中，最高的识别率是96.33%，而深度学习算法的识别率高达99.47%。

深度学习在受到学术界广泛关注的同时，也在工业界产生了巨大的影响。在Hinton的研究团队赢得ImageNet比赛之后的6个月，百度和谷歌采用ImageNet竞赛中使用的Hinton深度学习模型，并将其应用在各自的数据上，推出了新的基于图像内容的搜索引擎，显著提高了图像搜索的准确率。2012年，百度成立了深度学习研究院，两年后，新的深度学习实验室在美国硅谷成立，聘请斯坦福大学教授吴恩达担任首席科学家。2013年12月，Facebook聘请深度学习领域的著名学者、卷积网络的发明人、纽约大学教授Yann LeCun作为首席科学家，负责新建的人工智能实验室。2014年1月，谷歌斥资4亿美元收购了英国的深度学习初创公司DeepMind，促成了AlphaGo（阿法狗）的诞生。鉴于深度学习在学术界和工业界的巨大影响力，《MIT Technology Review》将其列为世界十大突破性技术之首。

2016年3月，在一场举世瞩目的比赛中，DeepMind公司开发的AlphaGo软件以4：1击败了人类围棋世界冠军、韩国棋手李世石，取得了这场人机大战的胜利。AlphaGo使用了1202个CPU和176个GPU，可以同时有40个搜索线程，其主要的工作原理就是深度学习。科学家进一步训练"阿法狗"的同时，通过监督式学习（基于上百万种人类专业选手的下棋步骤）和基于自我对弈的强化学习改进了算法，允许机器人从零开始学习，不需要人为提供模型进行训练，研发了一款"自学成才"的"阿法狗一零"（AlphaGo Zero），并以100比0的战绩打败了旧版"阿法狗"。在2017年10月与素有中国围棋第一人的柯洁进行的围棋大赛中以3：0大获全胜。阿法狗与两位围棋高手的对战，无论是过程还是结果都引发了全民关注。这不仅是高手对决，也是人机大战的最终决战，或许更意味着一个时代的开始和结束。

神经网络之所以能够随着深度学习的兴起而重新火爆，主要原因有以下几个方面。首先，大数据的出现在很大程度上防止了模型训练的过拟合现象。例如，许多类似ImageNet训练集的图片库包含上百万有标注的图像，极大程度上解决了一般神经网络由于训练集规模小而导致的过拟合问题。再者，随着计算机硬件技术的飞速发展，计算能力得到了极大的提升，训练大规模神经网络成为可能。此外，神经网络在模型设计和训练方法方面也都取得了重大进展。如为了改进神经网络的训练，有学者提出了非监督和逐层预训练，使得网络参数在利用反向传播对网络进行全局优化之前就能达到一个良好的起始点，从而在训练完成时达到良好的局部最小值。

因此，深度学习作为机器学习研究中的一个新领域，在过去几十年的发展中，通过大量借鉴关于人脑、统计学和应用数学的知识，模仿人脑的机制来解释数据，用于建立、模拟人脑进行分析学习的神经网络，通过组合低层特征形成更加抽象的高层表示属性类别或特征，以发现数据的分布式特征表示。近年来，得益于更强大的计算机、更大的数据集和能够训练更深的网络的技术，深度学习得到了蓬勃发展，并开启了一个人工智能全新发展的新时代。目前，以深度学习为代表的人工智能在人们的生活实践、衣食住行等各个方面几乎都有所涉猎，覆盖了大到医疗、教育、出行，小到购物、拍照、社交等各个领域。大数据的可获得、高性能计算的硬件实现以及网络训练方法的完善，促成了神经网络的第三次"复兴"。神经网络的第三次兴盛与前两次不同，如果说过去的人工智能只是存在于实验室的智慧探索，那么未来几十年，基于深度学习的科学技术将推动商业与社会的发展。

三、深度学习的基本思想

（一）人脑视觉机理

神经生理学家David Hubel和Torsten Wiesel于1981年获得了诺贝尔生理学或医学奖，主要贡献是发现了视觉系统的可视皮层处理信息是分级的。早在1958年，他们于约翰斯·霍普金斯大学研究了瞳孔区域与大脑皮层神经元的对应关系。首先，他们在猫的头骨后部开了一个3毫米的小洞，将电极插入洞中，以测量神经元的活跃程度。然后，他们在小猫眼前展示了各种形状和亮度的物体，并在每个物体展示时改变其放置的位置和角度。他们期望通过这样的办法，让小猫的瞳孔接收到不同类型和强弱的刺激，从而证明这样一个猜测：位于大脑后部皮层的不同视觉神经元与瞳孔接收到的刺激存在一定的对应关系，一旦瞳孔接收到某种刺激，大脑后部皮层的某一部分神经元就会变得活跃。经过反复试验，最终他们发现了一种被称为方向选择性细胞（Orientation Selective Cell）的神经元细胞。当瞳孔检测到前方物体的边缘，且该边缘指向某个方向时，这种神经元细胞就会异常活跃。

这一发现引起了人们对神经系统工作机理的进一步思考。神经—中枢—大脑的工作过程，是一个对原始信号由低级抽象逐渐向高级抽象不断迭代的过程。例如，从人眼看到一个气球到人脑作出相应判断，大致经历以下几个过程：首先原始信号像素摄入瞳孔；然后经过初步处理，大脑皮层中的某些细胞识别出边缘和方向；接着经过抽象，大脑确定前方物体的形状是圆形；之后进一步抽象，最终大脑能够确定物体是气球。这一生理学的发现，为四十年后计算机人工智能技术的突破发展奠定了基础。

总体而言，人的视觉系统的信息处理是分级的。首先从初级视皮层区域提取出边缘和方向特征，再到次级视皮层区域进一步抽象出轮廓和形状特征，再到更高级的高级视皮层区域迭代，直至确定整个目标及其行为等。换言之，高层特征是低层特征的组合，特征表示从低层到高层越来越由具体变为抽象，越来越能够表达出语义和体现出意图；抽象的层级越高，可能的猜测就越少，分类的结果就越精确。深度学习正是借鉴了这一过程。

（二）深度学习的原理

模式识别的主要组成部分包括特征提取与选择、分类器的设计和学习，二者之间的关系密切。在传统的方法中，特征的设计和分类器的优化是分开的，特征大多依靠设计者的先验知识人工设计，并人工调整参数，因此只允许出现有限数量的参数。人工设计出的有效特征可以极大提高模式识别系统的性能，但设计的过程却相当漫长。计算机视觉的发展历史已经证明，一个被广泛认可的良好特征往往需要五到十年才能出现。

区别于传统的模式识别方法，深度学习最大的不同之处在于它从大数据中自动学习特征，从新应用的训练数据中快速学习得到新的有效特征表示，而非采用人工设计的特征，其参数的数量可以高达成千上万个。基于神经网络的框架，联合优化特征表示和分类器，能够最大程度地发挥两者之间的联合协作性。以2012年Hinton团队参加ImageNet比赛所采用的卷积神经网络模型为例，其特征表示包含了从数百万个样本中学习得到的六千万个参数。虽然首次参加ImageNet图像分类比赛，并没有很多先验知识，但从ImageNet上学习得到的特征表示具有很高的泛化能力，帮助其成功地迁移到其他数据集和任务中，实现物体检测、目标跟踪和检索等任务。除了ImageNet比赛以外，计算机视觉领域中另一个著名的竞赛是PSACAL VOC。尽管训练集规模较小，不适合深度学习模型的训练，但仍然有一些学者将在ImageNet上学习得到的特征用于PSACAL VOC上的物体检测任务，结果提升了20%的检测率。因此，特征提取及学习对决定模式识别的结果尤为关键。对图像而言，各种复杂的特征往往以非线性的方式组合在一起，例如人脸图像包含了身份、仪态、年龄、面部表情和照明光线等要素。深度学习的关键是学习一种深层非线性网络结构，通过多层非线性映射增加特征的非线性，从而成功地分离这些要素。在网络的最后一个隐含层中，不同的神经元表示不同的要素，将其当作特征表示可以实现身份识别、仪态估计、年龄估计、面部表情识别等任务。

神经学研究表明，当人类大脑接收到外部信号时，不是直接处理数据，而是通过由初级视皮层、次级视皮层、高级视皮层等组成的多层网络模型获取数据的模式。这种分层感知系统大大减少了视觉系统需要处理的数据量，保留了对象的有用结构信息。深度学习正是通过模拟人脑的机制解释外部数据，将图像、文本、声音等数据，通过分层的方式实现从低级到高级提取特征。不同于支持向量机和Boosting等常规机器学习模型的浅层结构，深度神经网络的层数多、结构深。尽管有理论研究表明，包含输入层、输出层和一个隐含层在内的三层神经网络模型可以逼近任何分类函数，但事实上，神经网络模型需要更多层次的结构。因为针对特定任务，如果模型不具备足够的深度，所需的计算量将呈指数级增加。尽管浅层模型可以表达相同的分类函数，但其提供的仅是局部表达，若要达到与深度模型相同的拟合效果，所需的参数和训练样本要多出若干个数量级。具体而言，浅层模型将高维图像空间划分为若干个局部区域，每个区域存储训练获得的一个或多个模板，然后将测试样本与这些模板逐一匹配，并根据匹配情况预测其类别。例如，在向量机算法中，模板是支持向量；在最近邻分类器算法中，模板是全部训练样本。随着分类问题的复杂度增加，需要将高维图像空间划分为越来越细的局部区域，导致对参数和训练样本的需求量急剧增长，目前难以实现。深度模型能够避免出现该问题，它通过重复利用中间层的计算单元，大大减少了对参数的需求量。例如，在针对人脸图像的分层特征表示中，首先从原始像素中学习最底层的局部、边缘和纹理特征；然后通过组合各种底层特征，在中层提取出不同类型的人脸器官；经过迭代，在最高层描述出整张人脸的全局特征。值得注意的是，在深度模型的最高隐含层中，每个神经元表示一个属性分类器，例如性别、肤色和发色等，每个神经元将图像空间一分为二，只需N个神经元的组合就能够表达出2^N个局部区域，这完全不同于浅层模型至少需要2^N个模板才能够表达出这些区域，因此深度模型的表达更高效、更精简。

综上所述，深度模型能够从原始像素中逐层提取出数据信息，抽象出相应的语义概念，具有非凡的学习能力和卓越的特征表达能力。其在图像的全局特征提取和上下文信息抽象方面的显著优势，为解决图像分割和关键点定位等传统计算机视觉问题开辟了新思路。例如在人脸的图像分割问题中，为了判定一个像素属于眼、耳、鼻、口等哪个具体脸部器官，常规的方法是先在该像素周围取一小块区域，提取该区域的纹理特征，再使用支持向量机等机器学习浅层模型用于特征分类。由于局部区域包含的信息有限，导致分类错误时常发生，因此还需要向分割图像添加平滑和形状先验之类的约束。而当局部遮挡的情况发生时，人眼能够根据脸部其他区域的内容来估计遮挡区域的相应信息。这表明，全局特征和上下文信息对于局部区域的估计至关重要。但在基于局部特征的方法中，这些信息在开始就被舍弃了，一方面由于没有将整张图像作为输入，这样的浅层模型难以恰当估计出整张图像的分割图；另一方面由于整张图像的内容相对复杂，浅层模型也很难有效地抓住全局特征。相比之下，深度学习的出现将图像分割视为解决高维数据转换的问题，不仅利用了上下文信息，而且将形状先验隐式地结合到模型的学习过程中，在皮肤分割、人像分割、人脸配准和人体关键点检测等各个方面都取得了成功。

本质上，深度学习是运用大量训练数据建立具有若干隐含层的机器学习模型的过程，通过学习得到更有效、更有用的特征，最终提高分类或预测的准确性。换言之，在深度学习中，特征学习是目标，深度模型是手段，其与传统浅层学习的本质不同之处在于：一是模型通常由至少5到6层，甚至10余层隐层节点组成，强调结构的深度；二是模型将特征学习的重要性明确突出，这意味着通过逐层的特征变换，样本在原始空间的特征表示被转换为新的特征空间，分类或预测任务变得更加简单。相比于基于规则手动建构特征的方法，使用大规模数据学习特征的形式，能够更好地表征数据内含的丰富信息。

第三节　深度卷积神经网络

一、卷积神经网络的神经学基础

受生物学启发，卷积神经网络是人工智能发展过程中最为成功的案例之一，其关键设计原则来自神经科学，历史起源于神经生理学家David Hubel和Torsten Wiesel的神经科学实验。两位神经生理学家为了认识和理解哺乳动物视觉系统工作的最基本原理，观察了猫的脑内神经元对于投影在其面前精确定位的图像做出反应的方式。研究发现，位于视觉系统前部的神经元对形如精确定向条纹等特定的光模式反应最为强烈，而对其他模式几乎完全无动于衷。从深度学习的角度出发，研究的结果有助于人类理解和表征大脑功能的各个方面，并对大脑从接收信号到处理响应的过程进行简单描述。初级视皮层（Primary Visual Cortex，记作V1）是大脑对视觉输入进行高级处理的第一块区域，是理解视觉的关键。首先，光经过眼球组织中的晶状体、玻璃体等折光系统，将外部图像投射在视网膜上；然后，视网膜中的视锥细胞对信号进行光电转换，传递给双极细胞、水平细胞、无长突细胞等，在基本不改变图像表示方式的情况下进行初步整合加工；接着，整合好的信号被传递给神经节细胞，经由轴突汇聚形成的视神经传递给丘脑的外侧膝状体，进而传递给位于大脑枕叶的V1区域。卷积神经网络的设计正是基于该区域的三个基本性质：

（一）空间映射

V1区域具有反映视网膜中图像结构的二维结构。卷积神经网络同样具有通过二维映射来定义特征的方式。

（二）简单细胞（Simple Cell）

简单细胞的感受野以对立方式组织，细胞在直线位于感受野的中心时被激活，在直线从视野中心移开时被抑制，其活动可以近似为在一个小空间位置内感测图像的线性函数。卷积神经网络的卷积核正是基于简单细胞的性质而设计的。

（三）复杂细胞（Complex Cell）

复杂细胞基于简单细胞检测特征，且对于检测特征的小幅度位置偏移具有不变性。卷积神经网络中池化（Pooling）单元的灵感正是来源于此。同时复杂细胞对于照明变化也具有一定的不变性，不能简单通过空间位置处的池化来表征。这些不变性启发了卷积网络中的跨通道池化策略，例如Maxout激活函数层。

类似的大脑功能原理同样适用于视觉系统中的其他区域。在人类视觉系统中，随着大脑内部的逐渐深入，池化的基本检测策略将会反复运行。若继续通过大脑的多个解剖层，会发现一些细胞不仅能够对特定的概念做出反应，而且对各种变换输入的反应都具有不变性，这样的细胞被称为"祖母细胞"——例如有一个神经元负责祖母，当一个人看见祖母的模样、听见祖母的声音时，该神经元就被激活，不论祖母出现在空间里哪个位置，不论祖母是真人还是影像出现，也不论祖母是身处光亮还是黑暗，等等。这些"祖母细胞"已经被证实存在于人脑中一个被称为内侧颞叶的区域。研究人员测试了单个神经元是否会响应名人的照片，他们发现被称为"Halle Berry神经元"的神经元——由Halle Berry激活的单个神经元，即当一个人看到Halle Berry的照片、图画，甚至包含单词"Halle Berry"的文本时，这个神经元都会被触发。这与Halle Berry无关，其他神经元会对名为Bill Clinton、Jennifer Aniston等的出现做出类似的响应。

这些与卷积神经网络作用类似的内侧颞叶神经元，在网络读取名称时不会自动识别人或对象。实现识别功能的区域被称为颞下皮质（IT）的脑区，其功能与卷积神经网络的最后一层类似。当看到一个目标对象时，信息从视网膜神经流到V1区域，经过多个脑部区域后到达IT区域，而该过程仅发生在瞥见目标的前100毫秒内。如果允许一个人继续观察对象更长时间，则会导致信息回流，因为大脑使用自上而下的反馈机制来更新较低级区域中的激活值。但是，若一个人的凝视被打断，而且只观察到大多数前向激活在前100毫秒内引起的放电率，则会发现IT区域的识别方式与卷积神经网络高度相似。尽管如此，卷积神经网络和哺乳动物的视觉系统之间依然存在较大区别：

（1）除了一个被称为中央凹（Fovea）的小块，人眼大部分的分辨率都非常低。中央凹仅观察在手臂长度范围内一块拇指大小的区域。虽然人类觉得可以看到高分辨率的整个场景，但其实这是人类大脑的潜意识部分创建的错觉，因为它缝合了看见的若干个小区域。而实际上，大多数卷积神经网络接收大的全分辨率的照片作为输入。人类大脑控制几次眼动，称为扫视（Saccade），以看见场景中最显眼的或与任务相关的部分。将类似的注意力机制融入深度学习模型是一个当前最热门的研究方向。在深度学习的背景下，注意力机制对于自然语言处理的影响是最成功的。

（2）人类视觉系统集成了许多其他感觉，例如听觉，以及心情、想法等因素，而卷积神经网络大多是仅基于视觉的。

（3）人类视觉系统不仅仅用于识别对象，它能够理解整个场景，包括对象与对象之间的相互关系，以及身体与外部世界交互所需要的三维几何信息。卷积神经网络也已经将这些类似信息应用于模型中，但还处于起步阶段。

（4）即使像V1这样简单的大脑区域，也会受到来自较高级别的反馈的严重影响。反馈信息已经在神经网络模型中被广泛地研究，但还没有较为完善的改进。

（5）虽然前馈IT放电频率刻画了与卷积神经网络很多相似的特征信息，但中间计算的相似程度仍不确定。大脑可能使用完全不同的激活和池化函数，且激活单个神经元可能并不能通过响应单个线性滤波器的方式来完全表示，例如V1模型中包含对每个神经元的多个二次滤波。另外，"简单细胞"和"复杂细胞"可能并没有区别，而可能是相同种类的细胞，只是它们的"参数"使得它们能够实现从"简单"到"复杂"的连续行为。

另外，神经科学并没有明确阐述该如何训练卷积神经网络。具有跨多个空间位置的参数共享的模型结构，可以追溯到早期关于视觉的连接主义模型，但是这些模型没有使用现代的反向传播算法和梯度下降算法进行优化。例如，日本科学家Kunihiko Fukushima提出了现代卷积神经网络中大多数模型结构设计元素，其模型依赖于层次化的无监督聚类算法。随后科学家Kevin Lang、Alex Waibel和Geoffrey Hinton通过引入反向传播算法，提出了一种时延神经网络（Time Delay Neural Network，TDNN）。TDNN大获成功之后，Yann LeCun等人设计了一种经典的卷积神经网络LeNet。该模型采用反向传播算法训练出应用于图像分类的二维卷积，取得了令人满意的结果，并为现代卷积神经网络的发展奠定了基础。

二、卷积神经网络的发展

卷积神经网络将对人类大脑研究的结果成功应用于机器学习，在深度学习的发展过程中发挥了重要作用。深度卷积神经网络是首个在众多领域中具有良好表现的深度模型，远早于其他可行的深度模型出现，同时也是首个成为重要商业应用的神经网络，至今依然处于商业应用的前沿。20世纪90年代，美国电话电报公司的神经网络研究小组开发了一种用于识别和读取支票的卷积网络。到90年代末，该网络已经用于识别和读取美国全国超过10％的支票。2003年，微软开发了基于卷积神经网络的光学字符识别和手写识别系统。

深度神经网络包含深度置信网络（Deep Belief Network，DBN）、循环神经网络（Recurrent Neural Network，RNN）[1]、卷积神经网络（Convolutional Neural Network，CNN）[2]等多种网络类型。CNN作为深度神经网络的重要分支，具有不同于其他传统神经网络如：BP网络、Hopfield网络、RBF网络、Boltzmann机等的两大特点——局部连接和权值共享，在模式识别领域的应用中表现优异，尤其在图像处理领域取得了令人瞩目的成果，在图像分类（Image Classification）、图像识别（Image Recognition）、目标检测（Object Detection）、图像语义分割（Image Semantic Segmentation）等图像处理问题中有着广泛应用。随着研究的深入和发展，有学者将CNN用于软件工程领域的数据挖掘（Data Mininig）、自然语言处理中的文本分类（Text Categorization）等不同于计算机视觉的其他领域中，与传统的方法及其他深度神经网络模型相比都取得了更好的效果。

20世纪60年代前后，加拿大神经生理学家David Hubel和Torsten Wiesel通过对猫的初级视觉皮层中神经元细胞的研究，提出了感受野（Receptive Field）的概念，人类视觉系统中的神经网络结构首次出现在公众的视野。受此启发，1980年前后，日本科学家Kunihiko Fukushima提出了一种名为神经认知机（Neocogni - tron，如图2-6）的层级化人工神经网络，模拟生物的视觉系统处理手写字符识别问题。该网络模型由"S-元"（S-cells）和"C-元"（C-cells）交替堆叠构成的特征平面组成，两种特征平面分别用于提取特征、抽象和抗形变。该结构与卷积层和池化层交替互联的卷积神经网络的典型结构非常相似。因此，Neocognitron作为感受野在人工神经网络领域中的初次应用，通常被认为是卷积神经网络的雏形。

---

①Graves A, Mohamed A, Hinton G. Speech recognition with deep recurrent neural networks [C] //2013 IEEE International Conference on Acoustics, Speech and Signal Processing. IEEE, 2013: 6645-6649.

②Krizhevsky A, Sutskever I, Hinton G E. Imagenet classification with deep convolutional neural networks [C] //Advances in Neural Information Processing Systems. 2012: 1097-1105

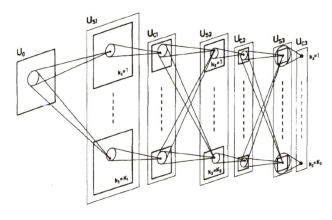

图2-6　Neocognitron模型

随后，Yann LeCun等人基于误差梯度算法提出了卷积神经网络LeNet-5[1]，并对网络进行训练，在手写数字识别的应用中展现出了大幅领先于当时其他方法的性能，取得了低于1%的错误率的优异结果。作为一种高效的识别方法，LeNet-5被应用到美国的邮政系统中，实现手写邮政编码的识别，分拣邮件和包裹，还成功应用于支票上的手写数字识别中。如图2-7所示，LeNet-5模型由交替互连的卷积层和池化层构成，之后与全连接层相连，输出样本类别的概率分布。这一经典结构是目前其他CNN模型的基础，该模型是第一次被应用于人们的生活实践中的卷积神经网络，因此被认为是通用图像识别系统的代表之一。

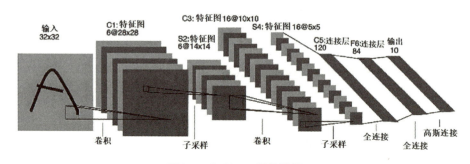

图2-7　LeNet-5网络结构

LeNet-5构建了CNN的基础模型，并成功应用于手写体数字识别，但模型存在过拟合、计算复杂度高等诸多缺点。Lin等在LeNet-5模型的基础上，通过改进卷积层，设计了Network in Network（简称NIN）网络。通过在每层卷积层之前加入一个微型网络，代替传统的卷积操作，取得了比LeNet-5更好的效果。随着

① LeCun Y, Bottou L, Bengio Y, et al. Gradient-based learning applied to document recognition [J]. Proceedings of the IEEE, 1998, 86 (11): 2278-2324.

大数据时代的到来，有效克服网络训练产生过拟合效应所需的超大型图像样本库逐渐出现，如ImageNet。该数据集包含超过1400万张图片，并对图片进行了标注，分成近2万个类别，为深度网络的训练提供了足量的样本。2012年，Krizhevsky、Sutskever、Hinton等基于ImageNet设计并训练了包含更多网络层数及权值的AlexNet网络（如图2-8），并选择线性修正单元（Rectified Linear Unit，ReLU）作为模型的激活函数及Dropout正则化，取得了令人满意的去过拟合的效果。在图像分类竞赛ILSVRC12中，AlexNet以准确度高出第二名11%的成绩大比分赢得冠军。2014年，Simonyan等在AlexNet基础上增加网络层数，提出了层次更深的VGG模型，并得出网络层数越多，判别的准确率越高的结论。此后，每年的ImageNet图像分类竞赛，CNN都以优异的成绩赢得比赛，直至2015年，He等通过对激活函数的改进，将CNN在ImageNet上的分类错误率降至甚至低于人类的识别错误率。

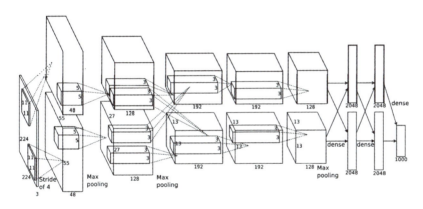

图2-8　AlexNet网络结构

谷歌在2014年提出了基于Inception模块的全新网络结构——GoogleNet[1]，改善了AlexNet、VGG等深度网络通过增加网络层数获取更好识别效果的方式，更高效地利用了计算资源。GoogLeNet的网络参数比AlexNet少12倍，但准确率却更高。在ILSVRC14的比赛中，GoogLeNet获得了冠军，并刷新了图像分类与检测的性能纪录。随着数据和硬件设备的发展，CNN变得越来越复杂，层数越来越深。但是网络加深的同时，却带来了退化、梯度消失、梯度爆炸等问题，更深的层次反而引起了准确率的下降。He等根据跨层链接的思想，设计了基于残差训练的

①Szegedy C, Liu W, Jia Y, et al. Going deeper with convolutions [C] //Proceedings of the IEEE Conference on Computer Vision and Pattern Recognition. 2015: 1-9.

ResNets——残差网络[①]，将网络层数提升到152层，加深层数的同时降低了网络识别的错误率，该网络在ILSVRC15比赛中获得了冠军。

除了上述对CNN的结构进行改进以外，很多学者还致力于CNN的性质优化，以提高网络的准确率、容错率、泛化性能及运行效率。针对深度网络的过拟合问题，Hinton等利用动态选择权值的方法，提出Dropout的正则化方法，降低神经元之间的依赖性，改善过拟合问题，提高容错能力。Wan等通过动态连接卷积神经元的方法，提出了DropConnect，更好地处理了网络过拟合问题。Goodfellow等提出了Maxout方法，只保留上一层神经元输出的最大激活值对应的节点，实现去过拟合的同时验证了该方法可以逼近任意的非凹函数。Zeiler等针对池化层，提出了Stochastic Pooling的池化方法，依概率分布进行随机池化操作，有效解决常规的网络过拟合问题。

还有学者对CNN的激活函数和优化算法进行改进，以提高网络的运行效率。CNN中最常见的激活函数是Sigmoid函数，从神经学角度看，该函数的中央区域对应于神经元的兴奋状态，两侧对应于神经元的抑制状态，通过网络训练，将特征集中至中央区域，以达到提取特征的目的。但是，Sigmoid函数的明显缺陷是其饱和特性容易导致梯度消失，即当激活值接近于0或1时，梯度接近于0。2001年，Dayan引入了ReLU模型，更准确地模拟生物神经元处理信号的过程。Nair等将ReLU模型作为网络的激活函数，与Sigmoid函数相比，极大加快了随机梯度下降过程中的收敛速度，从而减少了计算资源消耗。针对基本的ReLU函数，对其改进，发展出了PReLU、LeakyReLU、ThresholdedReLU等函数，达到更好的效果。还有学者对CNN的训练算法——梯度下降法进行改良，如Duchi等提出的自适应梯度（AdaGraD）算法，Zeiler等提出的自适应学习速率调整（Adadelta）算法等。由于CNN输入的大样本量及深层的网络结构，更适合能够进行高速浮点数计算的GPU来实现。AlexNet、GoogLeNet等网络都使用了GPU进行加速，腾讯基于自创的Multi-GPU技术提出了实现模型和数据并行的Deep CNNs模型，Caffe、Eblearn、Theano、TensorFlow及Nvida CuDnn等深度学习框架或编程环境也都提供了GPU并行运算的功能。

卷积神经网络是最早使用反向传播算法进行有效训练的深度神经网络之一。直至目前，学者们仍没有完全清楚相比于一般反向传播网络较差的性能，卷积神

---

①He K, Zhang X, Ren S, et al. Deep residual learning for image recognition [C] //Proceedings of the IEEE Conference on Computer Vision and Pattern Recognition. 2016：770-778.

经网络却表现优异的原因，一般简单归结为卷积网络比全连接网络计算效率更高，更易于调整并行时的模型和超参数，即使网络模型的规模较大也更容易训练。并且，随着计算机硬件的发展，大规模的全连接网络在许多任务上也表现良好，远胜于过去在一些数据集和激活函数上表现较差的情况。卷积神经网络提供了一种专门化的技术手段，能够妥善处理具有清晰网格拓扑结构的数据，并扩展模型的原有规模。该方法在二维图像上的应用取得了格外成功的效果，并且其良好的性能为深度学习的进一步发展铺平了道路。

三、卷积神经网络的基本结构

卷积神经网络是一种前馈型神经网络，专门用来处理一维时间序列、二维图像等类似于网格结构的数据。作为一种特殊的层次模型，网络由一个或多个卷积层（Convolution Layer）、池化层（Pooling Layer）和全连接层（Fully-Connected Layer）按照一定的结构层层堆叠而成，通过逐层抽取特征获得高层的语义特征，实现分类或判别。图2-9给出了卷积神经网络模型的基本结构，该网络模型由两个卷积层（C_1，C_2）和两个子采样层（S_1，S_2）交替连接而成。首先，将原始输入图像通过3个可训练滤波器以及可加偏置向量进行卷积，在C_1层产生3幅与原始图像相同尺寸的特征映射图。然后，对特征映射图中每组的四个像素再进行加权平均求和，增加权值和偏置后通过非线性激活函数Sigmoid，得到3幅新的S_1层特征映射图。接着，这些特征映射图再进行滤波得到C_2层，这一层级结构再进一步通过S_2层后输出得到3幅特征映射图。最后，这些输出被光栅化，并连接成一个向量被输入到传统的神经网络中进行训练。

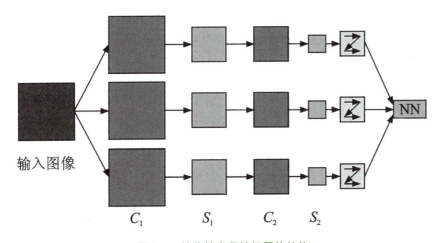

图2-9 简化的卷积神经网络结构

以LeNet-5的经典卷积网络结构（如图2-9所示）为例，网络包含2个卷积层、2个池化层和1个全连接层，卷积层与池化层交替互连，最后接入全连接层。在卷积层和池化层中，每一层通过卷积核提取的特征构成的平面称为特征图（Feature Map），每个卷积核产生一个对应的特征图。例如第1个卷积层中设置了6个卷积核，首先分别通过对输入图像进行卷积操作，产生了6个对应的特征图；然后对这6个特征图进行池化操作，得到池化层对应的6个特征图；第2个卷积层中设置了16个卷积核，将卷积后得到的16个特征图进行池化操作，得到第2个池化层的16个特征图；最后，将这些特征图全部拉伸成一维向量，作为全连接层的输入。本质上说，全连接层就是一般意义上的多层感知器网络，卷积层和池化层经过层层提取得到的特征通过全连接层，利用多层感知器实现分类或判别。

不同于其他网络的全连接结构，卷积神经网络的神经元与权值之间局部相连，并在同一层中共享相同的权值。特征经过逐层提取，在网络中层层向前传递，实现前馈传播（Feed Forward）计算网络输出。在网络最后一层完成分类、回归等目标任务后，通过比较期望输出值与实际输出值之间的误差，再利用反向传播（Back Propagation），将误差从后向前逐层反馈，更新权值。随后根据更新的权值再次进行前馈计算，并重复该循环，直至网络模型收敛，训练完成。

（一）前向传播输出

1. 卷积（Convolution）

CNN中的核心操作——卷积，是图像处理中一种常见的滤波方法，通过卷积核实现，多用于图像的平滑、锐化或降噪等处理。在卷积网络的概念中，通常将卷积的第一个参数x称为输入向量，将第二个参数w称为核函数（Kernel Function），将输出函数称为特征映射（Feature Map）。一般而言，计算机处理数据的方式是将时间离散化，同时将传感器的数据定期反馈。假设函数x和w都限制在整数时刻t上，则离散形式卷积$s(t)$定义如下：

$$s(t) = (x*w)(t) = \sum_{a=-\infty}^{\infty} x(a)w(t-a) \tag{2-12}$$

在机器学习的实际应用中，输入数据通常使用高维数组表示，而核通常是经由学习算法优化产生的高维参数数组，称为张量。由于输入与核中的每个数据都需要分别存储，因此，通常假设在存储数值的有限点集之外，所有其他点的函数值为零。这意味着在具体操作中，通过对有限数量的阵列数据求和即可实现统一的无限求和。

将一张二维图像I作为输入时，使用对应的二维卷积核K，卷积$s(i, j)$则表示为：

$$s(i,j) = (I*K)(i,j) = \sum_m \sum_n I(m,n)K(i-m,j-n) \qquad (2-13)$$

由于卷积是可交换的（Commutative），上式即可等价记作：

$$s(i,j) = (I*K)(i,j) = \sum_m \sum_n I(i-m,j-n)K(m,n) \qquad (2-14)$$

其中，m和n的取值通常相对较小。卷积核相对于输入发生翻转（Flip）的唯一目的是实现卷积运算的可交换性，从m增大的角度来看，输入的索引级数在增大，而卷积核的索引级数在减小。与核翻转不同的是，一些神经网络库采用互相关函数（Cross-Correlation）作为替代，其形式和卷积运算几乎相同：

$$s(i,j) = (I*K)(i,j) = \sum_m \sum_n I(i+m,j+n)K(m,n) \qquad (2-15)$$

图2-10表示了在二维张量上的卷积运算。离散卷积可以简单看作矩阵的乘法，但矩阵的维度要符合一定的运算条件。例如在单变量的离散卷积中，矩阵每一行中的数据都与上一行中相同的数据向右错位一个位置。这种矩阵称为托普利兹矩阵（Toeplitz Matrix）。

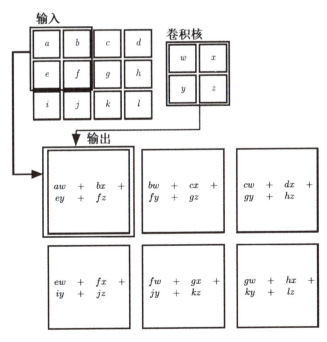

图2-10　二维卷积

在多维的情况中，卷积则对应着双重分块循环矩阵（Doubly Block Circulant

Matrix），其中矩阵的每一个子块皆为循环矩阵，整个矩阵是所有子块的循环矩阵。这些子块中的一些数据不仅受到相等的约束，而且其卷积通常对应着大多数位置都为零的稀疏矩阵。原因是卷积核通常要比输入图像的尺寸小很多。倘若一个神经网络算法对矩阵的结构性质没有特别要求，其所包含的矩阵乘法均可以被卷积运算替代，且无须改动网络。

卷积核是一个权值矩阵，用以描述单个像素与周围像素的关系。不同的效果要求可以通过设置不同的权值来实现。例如，将卷积核中权值的相对差值设置较大，较大权值对应的原图像像素点的特征通过卷积被突出，而周围像素被相对弱化，因此多用于图像的边缘检测；相反，设置相同权值的卷积核，多用来实现图像的平滑和去噪。[1]卷积的过程可以简单地看作是以卷积核中的数值为权重，对图像的像素点进行加权求和的过程，具体实现过程如图2-11所示。重复单个像素的卷积过程，卷积核在图像上横向或纵向滑动，对所有的像素点进行运算，完成对图像的卷积过程，得到一个新的二维向量，称为特征图（Feature Map）。卷积核一次滑动所跨过的像素个数称为步长（Stride）。卷积核本身的尺寸和滑动的步长决定了特征图的大小。一般而言，卷积核的尺寸设置得较小，如3×3、5×5。以3×3为例，设图像尺寸为28×28，当卷积核的步长设置为1时，每次滑动仅移动1个像素，则产生的特征图尺寸为（28-3+1）×（28-3+1）。一般地，设 a 表示原图像尺寸，k 是卷积核尺寸，s 是步长，卷积得到的特征图尺寸可以通过以下公式确定：

$$size = \frac{a - k}{s} + 1 \qquad (2\text{-}16)$$

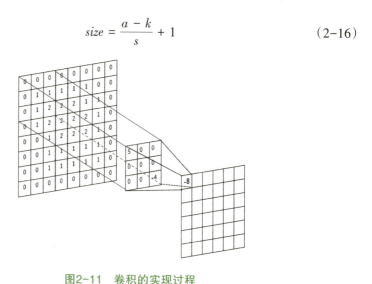

图2-11　卷积的实现过程

---

[1] 卢宏涛，张秦川. 深度卷积神经网络在计算机视觉中的应用研究综述. 数据采集与处理, 2016.

表2-1 卷积神经网络中常见的激活函数

函数名称	函数表达式	曲线图
Sigmoid	$f(x) = 1/(1 + e^{-x})$	
tanh	$f(x) = (e^x - e^{-x})/(e^x + e^{-x})$	
ReLU	$f(x) = \begin{cases} 0 & x < 0 \\ x & x \geq 0 \end{cases}$	

　　每次卷积只提取一种特征，卷积层通常设置多个卷积核以提取不同的特征，因此每个卷积层产生多个特征图。卷积运算之后，与一般的多层感知器类似，接入激活函数，为神经元引入非线性因素，使网络可以逼近任意非线性函数。表2-1给出了最常见的三个激活函数，包括Sigmoid、tanh和ReLU。Sigmoid函数是神经网络中最常用的激活函数，具有S型曲线，是一个有界且可微的实函数，处处可导，输出在0到1之间，适合作为激活函数。但是，在反向传播的过程中，易于发生梯度消失的情况，导致深层网络的训练难以得到有效完成。相比于Sigmoid函数，双曲正切函数tanh的应用范围更加广泛，其以零点为中心、输出 [-1, 1] 之间的函数值，解决了调整权值时梯度始终为正的问题。但是，与Sigmoid函数类似，tanh函数也存在梯度消失的情况。针对该问题的修正，目前斜坡函数ReLU是神经网络应用中主流的激活函数。ReLU函数计算简单：$x>0$时，梯度始终为1，收敛速度快；$x<0$时，输出为0，增加了稀疏性，可以更好地表达特征。但是，稀疏性过强容易引起神经元死亡，因此有很多针对ReLU函数的改进算法，如L-ReLU、P-ReLU等方法。

　　作为网络的核心层，卷积层两大最重要的特征是：局部相连和权值共享。局部相连的结构（如图2-12）受启发于人类视觉系统的认知过程。人类的视觉系统通过对事物的局部观察和全局汇总，将获取的局部信息综合以得到全局信息，达到认知的目的。以类似的方式，CNN实现了图像的局部感知野（Local Receptive Field），通过利用网络中局部空间的相关性，将每个局部区域内的神经元节点设置为仅与其相邻的上层神经元节点相连，大大减小了网络的参数规模。相比之下，在MLP多层感知器等传统的神经网络中，每个局部区域内的神经元节点与其相邻上下层的所有输入输出节点均交互关联，形成了一种全连接结构，神经元之间的每个连接都对应一个权值。因此，虽然全连接结构的网络待训练的模型参数规模庞大，但CNN利用其局部相连的结构降低了模型复杂度，从而提高了计算效率。

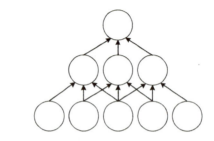

图2-12　相邻层神经元之间局部相连结构图

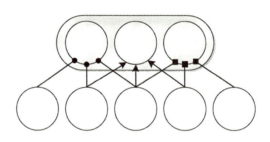

图2-13　神经元共享权值示意图

卷积核在前一层的输入特征图上滑动完成卷积，实现特征提取。在滑动过程中，每一个输入特征图共享具有相同权值和偏置的同一组卷积核参数，这就是卷积层的第二个特点：权值共享（如图2-13）。同一组卷积核以相同的权值在特征图上卷积，提取一种相同的特征，因此，卷积核又称为特征检测器（Feature Detector）。通常，每个卷积层设置多个卷积核提取多种特征，得到卷积后对应的特征图。CNN以共享权值的方式极大地减少了模型的参数个数，降低了网络规模。

2. 池化（Pooling）

从理论上说，虽然从卷积层提取的所有特征都能够直接输入至分类器中，但对于大尺寸高分辨率的图像而言，这样会产生极为庞大的计算资源开销，同时也很容易导致严重的过拟合问题。例如输入一张尺寸为96×96的图像，倘若在卷积层使用200个8×8的卷积核进行卷积运算，每个卷积核都会输出一个（96-8+1）×（96-8+1）=7921维的特征向量，最终卷积层会输出一个7921×200=1584200维的特征向量。

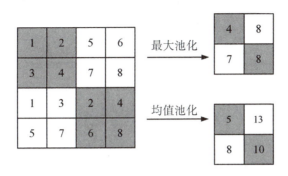

图2-14　最大池化和均值池化示意图

　　考虑到图像具有"静态性"，即一个区域内的有用特征极有可能也适用于另一个区域。为此，通常使用池化（Pooling）操作，通过将卷积层提取的特征作为输入在分类器中训练，针对同一区域不同位置的特征进行聚合统计，最终完成分类结果的输出。最常用的池化方法包括平均池化（Mean Pooling）和最大池化（Max Pooling），如图2-14所示，它们分别用于计算区域上某个特定特征的平均值或最大值。具体而言，设池化区域尺寸为m×n，在获取卷积特征后，将其划分为多个m×n尺寸的不相交区域，对这些区域分别进行池化操作，经过合并得到最终的特征映射图。如图2-15所示，一张有4块不重合子区域的图像，分别使用3×3尺寸的窗口进行最大池化，以获取特征映射图。倘若将池化区域选定为图像中的连续范围，同时仅池化由相同隐含层神经元生成的卷积特征，则经过池化处理后这些特征单元不会发生变化，即具有平移不变性。也就是说，无论使用何种池化函数，哪怕原始图像的输入发生了少许平移，池化操作也能够维持网络表示的几乎不变，最终依然能够得到同样的池化特征、输出相同的分类结果。当处理图像时，倘若仅关注某个特征有无出现而不关注其具体位置，局部平移不变性则非常有价值。例如，当判断一张图像有无包含人脸时，算法无须确定眼睛的确切像素位置，只需知道脸部左侧有一只眼睛、右侧有另一只眼睛，而对于其他一些领域，算法则必须记录特征的具体位置。

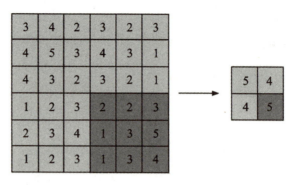

图2-15　最大池化运算示意图

　　池化层的引入是通过以人类视觉系统为模型，对输入对象进行降维和抽象来实现的，因此池化层通常又称为下采样层。池化操作关注图像的特征而不是特征的位置，因此轻微的位移不会影响特征的识别，因而具备平移不变性，使得网络更加鲁棒。池化层的引入可以被视为添加了一个无限强的先验：在这一层中学习的映射必须对少许平移具有不变性。当这一先验假设成立时，池化操作可以大大提升网络的统计效率。经过池化后，输入特征图的一个子区域内的特征被聚合统计为一个元素，相当于在空间范围内做的降维。在卷积层后接入池化层，既增强了鲁棒性又降低了数据的维数，可以有效地解决过拟合问题。

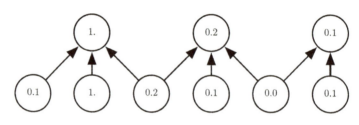

图2-16　最大池化

　　如图2-16所示，池化综合了全部相邻像素的信息，通过提取相邻区域k个像素的统计特征而非单个像素，因此下一层少了约k倍的输入，降低了网络的维数，同时提高了网络的计算效率。如果网络中下一层的参数数量是输入规模的函数（例如下一层是全连接网络层），减小输入规模则有助于显著提高统计效率、节约参数的存储空间。相比于直接使用卷积特征，这些统计特征不仅能够大大降低特征向量的维数，进一步节约训练分类器的计算成本，同时能够有效地扩展训练数据。

　　在一些具体任务中，池化在处理不同规模的输入方面同样发挥着重要作用。例如，当对不同尺寸的图像进行分类时，必须固定分类层的输入尺寸，通常采用的办法是调整池化区域的偏置，使得无论初始输入尺寸如何，分类层接收的都是相同数量的统计特征。此外，有学者研究了如何在不同的情况下有针对性地选择池化函数。目前主要有两类方法：一类是将特征融合动态池化，为每张图像生成一组不同的池化区域，如对感兴趣的特征位置聚类；另一类则是先单独学习一个池化结构，再将其应用于所有图像。

3. 全连接（Fully-Connected）

作为特征提取层，卷积层和池化层通过设置多个卷积核以提取不同层次的局部特征。逐层提取得到的特征被送入全连接层，通过分类器，以类别或者概率的形式输出，以实现对输入模式的分类或判别。特征图经平化层以向量的形式送入全连接层作为输入，与该层神经元全连接。因此，从网络结构的角度，该层可以简单地看作多层感知器网络。在具体的实现过程中，全连接层可以通过使用与前一卷积层的输出特征图尺寸相同的卷积核来进行全局卷积实现。若要设置多个全连接层，则可以将其后续的全连接层设置为1×1的卷积核进行运算。

（二）反向传播调权

与一般的多层前馈型网络相同，CNN根据网络输出与期望输出的差距从全连接层开始到卷积层从后向前反向调整权值，直到满足收敛条件。根据BP算法，设目标函数为J，则按照链式法则，误差项δ为：

$$\delta = \frac{\partial J}{\partial Z} = \frac{\partial J}{\partial f} f'(Z) \qquad (2-17)$$

其中，Z是当前层的输出。

1. 全连接层误差项

从结构上，全连接层与一般的多层感知器相同，因此梯度的反向传播过程也完全相同。由于该层输入与权值全连接，后一层所有节点的误差项反向传播到前一层：

$$\delta^l = (W^{l+1})^{\mathrm{T}} \delta^{l+1} f'(Z^l) \qquad (2-18)$$

2. 池化层误差项

与前向传递的过程相反，反向传播时通过对后一层的上采样得到该层的误差项：

$$\delta^l = upsampling(\delta^{l+1}) \qquad (2-19)$$

3. 卷积层误差项

由于卷积层局部相连的结构特征，仅需将与节点相连的部分误差项反向传播：

$$\delta^l = \left(\sum_i \delta_i^{l+1} \otimes w_i \right) f'(Z^l) \qquad (2-20)$$

其中⊗表示卷积操作，w表示卷积核。

按照以上在输入层、池化层及全连接层对输入逐层的前向传递及对误差的反向传播，实现对卷积神经网络的训练，直至满足收敛条件。

四、人工神经网络在教育领域应用实例——智能评教系统

《国家中长期教育改革和发展规划纲要（2010-2020年）》明确提出要提高高等教育人才培养质量，培养符合新型信息化发展的人才。对尖端人才的强烈需求是近年来经济转型的重要特点，而提高人才培养质量最有效的办法就是保证优质的教学质量。教师的授课水平直接决定教学质量和学生对知识的掌握程度，因此学校必须加大对课堂教学质量的监督力度，并建立合理的评估体制。但是传统的评教体系存在诸多缺点。首先，缺乏相对客观且公正的教学质量评价标准。其次，传统评教体系评价维度单一，往往采取学生对老师进行评价的单一维度，不能全面地反映教师课堂效果和教学质量，并且无法确定不同教学评价指标和教师教学质量之间的非线性关系。因此，建立科学合理的高校教学质量评价体系的关键是，确保多维度评价指标和客观的评教指标权值的设定。如何建立一个科学合理、客观智能的评教系统成为高等院校亟需面对的问题。

由于国外发达国家教育体系发展较早，因此对教学质量评价体系的研究较为成熟。美国从上世纪90年代开始对基于互联网的教学质量评价体系进行研究，很多美国高校建立了在线评教系统，如堪萨斯州立大学的在线评教系统，不仅增加了学生对老师的评价，还引入了教学专家评价机制，对教师课堂教学质量进行了全面评估。现在国外引用较成熟的评价方法有同行评价法、因人而异评价法等。同行评价法是指相同院系的老师之间，根据自己的教学经验和课堂听课情况，综合给予同行一个客观的评价；因人而异评价法是指根据老师的不同采取不一样的评价标准。我国对教学质量评价体系的研究相比于国外稍晚，教学质量评价体系的构建尚处于起步阶段，但是发展迅速。最先开展评教体系研究的是南开大学。步入21世纪以来，国内顶尖高校如清华大学、北京大学等开始对教学评价系统进行智能化、信息化建设。但是，相对而言，大多数高校仍采用传统的评教体系，例如某些学校仍在使用指标固定单一的评价表。传统的教学质量评价体系通过评价表获取评价基本数据，人为设置评价指标的权重，再通过加权的方式得到最终的评价结果。这种评价方式不仅费时费力，而且由于权值设定的主观性，大大降低了评价结果的可信度，很难得到客观全面的评教结果。

考虑到传统评教体系的缺陷，将人工智能技术应用于评教系统中，利用神经网络自学习的能力，不依赖人为因素进行权值设定，客观处理评教数据，智能化获取科学有效的评教结果，可以避免人为主观原因导致的评教结果不准确，实现对教师教学质量的客观合理评价。另外，通过设定领导、教师和学生的多维评价指标，多角度评价教师的教学水平，建立起更为科学合理的评教模型。针对每一种评价指标的数据集，架构子网络模型分别对评教样本数据进行训练学习，获取评教指标的客观权重。在此基础上，对多个神经网络模型进行集成，得到用于全方位评教的总模型，给出教学质量评价结果，实现智能化评教。

（一）教学评价模型

1. 常用的教学评价方法
（1）学生评价法

在教学评价体系中，由于学生是教学过程的直接接受对象，学生评价能够直观反映教学质量。通过学生对教师的评价结果，能够让教师了解自己教学过程中的不足，并可利用这个评价结果作为高等院校监督教师及其教学效果的凭据。学生评价法的最重要目的是鼓励、帮助教师改进教学方式和追求更好的教学效果，学校根据评教结果给予相应的指导意见。这种方式能够让教师不断进步，并且更加重视对学生能力的培养，以期提升教学质量。

（2）教师自评法

教师自评法是指教师对自己的教学工作进行评价，这种教学质量评价方法实际效果很好。教师自评法是一种不间断地自我反省、自我反思并达到提升自我思维意识的过程。通过教师对自己的评价，让教师获得最真实的自我反馈意见，激发教师自主地去提高教学技能和专业知识。但缺点是有些老师会选择掩盖自己的问题，夸大或者捏造自身不存在的优点，导致评估结果失真。

（3）同行评价法

同行评价法是指教师相互间进行评价的方法，教师教学互评旨在对每一位教师的教学情况进行全面、公正的互评，使学生、教师和学校三者和谐发展。但在教师互评中可能会出现打人情分、排斥异己等问题，造成互相评价结果的主观性。

（4）领导评价法

领导评价法是指上级领导对教师进行多方面评价的方法。相比于其他评价方法，领导评价法在评估教师教学质量时，更注重对教师的工作态度、职称情况、学术科研能力和任教能力等方面进行全面而深入的考量。

2. 教学质量评价指标

合理地设置评教指标，对客观、全面评价教学的效果有着极为重要的作用。从学生评价老师、教师互评和领导评价多个维度确定不同的评教指标，保证了数据的丰富性和全面性。表2-2给出了学生评教的10个一级评教指标和40个二级评教指标。不同于学生评教对教师的考核方面，表3-3和表3-4从同行评教和领导评教的角度列出了对应的评教指标。

表2-2 学生评价法教学质量评价指标

一级指标	序号	二级指标
概念的讲解	X1	语言精练，深入浅出，讲解准确
	X2	讲解清晰，容易接受
	X3	讲解基本准确，但不易接受
	X4	概念紊乱，时有差错
重点和难点	X5	重点突出，讲清难点，举一反三
	X6	能把握重点、难点，但讲解不够明确
	X7	重点不明显，难点讲不透
	X8	重点一言而过，难点草率了事
授课逻辑性和条理性	X9	层次分明，融会贯通
	X10	条目较清楚，有分析归纳
	X11	平淡叙述，缺乏连贯性
	X12	杂乱无章，前后矛盾
讲课趣味性和生动性	X13	讲解方法新颖，举例生动，有吸引力
	X14	讲解较熟练，语言通俗
	X15	讲解平淡，语言单调
	X16	讲解生疏，远离课题，语言枯燥
板书情况	X17	简繁适度，清楚醒目
	X18	条目明白，书写整洁
	X19	布局较差，详略失当
	X20	次序凌乱，书写潦草
辅导和课后指导	X21	辅导及时，并指导课外阅读
	X22	定期辅导，并布置课外阅读
	X23	辅导较少
	X24	没有辅导
作业与批改	X25	选题得当，批改及时，注意讲评

一级指标	序号	二级指标
	X26	作业适量，批改及时
	X27	作业量时轻时重，批改不够及时
	X28	选题随便，批改马虎
能力培养	X29	思路开阔，鼓励创新，注意能力培养、效果明显
	X30	注意学生能力培养，并在教学中有所体现
	X31	能提出能力培养的要求，但缺乏具体的办法
	X32	忽视能力培养，单纯灌输书本知识
教书育人	X33	全面关心学生，经常接触学生，亲切、严格
	X34	关心学生的学业，引导学生学好本门课程
	X35	单纯完成上课任务，与同学接触较少
	X36	对学生漠不关心，放任自流
为人师表	X37	严于律己，以身作则，堪称楷模
	X38	举止文明，待人热情
	X39	注意礼貌，待人和气
	X40	要求不严，言谈失当

表2-3　同行评价法教学质量评价指标

一级指标	序号	二级指标
组织教学	X1	教学组织安排得当，气氛活跃，纪律良好
	X2	注意学生动态，教学有条不紊
	X3	忽视教学步骤，师生双边活动较差
	X4	只顾自己讲，不管学生情况
教学要求、教学内容	X5	切合教学大纲要求，内容组织科学严密
	X6	符合教学大纲要求，内容正确
	X7	基本达到教学大纲要求，内容偶有差错
	X8	降低教学标准，内容时有差错
概念讲解	X9	语言精练，深入浅出，讲解准确
	X10	讲解清晰，容易接受
	X11	讲解基本准确，但不易接受
	X12	概念紊乱，时有差错
重点和难点	X13	重点突出，讲清难点，举一反三
	X14	能把握重点、难点，但讲解不够明确
	X15	重点不明显，难点讲不透
	X16	重点一言而过，难点草率了事

续表

一级指标	序号	二级指标
授课趣味性与生动性	X17	讲解方法新颖，举例生动，有吸引力
	X18	讲解较熟练，语言通俗
	X19	讲解平淡，语言单调
	X20	讲解生疏，远离课题，语言枯燥
直观教学与板书	X21	教具使用合理，板书清晰，示教形象、直观
	X22	注重直观教学，板书条目明白、整洁
	X23	教具使用失当，板书布局较差
	X24	忽视直观教学，板书凌乱
学生个人能力的培养	X25	运用各种方法，调动学生积极思维，注重能力培养
	X26	注意调动学生思维和能力培养，方法和效果欠佳
	X27	缺乏启发式方法和能力培养手段
	X28	照本宣科，不搞启发式教学
理论联系实际	X29	理论与实例、实验、实际密切结合
	X30	理论能结合实际进行教学
	X31	理论与实际结合不理想
	X32	理论与实际严重脱节
教材和备课	X33	科学处理教材，帮助学生理解和掌握知识体系的内在联系
	X34	合理利用教材，繁简增删适当
	X35	基本按照教材讲课，照本宣科
	X36	对教材毫无处理，完全重复课本内容

表2-4 领导评价法教学质量评价指标

一级指标	序号	二级指标
教学工作量	X1	超工作量
	X2	满工作量
	X3	接近完成（70%）
	X4	差距较大
职称	X5	副教授
	X6	讲师
	X7	助教
	X8	未评职称
运用新知识、新技术能力	X9	开设有一定水平的选修课、讲座、院级公开课或指导兴趣小组有成效
	X10	开设选修课、讲座、公开课或指导兴趣小组活动
	X11	研讨课、开设讲座或指导学生课外活动

一级指标	序号	二级指标
运用新知识、新技术能力	X12	无
论文撰写、教材编写能力	X13	在核心刊物上发表论文、正式出版教材（三年内）
	X14	在公开刊物上发表论文、教材在其他院校使用（二年内）
	X15	在内部刊物上发表论文、教材在校内使用（一年内）
	X16	无
完成任务情况	X17	高质量完成
	X18	及时完成
	X19	基本完成
	X20	基本完成
教学水平变化	X21	显著提高
	X22	有所提高
	X23	变化很小
	X24	下降
教学（效果）反映	X25	优秀
	X26	良好
	X27	一般
	X28	较差
能力培养	X29	思路开阔，鼓励创新，注意能力培养、效果明显
	X30	注意学生能力培养，并在教学中有所体现
	X31	能提出能力培养的要求，但缺乏具体的办法
	X32	忽视能力培养，单纯灌输书本知识
汲取新信息技术情况	X33	及时在教学中体现
	X34	教学中注重联系新信息新技术
	X35	教学中基本联系新信息新技术
	X36	教学中不联系新信息新技术
考试命题	X37	试题的水平、题型、题量、分布、覆盖面符合教学目标的要求；难度适中，区分度适当；表述准确、严密、简洁。
	X38	有2项不符合要求
	X39	有3项不符合要求
	X40	有3项以上（不含3项）不符合要求

（二）智能评教系统

传统评教方式通常依靠经验人为设定各项评教指标在教师教学评价中的权重，或通过算术平均的方式平均化各评教模块的结果，因此对老师的评价往往不够准确。将神经网络这一人工智能技术应用于评教，通过对评教数据的训练得出不同评教模块中各评教指标的客观权重以及各模块的权重，可以有效缓解传统评教系统中评价指标权重设置的主观性问题，得出更为科学客观的评教结果，实现多功能复合智能化评教。

1. 神经网络模型

首先，采集来自学生、同行、领导的三方评价数据，分别构造训练及验证所需的评教数据集。针对三种不同的数据集，根据评教指标和评教结果分别设置网络结构，并利用训练集中的数据对网络进行训练，得到合适的参数模型。然后，构造一个集成网络模型，将三方评教的结果作为网络的输入，对集成网络进行再训练，得到实现智能化评教的复合模型。

系统的基本框架基于神经网络实现，采用三层的结构设计，包含输入层、输出层和隐含层。根据教学质量评价体系，将不同角色的评教指标数设为输入层神经元个数，根据评教等级确定输出层神经元个数。隐含层神经元的数量影响着整个神经网络的运算速度与精确度，可根据经验公式设定中间层神经元个数：

$$m = \sqrt{n + k} + \alpha \qquad (2-21)$$

其中 m、n 分别表示输入层节点数和中间层节点数，k 为输出层节点数，α 是0到10之间的常数。以学生评教为例，图2-17给出了网络模型的创建过程。首先，针对学生评教数据集，将网络模型设置为10个输入神经元，分别对应10个一级评教指标。再根据公式（1），将隐含层的节点数设在4到13之间进行反复训练，得到经验化的最优节点数9，输出层设为1个神经元节点，即整个网络的结构为10-9-1（数字表示该层的神经元节点个数）。神经网络经训练集训练后，在测试集数据上验证；反复训练直至达到预期效果后保存网络结构，以供应用程序的后端调用。

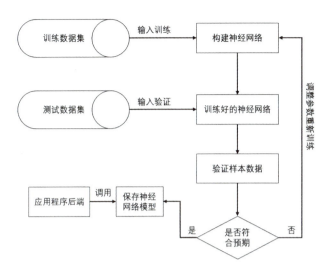

图2-17 评教神经网络的创建过程

以同样的方式分别训练同行评教网络及领导评教网络，并将三个网络输出的评教数据作为输入，训练集成网络，实现对教师的教学质量的五级化分类评价。根据实际教学情况，将总体评价结果分为极好、优秀、良好、合格、不合格五类，分别对应5个输出神经元。如图2-18，通过训练确定集成网络的模型参数，得到评教分类的集成网络，实现对教师教学质量的综合评价。

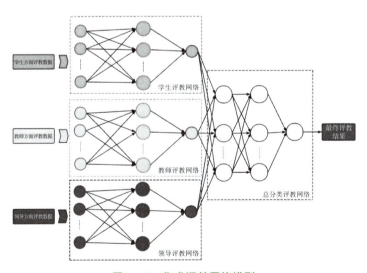

图2-18 集成评教网络模型

2.模型可行性

为了验证神经网络技术应用于教师评教的可行性，收集学生对教师的教学质量评价相关数据，进行整理与加工后，构造一个包含500条评教数据的样本数据集。从评教样本中随机选取70%的评教数据用于训练，在剩余的样本集上进行验证和测试，评价智能评教结果的准确性和可靠性。通过评教指标取值10分为优秀，8.5分为良好，6.5分为合格，4.5分为不及格的规则对评教数据进行量化。网络的参数设置为：隐含层神经元的激活函数为tansig函数，输出层为purelin函数，以Levenberg-Marquardt作为训练算法，学习率设为0.01。动量因子设置为0.9，训练精度设置为1e-7，训练次数设置为5000次。以误差率百分比（公式2-22）作为评价模型的评价标准：

$$\gamma = \frac{|TR - AR|}{AR} \tag{2-22}$$

其中TR 表示网络输出结果，AR 表示真实结果。表2-5列出了数据集中15个样本对应的指标分值、训练结果、实际结果和误差百分比。可以看出，网络经训练后，处理预测评教数据的最大误差率为3.89%，最小误差率为0.23%，平均误差率为1.457%。因此，经神经网络得到的评教结果与真实结果基本吻合。

表2-5　神经网络预处理后训练样本和结果表

指标 序号	1	2	3	4	5	6	7	8	9	10	训练结果	实际结果	误差百分比
1	8.5	6.5	4.5	6.5	8.5	8.5	6.5	4.5	6.5	8.5	6.429	6.5	1.09%
2	10	8.5	10	8.5	8.5	10	6.5	8.5	10	8.5	8.104	8.2	1.17%
3	10	8.5	8.5	4.5	6.5	6.5	8.5	6.5	8.5	8.5	7.283	7.3	0.23%
4	8.5	6.5	6.5	6.5	6.5	10	4.5	8.5	6.5	8.5	7.174	7.1	1.04%
5	6.5	4.5	6.5	6.5	8.5	8.5	8.5	10	4.5	8.5	6.857	6.6	3.89%
6	6.5	6.5	8.5	8.5	8.5	6.5	8.5	8.5	6.5		7.354	7.4	2.13%
7	8.5	8.5	6.5	10	8.5	10	6.5	10	10	8.5	8.639	8.5	1.63%
8	10	10	8.5	8.5	8	8.5	8.5	8.5	10		8.949	9	0.56%
9	10	8.5	4.5	10	6.5	8.5	8.5	6.5	6.5	8.5	7.688	7.7	0.17%
10	8.5	10	8.5	6.5	8.5	8.5	4.5	10	4.5	10	7.706	7.6	1.39%
11	4.5	4.5	8.5	8.5	4.5	4.5	6.5	10	4.5	10	5.695	5.5	3.54%
12	6.5	4.5	6.5	10	6.5	10	8.5	10	8.5		7.848	7.8	0.61%
13	8.5	10	10	8.5	10	8	8.5	10	10		9.251	9.2	0.55%
14	6.5	4.5	8.5	4.5	6.5	6.5	4.5	4.5	6.5		5.269	5.1	3.33%
15	10	10	8.5	10	8.5	10	10	10	8.6	4.5	8.645	8.6	0.52%

以类似的方式，搭建同行评教网络和领导评教网络，根据对应的训练和测试数据集对模型进行训练并验证，得到用于同行评教和领导评教的神经网络，从同行和领导的角度对教师的教学质量进行评分。然后构建集成网络，将学生、同行和领导的多维度评教数据作为网络输入，对集成网络进行训练，实现对教师教学的综合评价。综合评价结果以五级化形式表示，评价指标量化为以 [1, 0, 0, 0,

0]表示极好、[0，1，0，0，0]表示优秀、[0，0，1，0，0]表示良好、[0，0，0，1，0]表示合格、[0，0，0，0，1]表示不合格。集成网络经过2186次训练后收敛，达到预期的精度要求。在验证集上，训练的集成网络分类正确率达到98.59%，误差率仅为1.41%。结果表明，集成网络得到的总体评价分类与实际的结果基本相符，能够实现对多维评价数据的正确分类。

从以上的实际应用案例不难看出，将神经网络技术应用于教学质量评价中，利用神经网络强大的非线性拟合能力对教学质量评价体系中复杂的非线性关系进行回归分析，可以得到更为合理和客观的评价模型及指标权重，克服了传统评教系统存在的诸多弊端。利用人工智能技术实现的智能化高校评教系统，能够方便快捷地生成科学合理的评教结果，实际效果令人满意，智能化技术在教育教学中应用的可行性得到充分验证。

第四节 小结

本章阐述了人工智能的核心技术——神经网络的基本模型和发展概况，概括了计算机视觉的常用网络——深度卷积神经网络的基本原理及技术发展，并以智能评教系统为实际案例验证了人工神经网络在教育领域的应用。受启发于生物神经网络，人工神经网络以类似的结构和实现机制完成了模式识别任务。神经网络的基本构成单元是神经元，神经元构成网络的各层，再通过层层相连构成网络。相邻层的神经元之间或完全相连或部分连接，完成层与层之间信息的传递。通过比较输出值与期望值的差距，设定目标函数及学习算法，对网络的权值进行训练，得到目标网络。用于评教的人工神经网络模型——智能评教系统，验证了该技术在教育教学中应用的可行性。卷积神经网络是一种特殊的神经网络模型，由卷积层、池化层和全连接层构成，广泛应用于计算机视觉领域。卷积层通过卷积操作完成特征提取，提取的特征经过池化层进行聚类统计和降维，再输入全连接层完成分类和判别。由于卷积神经网络局部连接、权值共享的结构特点，降低了模型的复杂度。网络训练的过程分为前向传递输出和反向调整权值两个部分，根据输出误差调整权值训练网络，自动完成特征的提取及模式的分类。

第三章 /
人工智能在教育领域的应用

随着人工智能技术奇点的突破，以ChatGPT为代表的生成式人工智能的诞生打破了教学活动空间和实践的界限。这些人工智能技术在带来教学便利的同时，也带来一定的挑战。教师身份权威受到威胁、部分教学场域遭到颠覆、创造力遭受信任危机[①]。一场由技术驱动的教育变革正在如火如荼地展开。作为引领新一轮科技革命和产业变革的重要驱动力，人工智能催生了大批新产品、新技术、新业态和新模式，也为教育现代化带来更多可能性。教育智能化已然成为教育现代化的重要标志和时代特征。一方面是基于数据型论据呈现的全过程、全场景、全方位的无缝学习环境。另一方面，基于事实型论据，通过零时差、多维度的学习支持服务，网络教育能够提供更多元化的学习形式和学习资源，促进共享、开放、精准的个性化学习。多项研究显示，基于5G和人工智能技术的智能化网络教育平台能够根据学生的学习习惯和能力，为学生定制个性化的学习内容和学习路径，从而有效提高学习效果和学习满意度。

第一节　人工智能教育应用与教育变革

教育必须顺应技术发展，向智能化的新教育生态系统演变，以推动网络教育转型升级。其中，人工智能技术的兴起与应用，不仅改变了我们获取、处理和应用知识的方式，还为教育带来了深远的影响。从智能测评系统到智能教学系统，从虚拟现实教育到教育机器人，人工智能正在逐步渗透到教育的各个环节，为传统的教育模式注入了新的活力。本节将对人工智能在教育领域的应用案例展开研

[①] 吴青，刘毓文：《ChatGPT时代的高等教育应对：禁止还是变革》，《高校教育管理》，2023年第3期，第32-41页。

究，探讨人工智能教育的表现形式、呈现特征和未来趋势。

一、预测性和个性化的人工智能

随着数据、算法、算力的三重加持，人工智能在某些特定的认知领域已经超越了人类，实现了对人机智能差异的最后防线的突破。这意味着人工智能在某些领域展现出了比人类更强大的认知和智能能力，表明机器与人之间的整体智能差距正变得越来越小。

预测性人工智能的发展正在推动个性化学习工具设计的变革，促使其从"通用型"技术向"可扩展"的个性化学习体验过渡①。个性化学习工具旨在根据学生的需求和特点提供定制化的学习支持和资源，以优化他们的学习成果和体验。而预测性人工智能通过数据分析和算法模型，能够通过对学生的学习历史、兴趣和学习行为等数据的分析，预测学生未来的学习需求和表现。过去的个性化学习工具往往是采用固定的规则和模式，根据学生的初始设定提供相应的学习内容和学习建议。然而，这种通用型的个性化学习工具往往无法全面满足学生的需求，并且缺乏适应性和灵活性。通过引入预测性人工智能技术，个性化学习工具能够更加准确地预测学生的学习需求。基于学习者的历史数据和模型推断，这些工具可以提供更贴合学生个体差异的学习内容、教学策略和评估方式。例如，工具可以根据学生之前的学习表现和趋势，识别出他们的弱点和需要提高的领域，并相应地调整学习计划和资源。此外，预测性人工智能还使得个性化学习工具更具可扩展性。通过对大量学生数据的分析和模式识别，这些工具可以自动适应不同学生的需求，提供与学生当前状态和目标相匹配的学习资源。这种可扩展性使得个性化学习工具能够在大规模使用的情况下保持高效和准确。这种趋势为学生提供了更加个性化、高效和符合自身需求的学习支持，进一步优化了教育领域的学习体验和成果。根据美国高等教育信息化协会（EDUCAUSE）发布的《2023年地平线报告（教与学版）》详细描述和预测了影响未来人工智能教育的6种关键技术以及实践。

①钟文俊，苏福根，罗江华：《人工智能助力高等教育教学：宏观趋势、技术实践及未来设想——〈2023 EDUCAUSE地平线报告〉（教与学版）要点解读》，《中国教育信息化》，2023年第6期，第35-45页。

（一）LearningClues项目创建学习集群：通过人工智能驱动视频分析，实现学生求助个性化

LearningClues项目是一个旨在改善学习体验和提供个性化学习支持的创新项目。该项目结合了教育和人工智能技术，通过视频分析和智能算法来实现个性化学习辅导和问题解答。LearningClues项目的核心是一个智能视频分析系统。学生可以通过摄像头拍摄学习场景的视频，并将其上传至系统。通过先进的人工智能算法，系统对视频进行实时分析，识别学生在学习过程中遇到的困难和问题。在识别出学生的学习难题后，LearningClues系统会根据每个学生的学习风格、水平和偏好，提供个性化的学习支持和解答建议。这些建议和支持可以帮助学生克服困难、加深理解和提高学习效果。同时，为了保护学生的隐私，LearningClues项目采取了严格的数据保护和安全措施。学生的视频和个人信息将进行加密和匿名处理，仅用于算法分析和学习支持，不会被其他用途滥用。通过LearningClues项目，学生可以更加便利地获得个性化的学习支持和问题解答。这个项目为学习者提供了一个智能化、个性化的学习环境，帮助他们提高学习成效、培养良好的学习习惯，并促进他们在学术上的发展和成功。

（二）普渡大学的"查理"：一个人工智能的写作助手

普渡大学用大规模教师评分的论文库作为训练数据，开发了"查理"人工智能助手。"查理"能够根据写作评分标准预测学生写作得分并提供论文链接供学生查阅，学生则可以得到即时的反馈和评估，了解自己的强项和需要改进的地方。学生可以反复修改论文并重新提交，提高写作质量。同时，教师也可以借助这个工具更有效地管理和评价大量的学生论文，从而提高他们的工作效率。这种结合了人工智能和教育教学的技术创新，可以为学生和教师提供更好的学习和教学体验[1]。需要注意的是，虽然人工智能助手如"查理"可以提供有用的反馈和帮助，但写作技能的培养和提高仍需要学生通过不断地实践和努力来实现。教师的指导和反馈也是非常重要的，因为他们能够提供更深入的评估和指导，帮助学生充分发展自己的写作能力。因此，"查理"人工智能助手应该被视为学习过程中的一个辅助工具，而非取代教师的角色。

---

①朱雨萌、李艳、杨玉辉等，《智能技术驱动高等教育变革——〈2023地平线报告：教与学版〉的要点与反思》，《开放教育研究》，2023年第3期，第19-30页。

（三）明尼苏达州信息技术卓越中心与STEM Fuse合作推出职业公路：学生职业规划的人工智能方法

2023年3月6日，明尼苏达州信息技术卓越中心与以STEM为重点的课程提供商STEM Fuse的合作，为俱乐部学生带来了人工智能驱动的职业发展平台"职业高速公路"（Career Highways），这项合作可以帮助学生展示他们的技能和探索。"职业高速公路"是一个由人工智能驱动的职业发展平台，它为学生提供了一个职业探索和发现引擎，让他们可以以一种新的方式来探索职业道路，并规划实现目标所需采取的可行步骤。通过人工智能心理测量分析，该平台还能提供职业匹配推荐，帮助学生与教育项目和雇主建立联系。此外，通过独特的职业公路可视化和规定性指导，该平台能够为学生提供通往职业成功的多样道路，从而加快他们的职业生涯。

（四）圣心大学使用PitchVantage和VirtualSpeech提高口语交流技能

PitchVantage也是一个利用人工智能驱动的口语交流练习平台（https://pitch-vantage.com），该平台被圣心大学引入，供学生练习口语交流。PitchVantage在功能上有三大特色，包括3D模拟、专有引擎和即时反馈。有了逼真的3D受众，学员可以随时随地练习和提高演讲技能。观众对用户的表现做出反应，从而提供引人入胜的学习体验。

1. PitchVantage

PitchVantage分析了世界上最好的演讲者、数千场演讲和最新的研究，以确定是什么让伟大的演讲者变得伟大。人工智能专家们利用机器学习技术开发了一种专用引擎，用于测量演示文稿交付的关键要素。除了独立的专有引擎，该平台还具有即时反馈智能，使受训者能够根据自己的条件成为更有效的演讲者。Pitch-Vantage提供有关演示文稿交付、视频重播、用户友好性分析和按需教程等即时个性化反馈。其中，PitchVantage提供的即时反馈和个性化提示，主要帮助用户提高音高可变性、速度可变性、音量可变性、语言干扰器、停顿、速度、长暂停、参与度、音量和眼神接触等方面的表现。同时，学生可以通过云仪表盘与指标并排查看练习视频，轻松监控使用情况和性能数据。在该仪表盘中，PitchVantage提供有关15个内容元素的即时自动反馈，包括语言、简洁、结构、语法和清晰度等。另外，平台还有23个引人入胜的视频课程，内容涉及语音传达、肢体语言、为观众提供参与演示、处理问答和构建精彩演示文稿等方面。教师可以在几分钟内创建带有自己培训内容的定制作业。学生也可以在PitchVantage中查看和练习自定义作业。在大学中，PitchVantage非常适合通信、商业和工程等方面的在线课程。通过引人入胜的练习和个性化的反馈，让学生轻松提高公开演讲技能。同时，教师可以通过直观的在线仪表板监督学生的表现。

2. VirtualSpeech

圣心大学的另一个人工智能工具便是VirtualSpeech，这是一个屡获殊荣的软技能培训平台，专注于公开演讲、销售和领导力等沟通技能。客户包括世界各地的大学和财富500强企业，如帝国理工学院商学院、沃达丰等。VirtualSpeech已帮助125个国家的超过37万用户通过互动练习提高技能，被《纽约时报》《福布斯》《华尔街日报》和《赫芬顿邮报》等媒体报道。该平台使用虚拟现实（VR）技术来模拟各种规模的观众和场景，从而帮助学生有效地练习公开演讲，并为现实世界建立技能和信心。VR技术为学生打开了一个充满可能性的新世界，让他们方便地提高软技能，同时收到关于他们表现的宝贵反馈。与传统的基于理论或角色扮演的练习不同，VR提供了一个强大的培训工具，让学生沉浸在受控的和现实的环境中。不仅如此，VirtualSpeech还利用VR和AI的结合，通过创建学生可以参与对话和模拟的虚拟环境，进一步增强了学习体验。这些由人工智能驱动的虚拟角色是宝贵的资源，能充当虚拟导师、导师甚至模拟求职者。通过与这些角色进行有意义的对话，学生可以练习他们的沟通技能，并获得适合他们特定需求的个性化反馈和指导。除了可以提高学生的实战经验，VR体验也有助于大部分有语言焦虑症的人建立信心，因为在VR场景中练习对于他们来说是一个非常安全的环境，减轻现实生活中观众带来的压力。因此，欧洲、北美和澳大利亚的教师们正在使用VirtualSpeech来提高学生的公开演讲和工作面试技能。

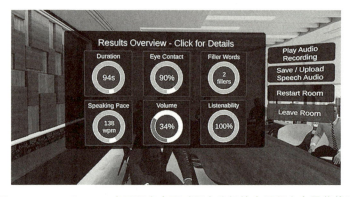

图3-1　VirtualSpeech应用程序内即时语音分析的应用程序内屏幕截图

图3-2　使用VirtualSpeech应用程序在VR中进行ChatGPT培训的角色扮演

（五）美国大规模个性化成人学习和在线教育

由美国国家科学基金会资助的国家人工智能成人学习和在线教育研究所（AI-ALOE）旨在领导人工智能理论和技术的发展，以提高和转变成人在线学习的有效性、效率、可访问性、规模化和个性化。该研究所已经开发并在课堂上部署了一系列人工智能技术，以创造引人入胜的个性化学习体验，从而大幅提高学习效果。该研究以人类认知和学习理论为基础，得到大规模数据的证据支持，在各种试验平台上进行评估，并源自学习工程的科学过程。AI-ALOE将与高等教育和教育技术领域的合作伙伴一起推进成人在线学习，使教育更容易获得、更实惠、更可实现，并最终达到更公平。AI-ALOE研究人员、学习科学家和技术人员在课堂上开发和部署了以下五项技术，以帮助教师创造引人入胜的个性化学习体验，并大幅提高学习成效。

（1）学徒导师：一个智能辅导系统，为数学问题解决和技能学习提供个性化和自适应支持。研究表明，学生主要受益于一对一的面对面辅导，但在资源不足的机构中，大量学生都需要这种面对面的单独辅导将是具有挑战性的。学徒导师旨在通过为所有学生提供个性化和自适应支持来解决这个问题，以便他们能随时随地学习。"学徒导师"通过提供按需提示和反馈来支持学生解决多步骤问题，它还估计了每个学生对解决问题所需的基本技能的掌握情况。然后，系统精确估计与学生的个性化互动，例如通过建议他们应该解决哪个问题来优化他们的学习。学徒导师还可以定期将学生掌握程度的估计值作为成绩反馈给教师，使他们能够监测和评估学生的学习进度，并根据需要采取行动帮助学生更好地学习。

（2）Jill Watson：一个虚拟教学助理，使教师能支持和吸引所有学生。在线教育的一个常见问题是缺乏教师在场，在线学生不一定能像面对面的学习者那样接触到教师（和助教）。特别是那些大班教学的教师，通常每天必须分配大量时间来回答问题，有时要解决来自不同学生的相似问题，费时费力。该系统开发的初衷是考虑如何提高教师在在线课堂上的参与度，同时减轻教师的负担。所以以Jill Watson作为虚拟教学助理可以帮助教师随时随地回答学生的问题。它可以很容易地作为LTI（学习工具互操作性）添加到学习管理系统的课程站点中，并与课程讨论论坛集成。它会自动回答有关课程大纲、政策和时间表的问题。回复发布在论坛上，有效地解决了学生们提出的所有可能相同的问题。

（3）SAMI（Social Agent Mediated Interactions社交代理中介互动）：在线学习中连接学习者并建立社区的人工智能代理。学习不仅是一个认知过程，更是一个社交和情感过程。然而，由于大多数在线课程的分布式异步性质，许多在线学生经常感到社交情感上的孤立。如何联系和吸引地理上分散的学习者，并建立一个在线学习社区就是该系统设计的出发点。SAMI是一个虚拟代理，使用人工智能和自然语言处理来增强在线课程中的社交联系。根据学生的介绍性信息，它建立了学生的知识库，包括他们的位置、爱好、参加过的课程等。然后，利用这些信息来匹配学生，并根据他们共同的身份和兴趣将他们联系起来，帮助他们"打破僵局"并建立一个"伙伴"网络，以支持和加强在线学习环境中的社交参与。

（4）SMART（Student Mental Model Analyzer for Research and Teaching用于研究和教学的学生心理模型分析仪）：一个由人工智能驱动的形成性评估和反馈系统。阅读是概念学习的一个组成部分，基于阅读的写作摘要通常用于评估学生从阅读中学到了什么。然而，新手学生很难整理出一份出色的摘要，老师们发现对学生的写作进行评分和提供反馈很耗时。因此，将这种学习活动转化为对学生有意义的学习体验，同时又能减轻教师负担便成为此系统开发的初衷。SMART是基于web的系统，旨在提供形成性评估反馈，以支持学生的概念学习。它会回顾学生的笔记摘要，并将学生的知识模型与专家模型进行比较。基于这种比较，该系统使用概念图、提示和反馈消息为学生提供个性化反馈，以帮助他们扎实理解阅读内容。

（5）VERA（Virtual Experimental Research Assistan虚拟实验研究助理）：支持生态学探究式学习的虚拟实验室。学习科学通常需要在物理实验室中进行实验，以练习实验室技能。当遇到灵活上课的课堂，比如部分在线学生和部分通勤学生的情况下，如何将校园实验室的日程安排好，让所有学生合理参与基于实验室的教学活动就变得非常重要。因此，VERA作为一个虚拟生态学实验室，与史密森尼学会的生命百科全书项目合作开发，旨在支持基于探究式的学习。学生可以使用VERA生成用于解释并依据给定数据的假设，构建概念模型，模拟模型以评估它们，并根据数据验证模拟结果。VERA作为Web应用程序面对这样复杂的学生参与情况，显得得心应手。

（六）悉尼大学牵头开发数据驱动的大规模个性化教学反馈项目

这个为期两年的项目始于2016年，由澳大利亚政府学习和教学办公室（OLT）的战略优先委托赠款资助，旨在解决澳大利亚高等院校在过去几年入学人数不断增加的背景下提高学生体验质量方面面临的挑战。该项目由悉尼大学（USYD）牵头，与悉尼科技大学（UTS）、新南威尔士大学（UNSW Australia）、南澳大学（UniSA）、德克萨斯大学阿灵顿分校和爱丁堡大学合作。

作为其可交付成果的一部分，OnTask项目开发了一个软件工具，可以收集和评估整个学期学生活动的数据，允许教师设计个性化的反馈，并就学生的学习策略提出建议。通过经常提供关于课程中具体任务的建议，学生能够快速调整他们的学习计划。该工具从各种来源接收数据，如视频参与、评估、学生信息系统、电子教科书、论坛等。教师和教育设计师可以使用该平台将有关学生的大型数据集与具体和频繁的行动联系起来，以支持他们的学习。OnTask可以提供的反馈示例包括指导学生阅读教科书中的特定章节或工作示例，建议额外的阅读或资源，将他们纳入所需的研讨会或实验室辅导，针对课程中的任务提出有效的学习技巧，以及指导他们获得大学支持服务等。OnTask旨在提供相关的、个性化的建议，帮助教师支持一门课程中的所有学生。该工具还向管理机构提供有关学生支持行动及其对整体学习体验有影响的证据。其开放式和模块化的架构能促进机构层面提高学习体验质量的转变。

以上案例主要体现了预测性和个性化的人工智能在教育领域的应用已经越来越全面和深入。人工智能的预测性和个性化体现在其能够根据学习者的特性和需求，提供量身定制的教育服务和支持。例如，通过学习者的学习行为和表现数据，人工智能可以预测学习者的学习进展和困难，并相应调整教学策略和资源来满足学生个性化的学习需求。也可以通过可视化技术和大数据分析，更好地帮助教师了解学生的学习状态和学习需求，从而辅助教师为学生提供更加个性化和精准的学习支持。同时，还能够根据学生的学习历史和兴趣，为其推荐适合的学习资源和学习路径，从而提升学习效果和满意度。

二、生成式人工智能

许多高等教育专家认为，生成式人工智能是这个时代最具颠覆性的技术之一。这项技术能以令人信服的方式模仿人类创作文本、图像和声音等，它有可能影响到教学材料的制作、教学效果的评估等。生成式人工智能的革命性潜力可能会极大地影响传统课堂。教职员工可以使用生成式人工智能工具撰写提案、生成报告和手稿，并为全球受众翻译他们的成果。在任何情况下，生成式AI的支持者都声称，这项技术将使人们能够在处理重大复杂问题时摆脱平凡的任务，变得"得心应手"。

生成式人工智能的兴起引发了担忧和争议，这是不可否认的事实。与其他人工智能技术相比，生成式人工智能工具可能更具欺诈性，因为它可能会强化偏见，有导致不公平系统出现的潜在风险。高等教育领域对于使用生成式人工智能存在一些激烈的反对意见，主要涉及学术诚信问题。利益相关者表示，学生可能会主要借助生成式人工智能在课程作业和评估中作弊，甚至有人声称生成式人工智能将导致创造性表达和个人思维的终结。与此相反，有些人坚称，使用生成式人工智能将迫使教育工作者重新思考评估方式，从而带来更富有意义和更有效的教育体验。此外，也有教育工作者认为，不同行业对于采用生成式人工智能工具只是时间问题，因此学生在加入劳工大军之前应该掌握这些工具。更重要的是，教育工作者担心，如果学生对生成式人工智能（以及更广泛的人工智能工具）的局限性和伦理影响缺乏了解，他们可能会受到错误信息的影响，甚至过度依赖生成式人工智能的输出结果。

课程专家长期以来一直认为，高等教育需要更好地进行评估，以更高层次的思维和分析为目标，提供学习机会，而不是专注于惩罚措施，并支持我们多元化的学生群体。随着技术的进步，我们可以随时获取基本信息，这使得单纯评估学生记忆和重复信息的能力显得有些过时了。生成式人工智能的兴起，为教育工作者带来了革新传统评估实践的机会，并将他们的重点转移到学生的能力上，以练习更高层次的技能，如分析和评估能力。学生们越来越习惯于生活在数字世界中，但很少有人了解技术发展所涉及的复杂性，尤其是涉及人工智能时。生成式人工智能加剧了关于人工智能伦理的争论，因为它的输出往往令人信服。高等教育工作者有责任培养学生以道德的和负责任的方式与生成式人工智能技术互动的能力。

（一）麻省理工学院开发了App Inventor项目

麻省理工学院（MIT）开发了一个名为App Inventor的项目。该项目旨在帮助非专业开发人员以及教育工作者创建自己的移动应用程序，无须编写复杂的代码，推动计算机科学教育的普及，并让更多的人能够参与到移动应用开发中来。

App Inventor提供了一个可视化的编程环境，用户可以通过拖放组件并使用可视化编程来构建应用程序。这样的设计使得创建应用程序变得简单易用，无须具备深厚的编程知识。用户可以快速原型化和构建自己的应用程序，并将其部署到Android设备上。麻省理工学院App Inventor每月有超过100万独立访问者，他们来自195个国家和地区，总共创建了近3000万个应用程序，正在改变人们创建应用程序的方式和孩子们学习编程的方式，受到了教育界和开发者社区的认可和赞赏。

（二）MBM数字营销战略课程的新模块——面向未来的数字营销

MBM数字营销战略课程新加入了一个模块，叫做"面向未来的数字营销"。这个模块主要讲解如何利用最新的技术（生成式人工智能）来吸引客户，并提升业务量。课程内容和活动围绕着虚拟世界和人工智能驱动下的数据分析、内容创建和客户参与进行构建。这样的课程设计旨在让参与者明白数字营销的最新趋势，并强调在不断变化的数字营销领域中，拥有前瞻性思维的专业人士是多么重要。

例如，在企业培训中的一个很好的案例就是戴森的虚拟商店可以通过VR设备试用所有产品。这种使用沉浸式技术重新定义和设计客户体验的实践，足以吸引企业进一步拓展此类营销的创新方式。再如，2021年首尔为了提高市民的社会流动性，增强首尔的全球竞争力，宣布它将成为元宇宙中的第一个城市，要让依赖虚拟现实的沉浸式互联网的元宇宙用户也能享受各种公共服务和参加文化活动。如果计划成功，首尔市民可以戴着虚拟现实眼镜在虚拟市政厅做各种事情，包括参观历史古迹，甚至提起民事诉讼。2022年，达美乐披萨（Dominos Pizza）可以在Decentraland（当时最大的元宇宙之一）订购，并送货上门。因此，生成式人工智能驱动的尖端技术进入商业领域应用正当其时。毕竟，根据技术研究和咨询公司Gartner在2022年2月7日发布的报告，到2026年，全球四分之一的人口每天将至少花一个小时在元宇宙中，各品牌也将需要在元宇宙中携手合作，因为他们的用户将需要持续的虚拟、互动、三维的体验。

（三）VR遇上AI：使用具身对话代理进行体验式学习

加州州立大学圣贝纳迪诺分校xREAL实验室是一个跨学科的技术创新中心，将教师、学生、员工和行业合作伙伴聚集在一起，使用各种尖端技术来设计和开发沉浸式学习体验，从而推进教学的革新。实验室的使命是采用尖端技术进行研究和设计令人惊讶的人机交互来改变教学和学习方式。这些交互会鼓励发现的乐趣，提供教育见解，并为公共利益作出贡献。

使用具身对话代理（Embodied Conversational Agents，ECA）在护理、运动和戏剧的VR培训模拟中创建体验式学习，可以提高学生的同理心和参与度。该项目是由一个多学科团队在基于VR教学的课程中开发的系统。例如在运动机能学中，该系统为运动生理学家认证预备课程提供了必要的知识和技能，帮助学生通过学习成为美国运动医学学院（ACSM）和美国运动专业人员注册（USREPS）认证的注册运动生理学家（EP）。在运动机能学课程中，学生使用虚拟现实技术跟扮演潜在客户角色的"智能"人工代理进行交互，能够正确地进行生理测量。同时，动作捕捉系统记录了人工代理的个性化动作。一个连接到虚幻引擎（Unreal Engine，UE）的谷歌自然语言处理API允许学生与"数字人"进行真实的对话。该课程使用虚幻引擎4（UE4）设计的多人虚拟现实环境和嵌入的智能虚拟代理来演示如何正确进行一系列与健康相关的身体健康评估。虚拟代理使用自定义的Google DialogFlow API用于UE4和动作捕捉（MoCap）技术来模拟社交中适当的反应。

图3-3　重新连接概念艺术

xREAL与新墨西哥大学MUVE实验室合作，使用UE5开发了一款名为"重新连接"的教育游戏。该游戏将帮助玩家与环境和道德管理建立同理心的联系。该游戏是MUVE实验室进行的实验的一部分，该实验测试学习中无私地解决合作任务是否会增加人际联系感、对他人的同理心、整体福祉和对环境的积极态度。

图3-4　2022年该项目alpha测试的VR环境和照片

（四）韦仕敦大学开发了同理心聊天机器人

　　韦仕敦大学（Western University）的一个团队开发了一款聊天机器人，旨在利用移情对话的五种技巧模仿病人与医生的对话。这项技术增强型教学工具通过人工智能的自然语言处理（NLP）平台支持学生学习。学生在准备客观结构化临床考试（OSCE）时，聊天机器人（预装了患者病例场景）扮演患者的角色，而学生尝试体验成为医疗提供者。研究表明，同理心可以改善患者与医疗提供者的关系，从而带来更好的临床效果。同理心机器人技术可以在教室或家中使用，并在各种设备平台上使用。该应用程序将在Apple Store和Google Play商店提供，允许访问Apple和Android移动设备操作系统。该应用程序可以安装在学习者的手机及平板电脑设备上，并且可以通过网络访问，允许设备模式的灵活性。然而，为该应用程序推荐的主要技术将是智能助理聊天机器人，如亚马逊Alexa、谷歌助理或苹果Siri。

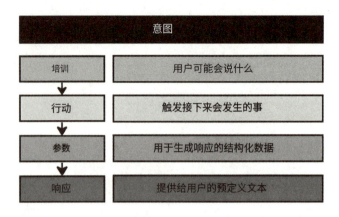

图3-5　意图结构框架

（五）ChatGPT

ChatGPT（全名：Chat Generative Pre-trained Transformer），是OpenAI研发的聊天机器人程序，于2022年11月30日发布。ChatGPT所遵循的学习模式本质上是在对大量文本数据集进行预训练后，基于所学习数据的上下文信息形成语言生成概率模型，从而模拟出非常接近自然语言的回答，还能根据聊天的上下文进行互动，真正像人类一样来聊天交流，甚至能完成撰写邮件、视频脚本、文案、翻译、代码、论文等任务。ChatGPT受到关注的重要原因是引入新技术RLHF（Reinforcement Learning with Human Feedback，即基于人类反馈的强化学习）。RLHF解决了生成模型的一个核心问题，即如何让人工智能模型的产出与人类的常识、认知、需求、价值观保持一致。ChatGPT是AIGC（AI-Generated Content，人工智能生成内容）技术进展的成果。该模型能够促进利用人工智能进行内容创作、提升内容生产效率与丰富度。

随着ChatGPT强大能力带来的震惊，人们其实并不清楚该以什么样的态度来面对"非人类智能"，究竟该禁止还是拥抱？然而，用什么样的态度对待教育领域中的人工智能，应取决于此人工智能技术能否处理好它给课堂带来的真正的挑战以及如何建立课堂新秩序。目前来看，中短期内，师生间使用ChatGPT的博弈正在加剧传统课堂和创新课堂的两极分化——前者愈发保守，正在驱逐更多真正的深度学习机会；后者则想尽一切办法利用ChatGPT完成繁杂的学习任务。因而学者们对ChatGPT的评价呈现出严重的两极分化。有人将ChatGPT视为"高科技剽窃和逃避学习"的一种技术，因此很多教育机构如香港大学直接颁布禁令，《自然》（Nature）和《科学》（Science）杂志也明文禁止将ChatGPT生成的文稿进行投稿。然而，更多的人则是将ChatGPT视作人类科技发展史上标志性的里程碑，是教育加速和文明加速的利器。

三、学习模式界限模糊化

学习模式界限模糊化指的是学习过程中不再将学习视为传统的线性或离散的过程，而是将学习看作一个连续和综合的过程，各种学习方式和模式相互渗透和交织。传统上，学习被分为不同的模式，例如面对面授课、在线学习、实践实习等，每种学习模式分别具备其各自的特点和适用场景。然而，随着技术的进步和教育理念的演变，这些学习模式的边界逐渐模糊了。学习模式界限模糊化的理解可以从以下几个方面来思考：一是混合学习。传统的学习模式开始融合和整合，在线学习与面授教学相结合，形成混合学习的模式。学生可以根据自己的需求选择在线学习和面授教学的元素，从而更灵活地实现学习。二是个性化学习。学习模式越来越注重以个人为中心，根据学生的特点和需求提供个性化的学习路径和资源。依靠技术工具和数据分析，学生可以根据自己的兴趣、学习风格和学术水平进行选择。三是跨界合作学习。不同学科、不同领域之间的学习模式开始交叉。例如，技术和艺术的结合，创新和创造力的培养，以及跨学科的课程设计等。这种跨界合作将激发学生的创新思维和解决问题的能力。四是实践导向学习。学习模式越来越注重将学习与实践相结合，传统的实践实习模式融入了在线模拟实践、虚拟实境、项目驱动学习等元素。学生可以更好地将所学知识应用于实际情境中，提高学习的实效性和可持续性。

为了能够应对各种模糊化的学习界限，首先我们要确保能够建立共同语境，即在描述学习方式上达成共识是非常重要的。这意味着教育机构需要明确并统一各种学习模式的定义，以便教师能够根据需要设计课程并找到适当的学习方式支持。同时，学生和教师也需要有一个共同的语境来讨论、设计和选择适合他们的教育和个人需求的课程。通过建立清晰和一致的学习模式定义，可以大大简化讨论和决策过程。教师可以更准确地了解每种学习模式的特点、优势和适用场景，从而更好地选择和设计课程。此外，学生也能更好地理解不同学习模式对他们学习方式的影响，以便做出正确的课程选择。共同语境对于促进有效的教育实践和个性化学习非常重要。确保学生和教师之间有一个共同的话语体系，可以帮助他们更好地进行沟通和协作，从而提高教学和学习的质量。而缺乏共同语境可能导致误解、困惑和不合理的期望，将可能限制教育的发展和进步。因此，建立共同语境是教育机构和全体教育参与者共同努力的重要任务。只有通过共同理解和共享的语言，才能实现教育目标的有效追求，并为学生提供最佳的学习体验。

其次，采用和扩展新技术。随着教育模式的演变和需求的变化，教育技术也必须不断发展和扩展。特别是在远程学习方面，高水平的教育技术是促进学生参与的关键。虽然我们努力为所有学生提供可靠的设备和高速互联网，但新的学习模式需要可扩展的解决方案，以确保学生能够访问和利用先进的技术。其中一些新技术包括虚拟现实（VR）耳机和远程呈现技术，如机器人。虚拟现实技术可以为学生带来身临其境的学习体验，增强他们的参与度和理解力。通过虚拟环境，学生可以进行实地考察、实验模拟或与远程合作伙伴进行互动。远程呈现技术，如机器人，可以使学生能够通过机器人代表身份参与课堂，无论他们身在何处。这种技术使学生在远程控制机器人的同时能与教师和同学进行实时互动。随着新技术的不断采用和发展，我们必须确保学生能够访问和使用这些技术。这需要不断更新和完善学校网络基础设施，提供高速稳定的互联网接入，并提供适当的设备和工具，以满足学生的需求。同时，教师也需要得到相应的培训和支持，以充分利用这些新技术进行教学。只有保持在技术发展的前沿，我们才能为学生提供更好的学习体验，并适应不断变化的教育需求。

总之，学习模式界限模糊化意味着传统的各种学习模式已不再互相孤立，而是形成了一个动态的和多样化的学习生态系统。这种趋势使学习更加趋向于个性化、跨学科和实践导向，这有助于培养学生的综合能力和适应未来社会的能力。目前比较统一的观点是，模态定义是一个不断变化的目标，因为它们之间的区别越来越模糊。教师和工作人员继续努力为各种学习方式寻找清晰、广泛接受的定义，比如面授、一对一、灵活混合、HyFlex、在线、远程等。我们需要界定的问题很多，比如有现场考试的在线课程真的可以被视为在线课程吗？大多数现场课程实际上是混合的吗？由此可见，随着教育技术的发展，为满足学生在混合世界中的需求，课程定位和课程模式的概念也在不断扩大。今天，教育工作者可以使用各种模式或者工具，通过跨模态方法，设计学习环境，以多种方式吸引学生，满足不同学生群体的需求。这样做不仅可以与教学目标保持一致，还能消除学习者和专家之间的地理界限。但目前的挑战在于，如何将多个利益相关者、制度政策和适当的教学支持结合起来。所以，基于人工智能的教学方式变革具有深远影响。

（一）前瞻设计帮助教师学习并思考教学设计

前瞻设计（Design Forward，DF）是普利茅斯州立大学Open Colab实验室的一个全面的教师发展计划。前瞻设计专注于培养教师，使其能够发展成为自信、敏捷和适应性强的教学设计师。DF结合了批判教学法的价值观和方法，认为教学与社会正义有着内在的联系。核心点在于，为开发灵活和定制式的学习体验，DF特别强调教师的所有权和自主权；与教学设计师和其他学术相关人员建立有意义的伙伴关系和合作；以及对不同模式、技术和制度结构学习的深思熟虑。DF主要关注学生、教师和工作人员在教学和学习中的人文关怀。因此前瞻设计可以帮助教师学习和批判性地思考教学设计，使教师能够思考在线教学的优势和挑战，并抵制二元思维。

DF的初始结构包括九个模块。每一个都被设计成独立模块，同时也可以与其他DF模块进行对话。其核心模块包括：教育学概论、批判性教学设计导论、以人为本的关怀与公平、格式与模式、技术与工具等。其中，在以人为本与公平模块中，深入思考教育空间如何才能最好地支持学习者并促进正义和公平。除此之外，个别模块适用于正在探索课程模式变革（在面授、混合、在线异步、在线同步、Hyflex等之间切换）的教师，确保设计和准备工作反映教师自己的个人教学和设计理念。除了核心模块外，还有一些灵活模块，如战略计划调整、高级研讨会、程序化设计群组、独立研究等，它们都基于参与者的需求和兴趣驱动。

（二）辛克莱社区学院设计多模式主课程

辛克莱社区学院（Sinclair Community College）提供异步在线、同步在线、混合式、面对面、基于能力和面对面模式的课程，并为每种模式设计不同的硕士课程以及不同的课程长度。随着新冠疫情暴发后电子学习模式的扩大，这一过程变得繁琐。学院转向设计多模态硕士课程，以减轻监督多个硕士课程的负担。这一策略保持了高质量，降低了成本，并提高了教师的授课能力。

（三）凯斯西储大学远程呈现机器人拉近课堂距离

凯斯西储大学（Case Western Reserve University）魏德海管理学院（Weatherhead School of Management）的MBA课程利用远程呈现机器人进行教学，并在课堂上完成小组合作。使用机器人的对话发生在2021年冬天，当时俄亥俄州Streetsboro的液压泵制造商Permco Inc.希望派遣一些员工去该学院学习以获得工商管理硕士学位（MBA）。但由于当时Permco正在采取疫情安全措施，学生员工不允许亲自去上课。校企双方探讨如何使学生能够上课而又不失去课堂感觉，于是决定使用远程对话机器人。针对无法参与线下教学的学生和老师，派遣了远程呈现机器人参与学习。这个机器人看起来像坐在连接到轮子上的长棍和iPad。iPad屏幕显示使用机器人的用户的脸。通过单击屏幕上的方向箭头，这个人可以轻松地将机器人向右或向前移动，而机器人的使用"与前排有一个学生非常相似"。"他们和坐在办公桌前的学生一样高，屏幕上摆满了他们的脸。"如果使用机器人的学生想在课堂上提问，他们可以通过提高机器人棍子的高度来做到这一点，就像学生举手一样。这是一种全新的混合式学习案例，并且在疫情结束之后，一些学生和其他人仍然不愿意回到面授课堂上。远程呈现机器人目前依然活跃在该校的课堂上，学校希望以一种更有意义的方式开发这种创新课堂，而不是让它在疫情结束后被遗忘、被边缘化。同时，这种学生机器人和教师机器人所带来的真实互动效果是其他视频教学方式所不能替代的。

（四）中央密歇根大学基于团队学习的HyFlex课程

美国中央密歇根大学（Central Michigan University）在新冠肺炎疫情期间采用了混合式教学设计，以确保学习的灵活性。当时，学生可以选择参加校内或在线互动课程。然而，保持学生的持续参与是一项挑战。Michelle Steinhilb在她的HyFlex生物学课程中采用了一种创新的方法，实现了技术增强的基于团队合作的学习。她利用反馈成果的两种工具——团队学习（Team-based Learning，TBL）和小组成员评估（Group Member Evaluation），在TBL活动中激活学生的协作性和自主性。

该课程由72名学生组成，采用混合学习来确保学生上课的灵活性，学生可以选择参加校园课程或通过微软团队参加在线互动课程。随着教学方法和学习者组合的这一重大变化，Steinhilb博士为课程定义了三个关键目标：一是掌握课程内容，因为它是参加以下课程的基础。二是上课前积极准备，以确保能够更深入地理解和参与课堂活动。三是培养职业准备技能，如团队合作、解决问题和同伴学习。在这样的前提下，博士提出的解决方案是采用整合成果反馈工具（Feed-backFruits）来支持TBL流程。

FeedbackFruits工具是一个用于主动学习设计的高效全面的工具套件，可以完成所有线上线下的教学工作，其中最受欢迎的工具包括同行评审、小组成员评估、互动视频、交互式文档、基于团队的学习、自动反馈等。在其特色学习旅程中，包括ChatGPT写作、ChatGPT和数字素养、异步讨论、AI驱动的真实评估、翻转教室等。例如，当学生在FeedbackFruits 小组成员评估工具中相互提供反馈时，人工智能驱动的自动反馈教练会帮助学生提供高质量的反馈，从而提高他们的反馈技能。自动反馈教练鼓励学生提供有用的反馈，以解决作业标准问题，并就如何在整个过程中改进反馈提出建议。

图3-6　Permco提供的远程呈现机器人

（五）纽约市立大学亨特学院开发多模式学习空间

在过去的几年里，亨特学院（Hunter College）根据不同集成程度、不同用途、不同规模创设了众多学习空间，分别适用于传统、主动、异步、混合式或翻转式学习模式。该项目包括一个48座的学习工作室，一个325座的礼堂和一个24座的教学实验室。

（六）剑桥大学罗宾逊学院开发真实在线实践项目

在疫情暴发之初，罗宾逊学院（Robinson College）就预料到这种境况下学生顺利毕业必然会遭遇现场实习安置地点的挑战，因为顺利完成实习是毕业的必要条件。因此，罗宾逊学院开发了21个真实的在线程序，让学生能够灵活地选择学习方式并按时毕业，以进入劳动力市场。罗宾逊学院为每种类型的学生提供在线讲师指导、混合学习和在线自助学习三种学习方式，并努力弥合技术和传统学习之间的差距，这样一来学生就可以随时随地学习了。这些项目的内容和视觉设计模拟了工作环境，并由相应领域的专业人士提供支持。

四、混合弹性模式（HyFlex）

自新冠肺炎疫情暴发以来，学习方式一直是高等教育中最突出的问题之一。与此同时，HyFlex模式一直是讨论的热门主题之一。HyFlex（Hybrid Flexible）是指混合弹性教学，旨在简洁地描述一种教学方式，指教师在传统教室中亲自教学的同时通过Zoom或其他应用程序远程教授其他学生。这两种不同的学生群体在整个学期中可能会重叠或互换。这是一种全新的教学模式，除了传统教室布局之外，教室中还包括精心设计的摄像机、扬声器和麦克风，教师则转变为表演者、司仪和技术专家。

重要的是，不要将HyFlex与其他同模态教学方法混淆。HyFlex具体指的是一种课程模式，它让学生可以在同一门课程中灵活地选择现场教学和在线教学。重要的是，在HyFlex课程中，学生可以根据需要灵活地在整个课程中切换模式。HyFlex课程提供的在线教学的时间维度可能会有所不同；有些机构为HyFlex课程提供同步和异步模式，有些机构只提供其中一种选择。只要学生可以在同一堂课上自由选择现场和在线体验，并在这两种模式之间自由切换，那么这门课程就被认为是HyFlex模式。

HyFlex教学意味着教师需要在同一时间教授同一门课的两个版本：一个或多或少以传统方式授课的版本以及一个为远程学习学生设计的版本，教师可能永远无法对他们进行面对面教学。越来越多的教师表示HyFlex教学简直令人筋疲力尽：教师要尽可能满足不同学生的需求，调整课程和作业以适应如此广泛和不断变化的学习者。同时，教师们在教学过程中还有另一个教训，即相信学生能从课堂上得到他们所期望的东西——缓解监管和监督的冲动，让知识的创造更加不规则和个别地发生。

许多教育工作者认为，HyFlex模式有可能极大地改善接受高等教育的机会，不仅适用于"传统"学生，也适用于对职业发展技能提升、职业转变再培训或只是寻求新知识和技能以促进个人成长感兴趣的终身学习者。虽然HyFlex支持学生的理论潜力是不可否认的，但设计、教学和支持此类课程的实际含义是真正实现的障碍。持怀疑态度的人提出，高等教育领导者将HyFlex解释为"最大限度的灵活性"，而缺乏保证质量和效率的护栏。一些人认为，这些障碍导致不可能以包容和公平的方式为所有学生提供HyFlex课程。

（一）明尼苏达州立大学曼卡托校区在新冠肺炎疫情期间增加 HyFlex 班级

向混合在线HyFlex教室的过渡导致学生难以与同龄人建立个人联系，包括在作业上进行协作以及与教师的互动。因此，明尼苏达州立大学曼卡托校区这个项目的工作重点便是利用会议技术和以创新的方式使用专业学习委员会来缩小这些差距。

（二）诺丁汉特伦特大学定制开发HyFlex模块，为学生提供灵活性

诺丁汉特伦特大学（NTU）学术发展和质量中心（Flex团队）和NTU心理学系合作开发了一种定制的HyFlex模块交付方法，为学生提供了在面对面/现场和按需/异步参与机会之间灵活选择学习模式的机会。该方法目前正在该校心理学的两个大型本科模块中进行试点。

（三）中国案例：用数字逃逸室将HyFlex学习游戏化

李娜和她的团队使用H5P和Moodle辅助等技术构建的数字逃生室，将HyFlex课程游戏化，提高了学生对同步和异步在线学习的参与度。这一创新首先在研究生教师专业发展项目中进行了试点，获得了较高的学习者满意度。在两年多的时间里，它已经被西交利物浦大学的多个学分学位课程采用，同时研究结果也证明了其有效性。

由于疫情，一些不同时区的国际学生选择异步学习，而本地学生更愿意加入同步学习计划。为了支持HyFlex（与不同学生群体的同步和异步学习），李娜团队设计了在线数字逃生室作为项目的一部分，其使用Moodle页面活动、访问限制、密码设置和H5P互动活动，如360虚拟之旅、场景分支和交互式书籍等。在同步学习课程中，学生可以解决谜题，在老师设定的时间限制下加入数字逃生室的在线活动，并立即收到他人的反馈。在异步学习会话中，一旦学生开始数字密室逃脱，系统将自动倒计时。在尝试数字密室在线活动时，该系统将提供自动反馈，以支持学生的独立学习。其中，H5P（HTML5 plus）是HTML5技术的扩展规范，基于HTML5扩展了大量调用设备的能力，使得web语言更强大。在教学方面，可用于创建多种类型的交互式内容，如课程、测验、演示文稿和游戏等。自2017年以来，Moodle系统集成了相关技术，由此提供了快速简便的互动测验、演示文稿和

可视化的知识测试游戏等功能，以丰富学习者在混合学习环境中的参与度。

（四）马萨诸塞大学阿默斯特分校利用HyFlex补充教学：使所有人都能获得学术支持

随着时间的推移，在各种大学和学院中，HyFlex方法为学生提供了可选择提交模式的课程。然而，在HyFlex方法中提供学术支持仍然是一种新颖的做法，这就造成了课程内容提供的灵活性与学术支持模式的灵活性不一致。马萨诸塞大学阿默斯特分校（University of Massachusetts Amherst）的学习资源中心是一个蓬勃发展的补充教学(Supplemental Instruction ，简称SI))学术支持计划的所在地，该中心试图将HyFlex SI试点到平行的HyFlex课程中。为了创造这种灵活的学术支持，该校的学习资源中心与教学设计、参与和支持团队（Instructional Design, Engagement, and Support，IDEAS)建立了战略合作伙伴关系。

（五）纽约市立大学雷曼学院升级基础设施：将HyFlex功能添加到172间教室

通过全校范围内的合作，基于概念验证，雷曼学院（CUNY）开发了教室技术标准和指导原则，以现代设备和软件增强教学空间。根据从疫情期间的教学中吸取的经验教训，HyFlex功能被添加到最终设计中。该项目包括升级172间标准教室和4间演讲室，所有教室都联网并连接到视听管理系统。

五、微认证

微认证和微学习为建立个性化、灵活的学习途径提供了有吸引力的选择。自2019年新型冠状病毒大流行开始以来，灵活性一直是教育教学的一个重要考虑因素，因为学习者和工作者都在寻求工作与生活的平衡。此外，经济挑战也促使学生重新审视高等教育的投资回报率。这意味着学生们不仅关心教育的成本，而且关心教育的效率。现在，越来越多的学生在上学的同时还要工作，许多人还要承担家庭经济负担或照顾孩子等其他责任，这也在争夺他们的时间。从K-16到专业培训和职业晋升，甚至个人发展，微认证允许学习者以适合他们生活的方式实现他们的目标。

技术的进步也促进了微认证的进一步发展。例如，支持创建数字内容的工具不需要教师具备任何编码专业知识，教师可以在没有深厚专业编程知识的情况下创建新的数字化教学材料。在线学习平台正在通过远程和混合模式扩大教育机会，为学生和教师提供更广泛的选择。区块链技术的应用加强了在线学习的自主性和安全性。任何学生都可以收到完成学习经历的确认，并且可以不受限制地访问他们的微认证证书，使其永久便携。这些工具使创建和消费教学内容的过程变得更民主化。

尽管微证书有很强的技术优势，但微证书被主流高等教育完全接受还有很长的路要走。某种程度上，这可能是由于认证机构在制定所需的政策、最佳做法和其他资源方面的定位与高等院校的不同。不过，更大的挑战在于利益相关的用人单位，换言之，尽管雇主似乎正在转向以能力为基础的招聘，并更多地支持专业发展从而增加微证书在劳动力中的价值，但大多数雇主和用人单位仍在寻找拥有传统学位和证书的员工。因此，高等教育中微证书的未来可能取决于不同利益相关者能在多大程度上找到共同点。

人工智能技术发展中衍生出的微认证不仅给教育工作带来新的体验，同时也促使我们去思考未来可能的三大学习趋势，一是"微学习"，二是"终身学习"，三是"定制学习经验"。

微认证的前置手段是"微学习"，所有年龄段的学习者都可以在社交媒体网站上选择非正式学习体验，这些相关网站旨在提供与日常生活相关的各种主题和技能的简短课程。教育工作者可以利用同样的原则来满足学习者的需要，使用微证书将非传统的学习体验合法化。如果微证书被广泛采用，它们不仅会彻底改变学习者获得学分的方式，还会改变教育工作者的教学方法。

微证书还可以在改变学习者与高等教育机构的关系方面发挥作用，学习者可以向机构寻求超越或取代传统学位的学习。劳动力准备、基本生活技能、个人兴趣、持续的专业发展等，都可以由高等教育机构提供。通过这种方式，学习者可以与一个或多个机构建立终身关系。

学位微证书为学生提供有针对性的、特定行业的劳动力准备，以便毕业后立即成为高可用的劳动力。这些证书可以提供更多样化的学位课程，让学习者选择将他们的经历与他们的兴趣和需求相匹配。专业学习微证书允许员工参与高度具体、有针对性的主题，而不是花费不必要的时间学习他们不感兴趣或与他们的工作无关的主题。

（一）井泉（Wellspring）计划的实施

井泉计划旨在探讨如何使用开放标准弥合学习和工作之间的差距。该计划首先将教育工作者和雇主联系起来，就所需的技能达成一致，然后为学习和工作场所的成就颁发可验证的证书，以便每个人都可以拥有和分享他们的辛勤工作。最后，通过基于数据的低偏见招聘来创造公平的竞争环境。以学生为中心的数字课程，正在彻底改变学习方式。当技术创新增强学术使命时，每个人都会受益。通过共同展望教育的未来，井泉计划正在为教育工作者和学习者提供更好的学习体验。井泉计划具有专注于教学、公平访问、资源值得信赖等优势。

（二）亚拉巴马州的社区学院开展"成功技能"快速培训项目

亚拉巴马州的社区学院通过ACCS创新中心新的免费成功技能快速培训计划，满足了当地居民和企业的需求。居民可在网上和现场参加有需求的职业领域进行培训，以获得行业认可的微证书。这些证书是与社区商学院合作建立的，按企业划分，向企业发出准备就绪的信号，同时为学生在转向传统大学学习的过程中积累证书奠定基础。

（三）明尼苏达学习共享空间：使用数字证书承认一生的学习成果

明尼苏达学习共享空间（The Minnesota Learning Commons，MnLC）2022-2023项目"完整的学习者：认可终身学习"正在研究如何使用数字证书来支持终身学习者。这是明尼苏达大学、明尼苏达州立大学和明尼苏达州教育部之间的一项合作，旨在通过一系列受60年课程概念启发的试点项目，探索明尼苏达州教育系统中数字微证书的应用。

（四）南澳大学借助人工智能评估员工掌握领导力的情况

越来越多的学院和大学使用以能力为基础的评估工具来评判学生的复杂技能和能力。南澳大学（University of South Australia）的学习变化与复杂性中心（Centre for Change and Complexity in Learning）开发了一种人工智能系统，用于评估一家全球合作伙伴组织的员工在学习项目中对领导技能的掌握程度。这项工作展示了人工智能如何自动评估复杂的能力和个性化地支持实践，从而提高成就。

（五）加拿大信息和通信技术委员会开发了微证书

信息和通信技术委员会（ICTC）为加拿大联邦政府资助的高等教育学生提供了工作综合学习（WIL）计划。提供学习经验的雇主有资格获得工资补贴，最高可达学生工资的70%。为了改善学生体验和学习成果，ICTC开发了微认证（约20小时的教学）。学生们与同事建立了更深的联系，这将在毕业后带来更好的就业机会。

（六）得克萨斯大学开发了微认证计划，支持在职教师

UTeach Maker是一个创新的微认证项目，由得克萨斯大学奥斯汀分校的二级STEM教学许可途径UTeach开发。该项目支持有兴趣将创造力、设计和制造融入K-12教室和学习环境的STEM职前教师。UTeach Maker微认证模型包括特定的设计功能，确保微认证的严格性，同时响应了个人参与者的不同需求。

六、支持学生增强归属感和联系感

增强学生的归属感和联系感对于他们的教育经历至关重要。当大学生感到自己是校园社区的一部分时，他们更有可能信任同学、教师和工作人员，从而在学校中感到安全。这种安全感可以带来更好的学习成果，包括学业成绩、课程保留率和学位完成率。相反，缺乏归属感的学生可能会减少参与学术和非学术活动，这可能带来负面的教育效果。学生的参与度和归属感是相互作用的：积极的参与可以增强归属感，而强烈的归属感又可以促进其更积极参与，形成良性循环。相反，如果学生感到孤立，可能会形成参与度低和学业成绩不佳的恶性循环。因此，在学生形成稳定的学习习惯之前，培养他们的归属感和联系感是至关重要的；一旦形成恶性循环，要打破它可能就非常困难。

因此一些基于人工智能技术的系统致力于支持学生的归属感，并尽力在他们第一天上课之前就开始培养。新生作为新的社会角色，承担着新的学习责任。面对新环境和周围陌生的人群，他们可能会感到自己正在以一种全新的方式与他人共同体验这个世界，但同时也可能感到自己与这些新环境格格不入。在高等教育环境中，教师和工作人员可以通过认识和承认他们的个人优势、目标和挑战适合他们所在机构生活和学习的更大图景的方式来支持学生。强调指导、辅导和社区支持，将促进学生顺利适应并融入教育机构。通过这种方式，可以支持学生重建

身份的发展，包括他们在高等教育中的角色。因此，人工智能环境下的系统应具有以下三大功能。一是学习科学。围绕支持学生的归属感和联系感的能量为教育工作者提供了一个令人兴奋的机会，让他们专注于学习科学。教育研究可以帮助教师和工作人员寻找切实可行的方法来支持学生。此外，教职员工还可以利用与归属相关的研究，将教学对话扩展到其他相关主题。二是与学生交流。支持学生的归属感和联系感应该发生在学校的所有领域。教师应该更重视学生的优点和学习能力，而不是关注课程内容的难度或失败的可能性。与学生互动的其他机构利益相关者（如顾问、教练、导师等）应提供主动支持，如鼓励和赞赏等。三是设定具体的目标。在要求学生完成任务的任何情况下，他们都应该知道自己的目标是什么，以及如何对其进行评估。提供给学生的信息应该是具体的和可观察的，这样学生就不会觉得他们在朝着模糊的甚至是无法实现的结果努力。

（一）Playbook通过游戏化教学，减少学习障碍，唤醒学生兴趣

PlayBook的教授们挑战了游戏只适合孩子的传统观念，指出了游戏在高等教育中的价值。《游戏手册》描述了如何使用游戏教学法减少学习障碍，建立联系，激发学生的兴趣和参与感。PlayBook提供了一系列真实世界的例子，提供了经过测试的模式，将兴趣带回课堂，提高学生的表现。

（二）人性化的在线STEM课程，能促进数字教学环境中的归属感

人性化网络教学是一种融合了文化响应性教学和心理相容性课程设计的教学模式，旨在培养学生在数字环境中的归属感。这个由拨款资助的项目产生了一个基于研究的、公开共享的在线专业发展项目，即人性化在线STEM学院（Humanizing online STEM Academy），各机构可以免费采用。学院通过创建液态教学大纲（Liquid Syllabus）、智慧墙、视频缓冲器、微讲座等来磨炼教师的数字流畅性。

（三）科罗拉多州立大学提出"培养繁荣和包容的社区"战略

科罗拉多州立大学（CSU）实施了有意思的举措，以满足大学"培养繁荣和包容的社区"的战略要求。为了提高学生的成功感、归属感和联系感，以及心理健康和幸福感，学校启动了两个模范项目：多样性、包容和归属感（DIB）模块和YOU@CSU。后者是一个学生成功门户网站，它提供个性化的在线评估、目标

设定工具、心理健康和福祉技能建设，以及校园资源推荐。

（四）波特兰州立大学收集代词

波特兰州立大学（PSU）社区认为，有必要在学术空间中收集和展示代词。PSU的学生成功办公室和信息技术办公室合作开发了一个集中系统，学生和教职员工可通过该系统在课程名单、学习管理系统（LMS）以及教职员工目录中自由分享代词信息。该项目的目标是，通过分享和使用正确的代词，营造一种包容的文化。

（五）北卡罗来纳大学夏洛特分校实施学生体验项目

北卡罗来纳大学夏洛特分校的学生体验项目（SEP）是大学领导、教师、研究人员以及国家教育和改进组织的合作项目。该项目致力于创新循证实践，通过改变大学生的体验和创造公平的学习环境来提高学位水平。SEP的使命是找到改变大学生体验的策略，让每个学生都感到有归属感，并获得坚持和成功所需的支持和资源。该项目增加七个学习条件，这些条件已被确定为对所有学生的保留和成功至关重要，并对传统上代表性不足和结构上弱势群体的学生的保留和成功具有可衡量的影响。这些条件包括归属确定性、身份安全、自我效能感、社会归属感、社会联系感、机构成长心态以及信任与公平。利用基于证据的调查和由PERTS（规模化教育研究项目）确定的教师策略，仅在2022年秋季就影响了两千多名学生。数据表明，这些策略不仅可以改善面授学习者的学习条件，包括归属确定性、社会联系感和社会归属感，也适用于一些参加在线、异步课程的学习者。

第二节 人工智能教育应用的伦理审视

人工智能教育被认为是未来教育的重要趋势，具有巨大的潜力来改变传统的教育方式和教学模式。然而，人工智能教育的应用也带来了一系列伦理问题和挑战，如隐私问题、公平性问题、人机关系问题等。这些伦理问题需要我们认真审视和研究。已有研究对人工智能教育的伦理问题进行了一定程度的探索和分析。例如，有研究关注了人工智能教育对学生隐私权的影响，并提出了相应的隐私保护措施。还有研究探讨了人工智能教育对学生学习公平性的影响，并提出了公平性保障的策略。然而，已有研究尚未对人工智能教育的伦理问题进行全面深入讨论，尤其是缺乏对人机关系问题的探索。因此，本节旨在对人工智能教育应用的伦理问题展开深入探讨，并试图回答以下问题：人工智能教育应用中存在哪些伦理问题，这些伦理问题对教育的实践和发展有什么影响。

一、侵犯数据隐私

人工智能的发展和应用带来了数据隐私方面的一些担忧。由于人工智能需要大量的数据来进行学习和训练，因此会涉及个人的敏感信息。这可能包括个人身份信息、健康记录、金融数据等。如果这些数据没有得到适当的保护和隐私控制，就有可能被滥用或泄露。人工智能系统的使用者需要确保遵守适用的数据隐私法规和伦理准则，尤其是在涉及个人数据时。数据收集、存储、处理和共享都需要有安全和隐私的保护措施。这包括使用加密技术来保护数据、遵循数据最小化原则、获得明确的用户同意等。此外，人工智能系统的开发者和使用者也需要进行透明度和可解释性的努力。这意味着他们需要向用户解释如何使用其数据，并提供他们对数据的控制权和选择权。此外，人工智能技术的决策过程需要可解释，以便用户和相关方了解系统是如何得出决策的。同时，政府和监管机构也需要制定和实施相关的政策和法规，以保护个人的数据隐私。这些法规应规定数据使用和共享的限制，并要求企业和组织承担责任，保护个人数据的安全和隐私。总的来说，人工智能需要与数据隐私和保护平衡发展，以确保个人数据得到合理使用。

人工智能的发展在促进技术进步和创新的同时，也引发了数据隐私的诸多问题。我们可以从以下几个方面理解人工智能侵犯数据隐私的可能性。第一，数据收集。对人工智能进行训练和优化的大量数据中，可能包含个人的敏感信息。如果这些数据没有得到妥善处理和保护，就有可能被滥用、泄露甚至被用于不法目的。第二，数据存储和处理。在人工智能系统中，大量的数据需要存储和处理。如果这些数据存储不安全，或在处理过程中存在安全漏洞，就有泄露的风险。此外，如果数据在存储和处理过程中没有被妥善加密或匿名化，就有可能导致个人身份的暴露。第三，数据共享。人工智能系统往往需要在不同的组织和平台之间共享数据。这涉及数据的传输和共享过程，如果没有适当的保护机制，也可能导致数据泄露。第四，决策和预测结果。人工智能系统可能会根据个人数据进行决策和预测结果，如信用评分、就业招聘等。如果决策和预测的过程缺乏透明度和可解释性，个人将无法了解背后的依据和原因，也无法核实或申述该决策是否合理和公正。

为了保护数据隐私，应该采取以下措施。一是加强数据安全，采用加密技术、访问控制措施和数据备份策略，确保数据的安全存储和处理。二是遵循数据最小化原则，只收集和使用必要的数据，并在不需要的情况下进行及时删除。这样可以降低数据被滥用或泄露的风险。三是保护用户控制权和选择权，向用户提供透明的隐私政策和选项，让他们能够了解和控制自己的数据如何被使用。例如，给予用户选择是否共享数据的权限。四是强化政府和监管机构的参与，政府和监管机构应制定和实施相关的法律和政策，规范数据隐私和保护的标准，同时对违规行为进行监督和处罚。综上所述，人工智能的发展需要兼顾技术的进步和数据隐私的保护。采取适当的措施，确保数据的安全和隐私得到妥善保护，可以增强人们对人工智能技术的信任，并促进其可持续发展和应用。

二、过度依赖导致人的智能下降

过度依赖人工智能可能导致人的智能下降，这可以从以下几个方面进行理解。

（一）技能退化

当人们过度依赖人工智能处理各种任务时，他们可能会逐渐失去相关的技能和能力。例如，借助智能搜索引擎，人们可能不再需要记忆或独立思考问题的能力，导致记忆力和批判性思维等方面的退化。

（二）学习能力下降

自主学习和适应是人类思维的重要组成部分。然而，如果人们过度地依赖人工智能系统，他们可能会失去主动学习的动力和能力，导致学习能力的下降。这可能影响人们的创新能力、问题解决能力和适应新环境的能力。

（三）决策困难

人工智能系统可以提供大量的信息和建议，但有时也会出现冲突或不一致的建议。如果人们过度依赖这些系统，他们可能会变得过度依赖决策的外部来源，失去独立思考和做出决策的能力。

（四）社交技能减弱

使用人工智能系统进行社交互动的增加，可能减少了与他人面对面交流和互动的机会。这可能导致社交技能的减弱，以及在同理心、情绪认知和非语言交流方面的退化。

（五）对技术故障和失误的依赖

在严重依赖人工智能系统的情况下，如果发生技术故障或失误，人们可能无法或不知如何独立解决问题。这种过度依赖可能使人们对技术依赖性漠不关心，进而导致对技术的不适应和被动消费。

为了避免过度依赖人工智能导致人的智能下降，我们可以采取以下措施。一是平衡使用人工智能技术，人们应该在使用人工智能技术时，保持适度使用，并保留必要的独立思考和解决问题的能力。二是保持终身学习，不断提升自己的技能和知识，积极主动地进行自主学习和终身学习，以保持学习能力和适应能力。三是保持多样化的社交互动，积极参与面对面的社交互动，培养和提高社交技能、情绪认知和非语言交流的能力。第四，积极培养批判性思维。在使用人工智能系统时，应保持批判性思维，不盲目接受系统给出的信息和建议。相反，应深入思考、评估和验证这些信息，以确保其准确性和适用性。第五，培养技术意识和故障处理能力。了解技术系统的特点和局限，在遇到技术故障或失误时能够独立解决问题。总之，人工智能技术的使用应取得平衡，既能够发挥其优势，又能够保留和提升人类的智能水平，避免过度依赖导致人的智能下降。

三、技术异化带来本末倒置

马克思在《1844年经济学哲学手稿》中从生产力、生产关系等角度比较系统地阐释了异化劳动理论。而随着劳动异化的发展，技术异化也逐渐明显地表现出来。如今人工智能导致的"技术异化"是目前科技异化最突出的问题。首先，交往是人类社会所特有的社会行为，体现人的社会关系。人工智能在信息交流、日常生活等方面的快捷高效为人类提供了便利，同时在一定程度上也削弱了人类的逻辑思维能力和社会交往需求。曾经一个眼神、一个动作都是主体意识的立体表达；如今微信、QQ等智能软件使得交流主体逐渐脱离社会现实，形成了社会交往主体性异化的局面。其次，由于人工智能有可能大规模替代人力劳动，自动化和智能化的发展使得人工智能技术能够替代一些重复性、低技能的工作，导致一部分人类工作失去了市场需求。这对于那些以这类工作为生计的人类可能构成一定的挑战。再次，人工智能的进步要求人类具备相应的专业技术知识和技能，这意味着人们需要不断学习和适应新的技术变革，以保持竞争力。如果没有及时跟上这个进程，个人可能会面临被技术异化所排斥的风险。最后，人工智能的出现重新定义了工作和人类的价值，通过让人工智能承担更多重复性和机械性的工作，人类可以将精力和时间集中在更有创造力、情感和社会交往等领域。这有助于重新定义工作的价值，并提供更多的机会来发展和展示人类的独特能力。但与此同时也带来了一系列道德和伦理问题的讨论，例如智能系统的决策依据、责任与法律问题等。人类需要探讨并制定相应的政策和规则，以确保人工智能技术的合理运用，维护和保护人类的权益和主体地位。

总之，人工智能技术的异化可能会对人类的主体地位带来挑战，但同时也提供了更多的机会和可能性。人类需要积极面对这些变化，以适应新的发展趋势。同时，要确保技术的合理和有益使用，以尽量保障人们的权益和尊严。

第三节　可信赖人工智能教育应用（AIED）

人工智能教育应用（Artificial Intelligence in Education，AIED）在很大程度上改革了现代教育的形态，同时因为机器学习具有"黑箱"特征，人们对人工智能教育技术带来的安全性和透明度等伦理质疑逐渐增多。为了保障AIED充分发挥其功能优势并为教育赋能，建设可信赖的AIED已经成为国际共识。

一、可信赖AIED的概念

"可信赖AIED"由"可信赖AI"这一概念引申而来，指的是对人工智能辅助教育（AIED）系统的信任和依赖程度。可信赖AIED意味着人们对AIED系统的功能、性能、安全性和公平性等方面具有较高的信心，并相信该系统能够在教育领域发挥积极的作用。以下是可信赖AIED的一些关键概念：

（一）可靠性

可信赖的AIED系统应该能够稳定运行，提供准确、一致的功能。系统应该具备高度的可靠性，以确保学生和教师能够持续依赖该系统进行学习和教学。

（二）透明度

可信赖的AIED系统应该具备透明度，能够清晰地解释其决策和行为的原因。透明度可以增加用户对系统的理解和信任，并使其能够更好地适应和利用该系统。

（三）效能

可信赖的AIED系统应该具备高效率和高性能。系统需要提供准确、及时的学习支持、评估和反馈，以帮助学生和教师获得最佳的体验和成果。

（四）安全性

可信赖的AIED系统应保护学生和教师的隐私和数据安全，需要采取相应的措施来确保敏感信息不被泄露、滥用或损坏。

（五）公正性

可信赖的AIED系统应该为所有用户提供公平和公正的待遇。系统应该避免偏见、歧视和不平等对待，确保每个学生都能获得机会参与个性化学习。

（六）人道性

可信赖的AIED系统应以人为中心，注重学生的整体发展和福祉。系统应能促进学生的自主学习、发现和探索，并支持他们在社交和情感层面的成长。

总之，"可信赖AIED"概念强调了对AIED系统信任和依赖的重要性。只有当AIED系统在可靠性、透明度、效能、安全性、公正性和人道性等各个方面得到保证时，学生、教师和其他利益相关者才能够完全信赖和依赖该系统，从而更好地实现个性化、智能化的教育目标。

二、可信赖AIED的发展

（一）可信赖AIED的内涵

2019年，欧盟发布了《可信赖的人工智能伦理准则》，确立了"可信赖AI"的三项必要条件，即可信赖的人工智能算法应合乎法律、合乎伦理和技术稳健。[①]该准则还明确了实现可信赖AI的7个关键要素，分别为人的能动性与监督，技术稳健性与安全性，隐私与数据管理，社会与环境福祉，多样性、非歧视性与公平性，透明性和问责制度。国际标准组织/国际电工委员会的第一联合技术委员会（ISO/IEC JTC1）将人工智能的"可信赖"界定为"有能力提供客观证据证明AI产品或系统可以完成特定要求以满足利益相关者的期望"[②]。2020年2月，欧盟委员会发布了《人工智能白皮书》，提出通过投资与监管加强人工智能领域的创新能力，推动构建"可信赖人工智能框架"。联合国教科文组织发布了《人工智能伦理问题建议书》[③]，也同样关注到人工智能发展中人类因素的重要性。聚焦教育领域，《教育中的可信赖人工智能：前景与挑战》（Trustworthy Artificial Intelligence（AI）in Education：Promises and Challenges）一书由经济合作与发展组织（OECD）于2020年4月发布。该书探讨了教育领域中可信赖人工智能的要求，并指出只有同时满足"准确执行任务"和"公平恰当使用"的条件，AI才能赢得公众的信任。

从物理层面的准确性延伸至社会层面的合乎伦理性的发展过程，使得AI的内涵具备了可信赖的特征。可靠的AI技术的开发，有助于确保技术的稳健、安全和透明，这是信赖建设的基础所在。为巩固可信赖性，利益相关者需要辩证地理解和适当地运用AI，其中包括正确地管理数据、包容地推广技术以及主动地监督使用。

（二）可信赖AIED的信赖危机

目前，教育领域中AIED产品已广泛应用。沉浸式体验系统、智能导师系统和

---

①高斯扬：《算法伦理的类型分析——基于"技术-伦理"框架》，《科学学研究》2024年第9期，https://doi.org/10.16192/j.cnki.1003-2053.20230901.003.

②沈苑，胡梦圆，范逸洲等：《可信赖人工智能教育应用的建设路径与现实启示——以英国典型举措为例》，《现代远程教育研究》2023年第4期，http://kns.cnki.net/kcms/detail/51.1580.G4.20230721.1624.002.html.

③陆九天，李泽浩，高娟：《全球数字经济典型战略布局概况》，《数字经济》2023年第8期，第74-89页。

自动评估系统的引入，为传统的教学模式带来了变革的动力。并非专门为教育学科设计的各种社交网络、博客、游戏平台和移动应用程序也在影响着学习生态系统。然而，应用现状显示，机器学习所带来的不可预测性、不透明性，以及对人工智能的不适当使用等因素，导致了教育环境中频繁出现人机信赖危机。

1. 隐私安全问题

在新冠病毒肆虐的大背景下，上网课已经成为常态，许多美国高校选择使用远程监考软件Proctorio来解决在线考试时的监考问题。该软件利用机器学习和人脸检测技术，通过网络摄像头记录学生在考试期间的行为，监控学生的头部位置，以及标记"可疑行为"。软件通过摄像头和麦克风收集学生的数据，但在一些情况下，这些数据被滥用、泄露或在未经允许的情况下使用，导致学生对于这种监控技术的使用产生了信任危机。担忧主要源自安全性和隐私两个方面，如Proctorio记录的考生数据允许教师和平台运营方访问，甚至在某些情况下能浏览他们的私人住宅信息。还有同学认为，Proctorio这类服务难以识别肤色较深的考生，并且可能会将考生标注为残疾。研究表明，即使是最优秀的人脸识别算法，在识别黑人面部时也会比识别白人出现更多的错误。因此，众多高校学生签署了请愿书，认为Proctorio的设计侵犯了学生的权利，"本质上存在对残障人士的歧视和区别对待，这与同行评审研究结果不符。"[①]

2. 教育算法的歧视性

一些教育算法在学生评估和推荐学习资源时存在歧视性。这些算法可能倾向于给予某些特定学生群体更高的评分，而对其他群体则持有偏见。这种偏见会影响学生对算法的信任，也可能导致进一步的学习不平等。比如，2020年受新冠疫情影响导致英国高考无法正常开展，英国资历及考试评审局采用了智能系统为考生打分。但经统计发现，约39.1%的考生的成绩被系统低估，尤其是位于较差考区的弱势学生群体被系统"打压"得最厉害。[②]在美国，研究生入学考试（GRE）也在尝试用人工智能技术对作文进行批阅打分。根据科技媒体Motherboard进行的一项调查显示，自然语言处理（NLP）人工智能系统（通常被称为自动化论文评分引擎）至少是21个州的GRE标准化测试的初级或中级分级员。但心理测量学家

①Monica Chin: University will stop using controversial remote-testing software following student outcry, The Verge, https://www. theverge. com/2021/1/28/22254631/university-of-illinois-urbana-champaign-proctorio-online-test-proctoring-privacy

②沈苑，胡梦圆，范逸洲等：《可信赖人工智能教育应用的建设路径与现实启示——以英国典型举措为例》，《现代远程教育研究》，2023年第4期，第65-74页。

及Motherboard依据所获文件的研究表明，这些工具容易受到AI世界中反复出现的缺陷的影响，例如对某些人口群体的偏见。因此，人工智能有可能加剧歧视。使用人类得分答案的数据集来训练论文评分引擎，可以解决算法中存在的偏差。然而，这些引擎也要特别关注句子长度、词汇、拼写、主语、谓语等用词指标，因为英文母语学习者和其他母语学习者可能在写作方面表现出不同的能力。这些系统无法判断写作的微小差异。综合结果表明，许多来自中国大陆的学生在使用大量预先记忆的文本，即利用模板背诵来应对英语考试。同时，与其他参加GRE考试的人群相比，E-rater软件倾向于给中国大陆的学生更低的语法成绩，但是对于中国学生的论文篇幅和复杂单词给出了高于平均水平的分数，这导致他们的论文总得分高于专业人类评分者给出的分数。

3. AI教育助手缺乏透明度

一些AI教育助手的工作原理和决策依据缺乏透明度，无法向用户解释推荐或建议的依据。学生和教师难以理解这些助手是如何做出决策的，这导致他们对系统的可靠性和公正性产生了疑问。Jack M. Balkin教授认为算法的一个很明显的弊端就是不透明性，算法社会涉及信息力量不对等的问题。人工智能非常了解用户，但用户却不太了解人工智能，即个体不能很好地监控人工智能的代理或算法行为。在算法的经营者和被执行者之间存在着的权力和信息的不对称，这是算法社会的一个核心特征。[1]因而，一些教师会在教育教学过程中产生抵触情绪，教师无法了解人工智能的决策过程，但又要为人工智能的决策负责，控制权旁落，权威被挑战。[2] 例如，Gradescope是一种常用的在线作业和考试批改工具。然而，一些教师和学生抱怨说，他们无法理解Gradescope作业批改所采取的具体标准。该工具的评分算法和具体标准缺乏透明度，导致用户难以理解和接受评分结果。再如，Coursera是一个在线学习平台，其推荐算法负责为学生推荐适合他们兴趣和需要的课程。然而，Coursera推荐算法的工作原理和推荐依据缺乏透明度，这让不少学生对推荐结果感到困惑。学生无法了解为何会看到那些特定的课程推荐，这使得用户难以信任该系统，并对其推荐的课程产生怀疑。

这些案例凸显了AI教育助手缺乏算法透明度的问题。缺乏透明度会使用户难以理解系统的工作原理、决策依据和规则，从而影响用户对系统的信任度和接受度。为解决这个问题，系统开发者需要提供更多的解释和可视化工具，使用户能

---

①张禹：《大数据时代算法歧视法律规制研究》，硕士学位论文，兰州大学，2023年，第13页。
②乐惠骁，汪琼：《人机协作教学：冲突、动机与改进》，《开放教育研究》，2022年第6期，第20-26页。

够深入了解系统工作并做出明智的决策。

三、可信赖AIED建设路径

基于教育场景的复杂性，可信赖AIED设计和使用也受到各种复杂因素的影响。目前来看，人工智能在教育领域的应用还处于初级阶段，大部分应用的智能程度有待有效性验证。而未成年的用户往往身心发展不太成熟，更需要监护人、教育者们恰当地支持和引导。同时，如果教育领域的AI应用出现不恰当的错误结果，也很难被所有用户识别，这可能会带来比较长远的影响，也意味着等发现AI应用决策问题的时候，受教育者的错误意识被修正的难度将极大。教育实践本身的复杂性和隐晦性，以及影响教育目标实现的诸多因素，致使很难将技术因素剥离出来后去分析这些AI教育应用的建设路径。

因此，为了人工智能能够安全可信赖地被教育领域所应用，英国作为人工智能伦理治理的先锋，作为"人工智能之父"艾伦·图灵的故乡和著名AI企业深梦（DeepMind）的发源地，在《人工智能行动计划》（AI Action Plan）中，英国政府将"有效治理"作为国家发展AI的三大目标之一。同时，英国数据伦理与创新中心（CDEI）于2021年12月发布了《人工智能保障生态系统路线图》（以下简称《路线图》），阐述了建立世界领先的人工智能保障生态系统所需完成的工作。这是英国政府在国家人工智能战略中提出建立世界上最值得信赖和有利于创新的人工智能治理体系的重要组成部分，旨在通过建立一个人工智能安全保障工具和服务集成生态系统，识别和减轻应用人工智能可能衍生的一系列风险，推动实现可信赖的人工智能创新。[①]作为专门为英国政府提供人工智能安全、伦理和创新发展等领域政策建议的智库，CDEI此次提出的《路线图》是实现"有效管理人工智能"目标的关键步骤之一。在CDEI看来，为了给人工智能提供可靠保障，所有组织都需要克服两方面的问题：一是信息问题，即AI系统是否值得信赖；二是沟通问题，即用户是否可以信赖AI系统。在具体实践中，则表现为系统信息不透明、算法偏见、数据隐私泄露、数据集质量欠佳、系统外部安全攻击威胁、安全责任制度低效运行等一系列风险。如果没有适当的保障系统来支持其发展，人工智能将会放大现有的社会不平等，固化偏见，进而削弱公众对人工智能的信任，并破坏其造福社会的潜力。随着人工智能技术的快速发展和应用场景的不断泛在，将

---

①澎湃新闻：《全球首份人工智能保障生态系统路线图的创见》，澎湃新闻网，2021年12月17日，https://baijiahao.baidu.com/s?id=1719390851081408699&wfr=spider&for=pc

碎片化的治理规则和治理工具整合为保障生态系统的迫切性和必要性持续凸显。《路线图》中提出的较为成熟的建设人工智能保障生态系统的路线可以作为建设"可信赖AIED"的重要参照。

（一）信息层面的信赖

建设可信赖AI所遇到的挑战分为两类，首先要解决的便是"人工智能系统的设计是否值得信赖"，主要解决可信赖AI系统存在的算法偏见、隐私安全、决策机制不透明等技术层面的问题，尽量杜绝因设计不周全所导致的缺陷。否则人工智能教育应用会引发越来越多的质疑和抵触，最终削弱公众信赖度从而导致发展停滞。当微软、IBM等人脸识别产品识别男性的准确率高于女性时，这类存在偏见的算法模型如果被用于教育应用中，很可能导致男生与女生在技术和科技方面的鸿沟。

（二）沟通层面的信赖

沟通层面的信赖主要聚焦于使用过程中的用户体验度，包括技术部署以及对话的恰当程度。这取决于用户对技术的信赖以及技术的可靠性是否达到用户的预期。在类似的教育应用当中，教学系统的智能程度、准确程度在用户体验初期还无法科学地考量。如果缺乏对产品背后的AI技术原理的了解，那么用户将会倾向于认为名气更大的开发公司的智能产品更好用，从而产生一些误用、滥用、不信任、过度信任等问题的出现。

（三）划分关键领域，建立保障机制

三大类关键参与方：第一，处于人工智能供应链不同位置上的系统开发方、系统部署方、一线用户、受AI影响的个人等行动者；第二，人工智能保障提供者，包括来自审计、认证、内控、学界、媒体等领域的机构和人员；第三，保障生态系统的支撑性力量，包括政府、监管部门、标准化组织、行业协会等。具体来说，AIED开发人员应保障在遵循相关法规标准的情况下所使用的AI技术本身的稳定可靠，尽可能地规避数据泄露、偏见歧视、损害自主性等技术伦理问题。AIED采购人员应能够保证在多方沟通的基础上，对引进AI教育应用进行有效的评估，以确保达成教育目标，避免信息不对称等情况的出现。AIED一线用户则需要提升个人数字素养和技术素养。

（四）协同评估机制

《路线图》提出了可用于人工智能可靠性评估的协同机制。按照严格程度由弱到强排列，评估机制可分为八个层级，包括人工智能效用预测、影响力评估、算法偏见审计、合规审计、资质评估、质量评测、应用效果测试和最终正式认证，以尽可能周密地确保人工智能的可靠与可信赖。

第四节　特殊教育领域中的人工智能

加快建设高质量教育体系，促进教育公平，是党的二十大报告提出的，其内涵也包括了人工智能赋能特殊教育和融合教育，使残障学生享受教育公平。随着人工智能技术的飞速发展，融合教育目前面临的学生个别化教育目标达成度不佳、治理效能不高、教育评价单一、师资力量不足以及素养有待提升等困境将得到有效解决。[①]基于此，借助人工智能技术对特殊教育的治理和增效、改革特殊教育评价体系将成为未来的研究趋势。

一、研究技术

根据李晓芳、雷江华等人的研究，人工智能赋能特殊教育的实质是运用智能语音和图像识别、生物特征识别、自然语言处理（NLP）、大数据分析、知识图谱、人机交互等智能技术，实现与特殊教育相关的网络行为轨迹以及文字、图像、音视频资料的数据化生成和海量运算，从而促进融合教育的高质量发展，摆脱融合教育面临的相关困境。目前，实践应用中虽已经推出了如"讯飞听见""音书"等语音识别产品，以及特殊教育智慧课堂系统和AR系统等工具，但它们仍旧处于开发与部署的早期阶段。因此，有必要进行更多的循证实践来持续完善这些技术和系统。就现有研究成果来看，人工智能的技术特征表现出从单一形式到多技术集合、虚拟现实走向增强现实、语音识别从粗糙化到高精度化转变的趋势。同时，

[①]李晓芳，雷江华：《人工智能赋能融合教育高质量发展的路径探析》，《残疾人研究》，2023年第3期，第58页。

不同研究对象的主要支撑技术和应用场景各不相同，近年来的研究主要关注日常技能训练，如特殊人群的沟通交往、运动训练、认知康复等。具体如下：

（一）智能语音和图像识别

这项技术可以帮助视障学生阅读书籍或识别物体，通过语音指令进行互动，从而提高他们的学习和生活自理能力。例如视力障碍的读写能力、沟通交往能力、定向行走能力的训练所需要的语音合成器、智能导师系统、智慧眼镜等。

（二）自然语言处理（NLP）

NLP技术能够理解和生成人类语言，对于有沟通障碍的学生，如孤独症儿童，可以通过NLP技术提供的交流辅助工具来改善他们的沟通能力。

（三）机器学习和数据分析

通过分析学生的学习数据，机器学习算法可以预测学生的学习成果，为教师提供个性化教学建议，从而更好地满足特殊需要学生的学习需求。

（四）智能辅助设备

例如智能轮椅和可穿戴设备，这些设备可以提高身体残疾学生的移动性和独立性，例如帮助脑瘫儿童和多重障碍儿童进行运动康复训练等。

（五）虚拟现实（VR）和增强现实（AR）

这些技术可以为学生创造模拟环境，帮助他们在安全的环境中学习日常生活技能或进行职业技能培训，包括社交机器人、手语机器人、便携式机器人等，不仅帮助特殊儿童进行沟通交往能力的训练，同时还帮助他们融入社会，提高语言模仿、话轮转换等能力。

二、研究对象

（一）视力障碍

人工智能技术在辅助视力障碍儿童学习方面已经取得了一些进展，包括语音合成器、智能导师系统、智慧眼镜等。例如以色列OrCam公司开发了一款名为

MyEye的智能眼镜，这款眼镜配备了小型摄像头和扬声器。当佩戴者指向文本或物体时，MyEye可以识别并通过语音读取出内容，从而帮助视力障碍儿童更好地了解周围的世界。再如，Google推出的Lookout应用结合了智能手机的摄像头和AI技术，能够识别并描述用户面前的场景、文字和物体。这款应用专为视力受限的用户设计，可以帮助他们在日常生活中更独立地行动。

（二）听力障碍

为听力障碍学生设计的人工智能产品主要有手语机器人、助听系统、语音识别系统等，可用于提高他们的唇读、手语能力及沟通交往能力等。例如，百度开发了全球首款面向听障儿童的AI手语翻译小程序，这款小程序利用OCR、NLP、AR等技术，能够将绘本文字翻译成手语，帮助听障儿童识字和理解，实现无障碍阅读。这一创新工具极大地提升了听障儿童的学习能力和阅读体验。还有专为听障儿童设计的沟通软件，它包含无障碍沟通及言语康复两个板块。该软件采用的语音识别技术可以帮助听障人士获取4米内别人说话及电视、电脑、音箱等扬声器的声音。这为听障儿童提供了更多的交流机会，帮助他们更好地融入社会和学习环境。

（三）肢体障碍

针对肢体障碍，研究人员主要是采用平面机器人以及便携式机器人辅助他们进行运动训练、改善运动参与度等。包括AI康复机器人在内的这类智能康复理疗产品基于人工智能技术，利用脑机接口、生物反馈、外骨骼机器人等技术，为肢体运动障碍患者提供康复治疗和辅助。例如，上海邦邦机器人有限公司开发的智能康复辅具就是一个典型案例。俄罗斯ExoAtlet公司生产的"智能外骨骼（智能假肢）"能够帮助上半身完好的肢体残疾者完成基本的行走及一些特殊动作训练。

（四）智力障碍

人工智能在教育领域的应用潜力不仅能够帮助智力障碍儿童克服学习上的困难，还能够提供更加个性化和高效率的学习体验。MIT Media Lab的研究人员开发了一种个性化的机器学习网络，这个系统能够使用每个孩子的独特数据来评估他们在与机器人互动过程中的参与度和兴趣。这种个性化的深度学习网络使得机器人对孩子反应的感知与人类专家的评估结果达到了60%的相同率，这对于提高孩子的学习效果和参与度具有重要意义。

（五）孤独症谱系障碍

孤独症儿童教育的人工智能产品主要包括社交机器人、虚拟环境、人机交互等类型。比如2000年推出的双足教育机器人ASIMO、2004年的Robovie、Lego Mindstorms NXT以及2005年的QRIO等，被设计成帮助特殊需求儿童执行重复性和基础性的任务，协助语言学习、讲述故事和帮助孤独症儿童进行社交活动。再如机器人NAO能够追踪并监控孤独症儿童在课堂上的情绪变化，辅助教师实时调整教学方法；NAO的游戏化指令还可以激发孤独症儿童执行活动的动力、发展与社会交流相关的行为，而Biling等人的实验也证实了孤独症儿童在与机器人的互动中提高了语言模仿、话轮转换的能力。[①] 目前为孤独症谱系障碍学习者创造出具有语音功能的仿人机器人，它能够提供可预测的机械互动，训练学习者的沟通和社交技能。

（六）学习障碍

人工智能技术在满足学习障碍教育需求上也起到了重要推动作用。比如在提供情感支持方面，iTalk2智能导师系统可以用来分析学习障碍儿童在任务参与中的表现。研究显示，该系统相较于传统的在线平台，能显著减少与任务无关的无效行为。再如美国唐·约翰斯顿公司开发的"共同写作"（Co:Writer）系统用于辅助特殊儿童开展写作，主要具备四个功能：一是语音识别，将语音转录为文本；二是单词预测，系统自动理解学生的写作主题并智能预测即将使用的词汇；三是多语言支持，即可用于多种语言的写作；四是主题词典，"共同写作"内置丰富的主题词典，可以帮助学生完成多种主题写作任务。2020 年秋季，"共同写作"与"快速阅读"智能辅助系统一起为俄勒冈州波特兰市的46624名学生提供服务。[②]

（七）多重障碍

同时具有两种或两种以上身体或智力障碍的情况，这些障碍可能包括肢体残

---

①邓柳，雷江华：《人工智能应用于特殊教育的知识图谱分析》，《中国特殊教育》，2021年第3期，第18页。

②王正青，于天傲：《人工智能技术如何赋能特殊学生教育——基于美国中小学的实践经验》，《现代远距离教育》，2022年第5期，第42页。

疾、智力障碍、言语和语言障碍、感觉障碍、情感和行为障碍等。多重障碍儿童在教育、康复、社会参与等方面面临着特殊的挑战，需要特别地关注和支持。比如利用基于虚拟现实技术的Xbox 360 Kinect设备，可以为脑瘫儿童提供丰富的舞蹈环境，同时通过视觉图像的实时反馈，帮助他们及时调整运动技巧。再如位于江苏省苏州工业园区的仁爱学校开发了一套名为"仁爱Web IEP系统"的平台。该系统利用先进的软件工具进行智能评估、数据挖掘和统计分析，辅助教师向学生提供综合性的个别化教育计划（IEP）支持服务，从而满足有特殊需求学生的个性化教育和教学要求。①

三、人工智能技术赋能特殊教育的路径

目前，人工智能可以通过提供个性化学习方案、开发特定工具和应用、优化教学方法和策略等方式，极大地促进有特殊需要学生的教育发展。随着便利快捷的智能学习环境、智能辅导系统等逐渐普及，特殊学生的高质量融合教育体系建设的路径将更加清晰。

（一）建立智能管理系统

具体来说，智能管理系统在智能化体系中扮演着核心"智慧中心"的角色。因为高效的区域行政治理是推动特殊教育优质发展的关键支柱，而人工智能在特殊教育管理领域的应用涉及教育行政机关、残障人士组织、财政部门等多个主体的协作，覆盖特殊教育资源中心、教学研究机构、特殊教育和普通教育学校等众多领域，管理的范围宽广且复杂。所以，传统模式下的管理往往呈现出因为依赖人工手动填报数据而出现的统计标准不一致、数据孤岛、资源整合不足、政策更新缓慢等弊端。人工智能管理系统的建立可以应用大数据、人工智能、区块链等先进技术，快速共享各个层级和类型的特教领域数据，精确配置资源，预测分析潜在的紧急情况，并科学制定决策以优化管理流程。例如，深圳市南山区龙苑学校建立的"平台式—产业式—流程式"信息化综合管理框架，满足了宏观管理体系、中观平台体系和微观咨询应用体系在特殊教育信息化管理方面的需求，有效实现了特殊教育信息化治理的高效运作。

①范里：《基于个别化教育支持系统，深度推进特殊教育信息化 》，《现代特殊教育》，2017年第6期，第38页。

（二）建立智能学习系统

传统教学方式通常采用老师讲授和示范，学生则以听课和练习的方式来学习，这种模式使得残疾学生由于自身条件的限制往往难以充分参与。然而，随着自然语言识别、教育大数据、机器人技术等的快速发展，传统的学习方式正在经历智能化的转型和功能重塑。例如，Patze和Pinkwart等人开发的电子学习系统LAYA（Learn As You Are），它根据学校课程内容的难度和级别进行分类，并提供文本、手语视频、音频等多样化的内容形式，以满足不同学生的需求。多伦多大学也开发了一个类似的融合学习管理系统Attutor，这是世界上首个可供盲人使用的电子学习系统。目前，随着脑机接口、类脑智能、AI大脑等尖端技术的发展，人们对个体的思维模式和学习机制有了更深刻的理解，这为残疾学生的科学评估、个别化教育计划的制定以及"一人一策"教学方案的有效实施提供了更多可能性。

（三）建立智能导师系统

教师是教育变革的主体和核心力量，特殊教育师资短缺、专业能力不足是目前特殊教育高质量发展的瓶颈。随着人工智能的发展，教师的"知识优势"逐渐弱化，教师的角色逐渐从知识传授者向知识获取的协助者、教学方法的提供者、教学互动的促进者转变。机器人教师、AI教师、元宇宙数智教师在完成传统教师的重复性和可用算法模拟的工作内容时更加快速、精准。比如Bruno及其同事提出的机器人导师不仅具备问题回答、作业批改和教学示范等功能，而且能基于个体差异自主调整行为和表达方式，以匹配学生的文化、习俗和礼仪。在智能化教育环境中，熟练、恰当地使用人工智能技术，不仅能更好地满足学生的专业康复和个性化教育需求，而且让教师的学习和成长更开放、多元，有更多的机会从事创新性工作、探究性合作，从而提升综合素养。

（四）建立智能评价系统

准确和有效的评估是确保特殊教育质量提升的坚实基础，智能评价系统可以通过多角度、分层次的评估，为智能学习、智能导师以及智能治理系统的运作提供基准，并设定明确的运营目标从而确保残疾学生个性化教育目标的实现。从技术角度看，该系统借助知识图谱、能力图谱以及非智力因素成长图谱，通过多模态和连续性的数据获取实现对学生成长多维度的追踪和动态分析。这些技术进步打破了传统教育评估仅以分数来单一描述残疾学生知识和技能的局限，为动态展示学生发展状态、揭示学生成长规律以及推动融合教育评估改革奠定了良好的基础。例如，浙江省杭州市的杨绫子学校开发了旨在支持智障学生个性化成长的"杨绫大脑"智能平台。该平台设定了"让劳动教育更精准有效"的目标，引入了激励学生学习的代币系统和劳动教育评量系统，从而推动了学校的智能化、科学化评价体系更加完善。除此以外，随着智能化评价技术的成熟，现在可以对学生的生理、心理和学习等方面进行全面和流程化的质量评估，也在不同层面为创造有利于特殊教育和融合教育改革的条件提供了科学的评价指导。

（五）建立智能监测系统

智能监测系统作为智能生态系统顺畅运行的动力源泉，通过全面而深入地感知、监控和反馈其他系统的运作状况，保障整个智能生态系统科学且高效地运转。海量数据的生成及分析，为特殊教育中各种智能系统的运行提供了基础数据。从多个视角审视和解析数据、在不同系统之间进行数据相关性分析以互相验证效能，以及深入挖掘和循环评价不同领域内同一系统的数据来增强运作效率，这些是区域融合教育智能化生态系统持续发展和逐步改进的关键所在。例如，福建省教育科学研究所利用智能化和信息化的工具，开发了"量化数据采集系统"和"质性分析工具"，对省内的示范高中进行常态化监督，通过互联网不断搜集和获取关于这些高中的数据和信息，自动生成示范高中的周期性监测评估报告并提供反馈。未来，此类监测系统必将助力特殊教育和融合教育领域的高质量发展。

四、研究趋势分析

人工智能在特殊教育领域的应用是多方面的，它提供了强大的技术支持，帮助有特殊需要的学生更好地学习和融入社会。事实上，人工智能在特教领域的研究从20世纪80年代开始便初现"医教结合"的趋势，研究人员普遍认同的观点是人工智能的设计应当仿效人类的思维过程，以实现机器的智能化。一些学者从生物学的视角出发，强调感觉运动技能是人类智能表现的一个关键方面。研究主要关注于运动障碍儿童，运用便携式机器人、虚拟现实技术和微动开关等工具来刺激和促进儿童的运动能力。随后，研究人员在强化了"医教结合"的同时，不断重视多技术融合创新，比如利用虚拟现实技术辅助脑瘫儿童运动康复和注意力训练，促进脑瘫儿童的学习能力提升。自2011年起，医学与教育的相互补充和紧密融合促使研究者开始思考，如何在"医教结合"的大背景下开发出能够真正应用于特殊儿童日常生活的产品。例如，社交机器人可以克服以往难以识别不同类型儿童高级行为的障碍，结合手势、面部表情和声音等各种行为模式和生理特征，来评估儿童的社会参与程度。此外，为孤独症儿童设计的智能手表，可以监测他们的心率和情绪状态，从而制定有效的应对策略。目前，人工智能在特殊教育领域的研究趋势表现为深度融合，已成为推动特殊教育创新和改革的重要力量。根据文献梳理，"先天运动障碍""智能机器人""3D面部表情干预""治疗师用户界面""运动康复""话轮转换技能""社会关注"等都是研究热词。

综上，随着技术的不断进步和社会对包容性教育的重视，预计人工智能将在特殊教育领域扮演越来越重要的角色，为有特殊需要的学生提供更多的支持和机会。同时，跨学科的合作、伦理考量和政策制定也将是推动这一领域发展的关键因素。

第五节　未来展望

人工智能技术在教育领域的应用逐渐明显起来。人工智能技术可以帮助学生自我学习、辅助教师进行课程设计和测评，还可以帮助学校在招生方面更为准确地分析和预测学生的表现和需求。因而，从宏观发展趋势来看，影响教育的社会趋势、技术趋势、经济趋势和环境趋势都在强调人工智能即将成为教育的主流应用技术，具体形式正如前文所述包括微认证发展、公平性、包容性以及教育交付形式的界限等。这些趋势将推动教育领域的转型和创新，提供更加个性化、自适应、互动和高效的学习体验。同时，也需要关注如何解决人工智能技术带来的伦理和隐私问题，确保人工智能在教育中的使用符合教育价值和人文关怀。

在我国，人工智能技术在教育领域的应用得到大力推广。习近平总书记强调，中国高度重视人工智能对教育的深刻影响，积极推动人工智能和教育深度融合，促进教育变革创新。国务院印发的《新一代人工智能发展规划》，明确利用智能技术加快推动人才培养模式、教学方法改革；教育部出台《高等学校人工智能创新行动计划》，并先后启动两批人工智能助推教师队伍建设试点工作；中央网信办等八部门联合认定一批国家智能社会治理实验基地，其中包括了19个教育领域特色基地，研究智能时代各种教育场景下智能治理机制；科技部等六部门联合印发通知，将智能教育纳入首批人工智能示范应用场景，打造可复制、可推广的标杆型示范应用场景……"人工智能+教育"不断碰撞出新的火花，为教育变革创新注入强劲动能①。

未来，人工智能在教育领域的发展将包含以下几方面：第一，基于认知的人工智能。基于当前对人类认知和学习的理解，未来将开发新的虚拟助手，支持已知是有效成人学习的基础的认知策略，如主动学习、边做边学、通过反思性学习和自我指导学习等。第二，基于人工智能的大规模个性化学习。开发新的架构来组织大规模的学习数据，制定数据收集、使用、共享和分发的标准。这些数据的规模和学习者的多样性将使学习行为和结果拥有更强有力的概括性，从而确保更广泛的影响。学习分析还将支持大规模的个性化学习。第三，人与人工智能合作。开发新颖的交互式可视化技术，帮助教师建立学习者的思想理论，从而使教师能将目标和知识状态归因于学习者。换句话说，致力于研究虚拟教学和学习助理。因此，未来将开发出机器教学技术，教师将能够使用自己的偏好和数据以互动方式培训虚拟助理，以更好地服务于教与学。第四，负责任的人工智能。未来将使用参与式设计和以人为本的设计方法，开发人类和人工智能代理长期合作的社会技术系统。参与式设计有助于使隐性的人类知识显性化和无形的社会过程可见化，这对实现更有益的道德人工智能技术非常重要。

第四章

人工智能在视障教育领域的运用

世界卫生组织公开数据显示，全球超过22亿人视力受损或失明，其中超过10亿人因缺少必要的医疗或护理服务来解决近视、远视、青光眼和白内障等问题而致视力受损[1]。根据第六次全国人口普查及第二次全国残疾人抽样调查中我国残疾人占全国总人口的比例和各类残疾人占残疾人总人数的比例推算，2010年末我国视力残疾高达1263万人[2]。由此可见，视力障碍人群是一个亟须被广泛关注的群体。

毫无疑问，科技的进步，特别是人工智能技术的快速发展为各个领域带来了革命性的影响，这使视力障碍儿童教育也受益匪浅。在教育领域，视力障碍学生可能面临许多挑战，如教育教学资源的可及性、参与社会互动机会的公平性、所需支持的个别化和多样性等。在传统的视力障碍教育实践中，这些挑战的解决方案非常有限。然而，人工智能技术的应用为视障教育带来了新的机遇。通过智能辅助设备、个性化学习支持和数据驱动的评价等，人工智能可以为视力障碍学生提供更多的机会和资源，助力视障教育的高质量普惠发展。

本章将探讨人工智能在视障教育中的运用。首先，在概述视力障碍学生认知和学习特点的基础上，分析了视障教育的三个核心要素，即受教育者（视力障碍学生）、教育的中介系统（教育内容和教育手段）和教育者（视障教育教师）的特殊性，以及由此带来的视障教育管理和教育评价等教育环节的特殊性。其次，基于视障教育的特殊性，重点关注和探讨语音识别、自然语言处理、智能导师系统以及智能测评系统等人工智能技术在视障教育核心要素和环节中的应用，分析人工智能在视障教育领域中的发展方向和潜力。

---

[1]世界卫生组织.《世界视力报告》(World Report on Vision). 2019. https://apps.who.int/iris/bitstream/handle/10665/328717/9789241516570-eng.pdf

[2]中国盲人协会关于使用2010年末全国残疾人总数及各类、不同残疾等级人数的通知 (zgmx.org.cn)

第一节 视力障碍概述

视力障碍在我国法规条文中统称为视力残疾。我国2006年第二次全国残疾人抽样调查残疾标准中规定：视力残疾，是指由于各种原因导致双眼视力障碍或视野缩小，通过各种药物、手术及其他疗法而不能恢复视功能者（或暂时不能通过上述疗法恢复视功能者），以致不能进行一般人所能从事的工作、学习或其他活动[1]。根据2006年第二次全国残疾人抽样调查的资料推算，2010年末我国8502万残疾人中，视力残疾人占残疾人总数的14.86%，其中学龄（6-14岁）视力残疾儿童13万人[2]。

2011年5月，我国发布了《残疾人残疾分类和分级》（GB/T 26341-2010）国家标准[3]，按视力和视野状态将视力残疾分为盲和低视力，其中盲为视力残疾一级和二级，低视力为视力残疾三级和四级。（见表4-1）

表4-1 我国视力残疾分级表

级　别	视力、视野
一级	无光感~<0.02；或视野半径小于5°
二级	0.02~<0.05；或视野半径小于10°
三级	0.05~<0.1
四级	0.1~<0.3

眼睛是人类主要的感觉器官，人类大约80%的信息都源于视觉。在生命的早期，人类视觉系统就开始执行探索世界的重要任务。发展心理学的有关研究表明：8个月至3岁的婴幼儿除睡眠外，视觉的探索是最经常性的活动。当视觉和其他感觉信息同时呈现时，人类总是会不由自主地优先选择视觉信息。正是由于视觉在儿童个体发展过程中的重要性，视力障碍儿童，尤其是先天失明的儿童，在语言

---

[1]中国残疾人实用评定标准（www.gov.cn）

[2]中国盲人协会-关于使用2010年末全国残疾人总数及各类、不同残疾等级人数的通知（www.zgmx.org.cn）

[3]国家标准|GB/T 26341-2010（www.samr.gov.cn）

发展、认知发展、社会交往等方面都会因视觉损伤而遇到一系列的困难，但只要经过适宜的教育干预，他们也可能达到与普通儿童相同的发展水平。因此，视力障碍儿童教育比普通教育更为复杂。

第二节　视障教育的特殊性

视力障碍儿童教育属于特殊教育，是我国国民教育的组成部分。视力障碍儿童的身心特点和学习发展规律与普通儿童相比具有一般性和特殊性。一般性是指他们经过良好的教育，同样可以成为我国社会主义事业的建设者和接班人，对他们的教育目的、任务与普通儿童是一致的。就是要经过教育，使视力障碍儿童成为德、智、体、美、劳全面发展的人，这是主要方面。特殊性是由于视力障碍学生视觉损伤带来的身心特点和学习发展规律的差异，需要充分考虑视力障碍学生的需要，在继承传统的视障教育方法、借鉴普通儿童教育策略的同时，充分利用现代化的科学技术手段，充分发挥视力障碍学生的潜能，帮助他们减少因视觉损伤带来的功能障碍和其他潜在的发展风险，使他们获得公平的教育和发展机会，最终融入社会、平等参与社会生活。

理解视障教育的特殊性可以从视障教育的几个核心要素和视障教育的基本环节来分析。主要体现在受教育者（视力障碍学生）身心特点和学习发展规律的特殊性、教育中介系统（教育内容和教育手段）及教育者（视障教育教师）的特殊性，以及视力障碍儿童的教育管理和教育评价等环节的特殊性。

一、视力障碍学生身心特点和学习发展规律的特殊性

虽然大多数视力障碍儿童仍具有或多或少的剩余视力，但听觉和触觉成了他们认识客观事物、感知周围环境的重要感觉通道。因此，视力障碍学生的感知觉发展有别于普通儿童，主要表现在其听觉和触觉的敏感性和辨别能力增强，更依赖于听觉和触觉产生注意与记忆。但由于视觉感知的不足，视力障碍儿童在形状知觉、空间知觉、知觉与动作的统合等方面都可能面临更多的挑战。视觉是人获得知识和经验的主要渠道，视觉缺陷势必使视力障碍学生的学习速度、广度和深

度受到一定的影响。但需要明确的是，这种影响的程度却是因人而异的，很多视力障碍儿童通过适宜的教育手段，通过听觉、触觉等多感官学习的补偿仍然可以达到与普通儿童相同或相近的发展目标。此外，视力障碍儿童独立生活能力和社会适应能力发展较慢，普通儿童通过日常观察和模仿很容易习得的生活自理、行走等行为，他们必须付出巨大的努力才能学会。因此，相对而言，焦虑和挫折感会更多地成为视力障碍儿童主要的情绪问题。如何针对视力障碍儿童的这些特点进行潜能开发和缺陷补偿教育，以减少他们的功能障碍，增强他们的社会适应性，是视力障碍儿童教育的根本任务。

二、视障教育领域中教育中介系统的特殊性

教育中介系统包含了教育内容和教育手段两个方面。在视障教育中，教育内容和教育手段需要针对视力障碍学生的特殊需求进行定制和调整。通过个性化的教育内容、多样化的教育手段和智能辅助技术的运用，可以为视力障碍学生提供更具包容性和可及性的教育，以帮助他们实现学习目标和全面发展。从教育内容上看，2016年教育部颁布了《盲校义务教育课程标准》，该标准充分考虑了不同类型视力障碍学生的认知能力、学习方式、个性特征和身心发展特点，有机融合了当代特殊教育新理念，专门研制了《定向行走》《综合康复》《社会适应》等特殊课程。从教育手段上看，要充分利用视觉障碍儿童的听觉、触觉、嗅觉、味觉、剩余视力、想象力等，需要在教育手段方面做一些调整和变化，如提供盲文、读屏软件、屏幕放大和导航系统、电子触觉显示器等。视障教育中的教育内容和教育手段的特殊性，主要体现在以多种方式呈现的教育内容、强调个性化教育、借助辅助技术和教学工具、多感官教学、特殊教学策略等方面。

三、视障教育教师的特殊性

视力障碍学生身心发展特点和学习规律的特殊性，以及视障教育中教育内容和教育手段的特殊性，要求视障教育教师具备特殊的专业知识和专业技能，以便为视力障碍学生提供恰当和有效的教学支持。2015年教育部颁发的《特殊教育教师专业标准（试行）》[①]对特殊教育教师的"特殊性"做了如下强

---

①教育部关于印发《特殊教育教师专业标准（试行）》的通知 – 中华人民共和国教育部政府门户网站（www.moe.gov.cn）

调[①]：第一，在专业理念与师德上，突出特殊教育教师的人道主义精神和正确的残疾人观。第二，在专业知识上，强调特殊教育教师要具备残疾学生教育与康复所需要的复合型知识。如，视障教育教师需要掌握视障教育理论、视力障碍儿童心理、视力障碍儿童康复医学、视障教育辅助技术、盲文、定向行走等知识，并能综合运用，以满足残疾学生特殊教育需要。第三，在专业能力上，强调教师要具有教育诊断评估、环境创设、个别化教育、课程整合和沟通以及辅助技术运用等特殊能力。不论视障教育教师是在专门的特殊学校工作，还是在融合教育学校担任巡回指导工作，他们都需要兼顾视力障碍学生的特殊需求和特殊学校及普通学校的教学管理需求，需要不断更新知识，了解最新的教学方法和技术，以更好地满足不同教育安置情境中的视力障碍学生的需求和教学质量需要。

四、视力障碍学生教育管理与教育评价的特殊性

视力障碍学生的学习能力、学习风格和需求存在较大的个体差异，因此评价和管理手段需要根据每个学生的情况进行个性化的调整。视力障碍学生的教育管理需要提供个别化的支持和多模态教学，以帮助他们充分参与学习。视力障碍学生的教育管理还应创造一个包容性的教学环境，以满足视力障碍学生的特殊需求。这可能涉及提供辅助技术设备、适当的教学资源和调整教室布局等，以确保视力障碍学生可以参与教学活动，并有效地获取信息和参与互动。在教育评价方面，也需要考虑视力障碍学生的特殊性。所谓"教育评价"是对教育过程和学习成果进行系统、科学的评估，涉及收集、分析和解释关于教育过程和结果的信息，以提供对教育质量和效果的评估、改进和决策支持。显然，对于视力障碍学生而言，单纯地依赖"评分制"是难以发挥这种作用的。应充分考虑视力障碍学生之间的个体差异，评价方式应该具有灵活性，以适应视力障碍学生的学习特点和需求。可以采用口头答辩、书面作业、听力测试或实践表现等多种方式进行评价，以更全面地了解他们的学习能力和成果。教师可以使用辅助评估工具来帮助评价视力障碍学生的学习表现。这可以包括使用触觉图形、声音记录、口头反馈和其他适合的辅助技术来记录和评估他们的学习成果。

综上，在视力障碍学生教育中，需要考虑视力障碍学生的一般性，同时也需要考虑视力障碍学生的特殊性。当我们谈及人工智能在视力障碍学生教育中的应

---

①丁勇.以专业标准引领特殊教育教师专业成长——关于《特殊教育教师专业标准（试行）》的解读[J].现代特殊教育，2015（18）：3-11.

用时，针对视力障碍学生的特殊性，我们需要从受教育者、教育者和教育中介来看待人工智能在视障教育中的应用。此外，人工智能的智能机器以及大数据技术，也深刻影响着视力障碍学生教育管理和教育评价等重要教育环节。

第三节　人工智能赋能视障教育

基于前文对视力障碍儿童的感知特点和学习的特殊性、视障教育中介系统的特殊性、视障教育教师的特殊性，以及视力障碍学生教育管理与教育评价的特殊性的阐述，我们可以预见，若要应对视障教育中的种种特殊情况、解决视障教育中的种种挑战，必须在继承和借鉴传统视障教育的有效方法、手段的同时，充分借助和发挥现代科技与信息技术的潜力和优势。本节将针对上述四个方面的特殊性来重点探讨当前基于人工智能技术的解决方案及其对视障教育所产生的重要作用。

一、人工智能技术赋能受教育者：挖掘潜能、补偿缺陷

从视力障碍个体需求出发，人工智能需要重点关注并解决视力障碍学习者多方面的需求，以挖掘其潜能，补偿其缺陷，从而促进其更好地适应社会。主要体现在如下三个方面：（1）剩余视力的运用；（2）触觉、听觉等多感官效能的提升；（3）定向行走训练。前两个方面直接服务于视力障碍学生学业教育，特别是阅读教育，最后一项与日常生活技能有关。

（一）发挥剩余视力的功能

多年来，一直存在反对让视力障碍儿童使用他们的剩余视力进行阅读和其他活动的错误认识。事实上，鼓励视觉障碍个体科学使用剩余视力对其认识世界是很重要的。

人工智能技术可以帮助视力障碍人士提高对剩余视力的利用。例如，通过图像增强和增强现实等技术，人工智能可以处理图像并使其更易于被视力障碍人士察觉和理解，包括增强对比度、改善清晰度和突出重要细节等。如，英国牛津大

学的Stephen Hicks博士主导的团队以爱普生AR智能眼镜为主体，研发出了一套能够让低视力患者看清眼前物体的系统。该系统利用低视力患者残存的视力，在智能眼镜中勾勒出物体的轮廓，走近看会出现具体的形状。eSight可穿戴电子眼镜，使用高清摄像头、智能图像处理和增强现实技术，帮助视力障碍人士一定程度上恢复视力，实现独立看书、上网和社交等。加利福尼亚大学圣迭戈分校（University of California San Diego，UCSD）的Kanuganti Suman团队研发的Aira眼镜，是一项视觉辅助服务。用户可以通过智能手机应用或特制的智能眼镜，与远程的人工智能助理联系，以获取关于周围的环境信息并获得相关提示和建议。这些是AI在视力障碍者剩余视力中的一些常见应用。通过AI技术的支持，视力障碍者能够更好地获取信息、阅读、参与学习活动和提高生活质量。

（二）多感官效能的提升

1. 提升触觉效能

触觉是视力障碍学生获取和处理信息的主要途径。视力障碍学生应该被鼓励通过触摸和探索来认知周围的世界。提供质地、形状和大小各异的物品供他们触摸，让他们通过触觉来了解物体的特征和概念。摸读盲文是视障教育领域最常见的触觉使用场景。盲文是一种通过触摸感知的文字系统，是视力障碍学生（盲生和部分低视力学生）学习知识、学会阅读和写作的重要工具。盲文以六个凸点为基本结构，按一定规则排列。视力障碍学生通过触觉去感受、学习和记忆凸点的位置和排列组合方式，最终学会盲文。盲文诞生后，用来创建盲文的写字板和写字笔等工具是第一批能够让视力障碍学生真正识字的辅助技术设备。随着机械化和工业化发展，西方又发明了不同类型的盲文书写器、盲文打印机和盲文刻印机，提升了盲文输入效率，但盲文印刷品的数量和种类仍远远落后于明眼文字的印刷品，并且对于图形和图片的触觉转换一直都是技术难点。为了进一步提升盲文输出、输入和明盲文字转换的效率，突破视力障碍学生阅读材料匮乏的困境，盲文点显器等技术应运而生。盲文点显器是一种可将屏幕上的信息转化为盲文点字进行实时刷新输出的电子机械式设备，其原理是识别盲文 ASCII 编码，并将编码中的"1"和"0"转换为盲文触点的上升或下降运动。点显器还具有数字内容管理和保护功能，可对电子盲文文档进行存储或删除。虽然盲文点显器是电子机械式设备，但是ASCII 编码的识别却离不开计算机技术的发展。

在人工智能技术迅猛发展的时代，视力障碍人群的无障碍阅读辅具建设也体现出与先进技术深度结合的特点，许多辅具利用智能技术高速运算、数据批量分析、自适应调整等优势，响应国家产业升级号召，促进人工智能技术的发展成果惠及残疾人，缩小视力障碍人士与信息时代的"阅读鸿沟"。与此同时，利用智能化算法不断优化辅具系统设施，使其能够快捷高效开展服务，并能够提供多感官的信息输入设置，从而为视力障碍人士提供多感官辅具使用体验，完善辅助效果、健全辅助体系。例如，由清华大学未来实验室2021年公布的自主研发的触觉图形显示终端（盲人用计算机），它与传统的计算机屏幕不同，触觉图形显示终端的表面由可以凸起和收回的点阵组成。通过内置计算系统控制点阵变化，可以将传统的平面图像转换成可触摸的图形，这项技术攻克了视力障碍人群急需的视觉图像实时转换为触觉图形的难题。盲人用户通过触摸这些凸起点阵所组成的盲文或触觉图形来阅读文字和认知图片，这为盲人便捷地阅读图像信息提供了很好的无障碍设备。纵观各种无障碍阅读智能辅具，它们都具有三个重要特征：

第一，高效性。视力障碍学生以往多通过教师提前翻译、打印的盲文阅读材料开展阅读活动，受限于人力成本和时间成本，其可获取的盲文阅读材料往往数量较少、范围狭窄、版本不新，这大大限制了视力障碍学生通过阅读获取信息，从而阻碍其学业发展。智能化无障碍阅读辅具的建设，能够通过对阅读材料进行即时翻译和转译、多语种盲文互译，实现人机互动下的高质量盲文阅读，促进视力障碍学生接收图文信息，实现便捷高效的盲文阅读。第二，精准性。以智能化系统为基础的无障碍阅读辅具，一方面借助高精度高集成度驱动单元以及更精确的控制技术实现了硬件上的精准盲文转化，另一方面通过人机多通道感知交互算法实现算法上的精准施控，从硬件和算法两方面出发，做到精准翻译、精准互动、精准采集。第三，多模态。视力障碍学生由于视觉缺陷而在感知视觉线索上存在局限性，智能化无障碍阅读辅具充分考虑视力障碍学生的多感官学习需求，充分调动视力障碍学生触觉、听觉等其他感官，在联结多感官体验的基础上提供精准和个性化的盲文数字化阅读方案，提高视力障碍学生的用户体验。

无障碍阅读智能辅具的推广和应用，不仅能提高整个社会对于无障碍阅读的关注与重视，更会直接为视力障碍学生的全面发展赋能。

2. 提升听觉效能

听觉也是视力障碍学生获取和处理信息的主要途径之一。利用听觉技术可以比盲文技术更多地获取信息。上世纪60年代出现的扫描仪和光学字符识别软件、带有语音合成器或放大镜功能的计算机屏幕阅读器等多种软硬件应用，不仅有助于视力障碍学生更好地理解文本的含义，也能在访问与生产数字信息时更具独立性。视力障碍学生可以借助人工智能设备，将原本依赖视觉获取的内容转换为音频或者盲文，以方便其获取。基于人工智能开发的屏幕阅读工具，可以将网页和文档转换成语音，为视力障碍者提供便利。

微软公司的Seeing AI，使用神经网络技术分析周围环境，并以语音方式将信息传递给视力障碍者。Seeing AI不仅能识别出周边景象和人物，甚至可以判断与之交谈对象的年龄和情绪等，将信息转化为音频或传统盲文。谷歌与荷兰初创公司Envision开展合作，推出了由AI人工智能驱动的眼镜，可以帮助盲人和视力障碍人士"听见"周围的环境。这款眼镜并非从医学层面解决视力障碍问题，而是扮演视力障碍人士"助手"的角色。视力障碍人士在戴上智能眼镜后，眼镜摄像头可以将其捕捉到的人、物品等视觉信息转化为语音信息进行反馈。在人工智能的支持下，这款眼镜能迅速读取书本上的文字，记住陌生人的脸和姓名，并描述周围环境，例如火车标志和各种警示标识。Envision公司称，这是目前为止速度最快、识别最准确的文字识别（OCR）软件，能够识别从食物标签到笔记本等任何物品表面的文字，覆盖超过60个国家的语言。这项技术的开发，对全球3000余万盲人、两亿多中重度视觉受限人士来说，无疑是一个巨大的福音。

（三）护航定向行走

机器人导航是一种将视力障碍学生指引到指定地点的机器人系统。利用深度学习等技术，机器人可以通过摄像头、激光雷达等传感器获取环境信息，并自主导航，从而帮助视力障碍学生快速、准确地到达目的地。高通公司与BSR、保益以及中国信息通信研究院技术与标准研究所于2016年合作启动了"我是你的眼"项目。该项目通过创新移动技术，构建了一个免费、公开、互通的平台，将志愿者与视力障碍者紧密联系起来。视力障碍人群可以运用"我是你的眼"APP，根据个人情况选择图片协助或视频协助功能，向志愿者寻求帮助，未来，该平台也可通过出行陪同功能，助力实现无障碍出行。嵌入高科技导航功能的白手杖（美国麻省理工学院）可以在识别出障碍物后通过电机振动来提示用户。昆明理工大学Eye See团队设计研发的Eye See智能助盲耳机，具有人脸识别、体貌特征识别、场景识别、文字识别和智能避障等功能。这款耳机运用了图像识别、语音交互、激光测距等技术，并融入了人工智能技术，以帮助盲人感知世界。Be My Eyes是一个为帮助盲人或视力障碍人士而建立的全球社区应用。利用该软件，志愿者可以通过视频连线的方式，协助盲人和视力障碍人士解决一系列的难题。这些基于AI的工具和应用程序，使得盲人在定向行走中可以更加独立、安全地导航，提高了他们的生活自主性和社会参与度。人工智能技术的不断创新和进步，将为盲人定向行走带来更多便利性。

综上所述，人工智能在视障教育领域的应用正逐步成为现实，为视力障碍学生提供了更好的学习、生活和交流体验。未来，人工智能技术将会进一步深化视障教育的变革，为视力障碍学生提供更高效、全面、便捷的支持和帮助。

二、人工智能技术赋能视障教育中介系统：提供个性化的教育内容和教育手段

个性化是人工智能与视障教育融合发展最重要的表现形式。所谓个性化服务，就是根据视力障碍学习者的学习风格、学习特征、学习兴趣、学习动机、家庭背景等因素，确定适合其自身发展的学习内容、学习方法和学习模式，为每一位视力障碍学习者提供精准、适切的学习服务[①]。教师和家长以此为参考，对视力障碍学生的课程设置予以把控，为视力障碍学生安排合适的课程，使课程内容的设置满足视力障碍学生的实际需要。其次，人工智能技术可以帮助组织并合成教学内容，这一技术的主要代表就是深度学习系统，其在对特殊儿童的教育内容设计上发挥着积极的作用。例如，利用学习系统对视力障碍学生目前的学业成就、学习效果、学习进度等进行评估，发现儿童的长项和不足。在儿童擅长的领域，教师和家长可以调整课程安排，适当提高任务难度，促进视力障碍学生的发展与提高；针对其相对弱势的方面，可以适当放缓进度，或采取其他的教学方式。此外，在教材的设计上，教师将教学大纲、学生信息导入学习系统，该系统能自动读取所导入的全部信息，并据此对教材内容进行填充，从而让学生得到适合其个性化需求的专属教材。同时，人工智能技术中的语音识别技术、语音合成技术、自然语言处理技术等能够使视力障碍学生更便利地使用教材，教师也可以充分利用这些教学手段开展高质量的视障教育教学。总之，人工智能领域的相关技术可应用于视力障碍学生的教育内容组织和教育手段改进等方面，在视力障碍儿童的个别化教育中发挥独特作用。

---

① 李艳燕编著，《人工智能教育应用》，北京师范大学出版社，2022年，第26页。

三、人工智能技术赋能教育者：利用智能导师系统支持教师工作

智能导师系统（Intelligent Tutoring System，ITS）是依赖智能代理技术构建的个性化教学系统，主要由数据库、模型库、方法库、人机接口以及各种智能部件组成，是决策支持系统的一个重要发展方向，在教育领域的应用呈现出很强的发展潜力[①]，这对促进视障教育教师队伍专业化具有积极的作用。以人工智能技术为依托的智能导师，对视障教育教师的教学工作提供了显著的辅助支持。智能导师具备自然语言处理、语音识别、人脸识别以及动作行为识别等检测技术，所以智能导师不仅能够像人类教师一样开展教学工作，还能通过唱歌、讲故事等多样化的方式吸引视力障碍学生的注意力。更重要的是智能导师也具备智能教学系统的功能，可以在视力障碍学生学习过程中对获取的相关数据进行分析和追踪，以此为依据对其整体情况进行判断，从而调整学习内容和进度。智能导师还能为教师提供个性化的教学地图、学科报告、学科作业和网络教研等支持服务，可以有效缓解教师的工作压力。此外，在教育过程中，智能导师可以识别和捕捉视力障碍学生的情绪变化和问题行为。根据人工智能提供的数据，教师可以更加全面地制定有针对性的个别化教育策略，根据教育过程中收集到的数据观察教学效果，并不断调整优化。这样一来，智能导师可以支持人类教师全天候地追踪视力障碍儿童的行为表现。并且，在教师分身乏术的时候，智能导师还能完成基本的个别化教育工作，以保证教育时长和教育效果。

四、人工智能技术赋能教育管理与教育评价

教育管理和教育评价是教育活动的重要环节，人工智能技术在视障教育管理与评价中也发挥着重要作用。在教育管理方面，基于人工智能技术的智能管理系统可以帮助学校管理视力障碍学生的信息，包括学生的个人资料、健康状况、学习情况等。该系统可以集中存储视力障碍学生的信息，使教育工作者方便地访问、管理和更新视力障碍学生的数据。还可以基于视障教育的各种数据调整教育管理制度，建立更合理的激励机制、更科学的教学资源调控制度，合理规划教学资源并提升教学效果，及时反馈并解决教育教学中的问题和困难。在教育评价方面，智能测评系统（Intelligent Assessment System，IAS）基于对视力障碍学习者学习

[①]李艳燕编著，《人工智能教育应用》，北京师范大学出版社，2022年，第15页。

全过程记录，利用人工智能相关技术对学习结果进行分析和评价，并通过反馈结果不断完善测评方案。例如，可以根据学生的进展和能力，提供个性化的评估方式、评估标准和评估工具，帮助视障教育工作者评价视力障碍学生的学习成果和学习效果。

总之，利用人工智能技术可以为视障教育管理与评价提供更全面、准确和个性化的支持，可以帮助教育工作者更好地管理学生信息、提供教学资源、跟踪学习进度和评价学习成果，帮助视力障碍学生更好地实现学习目标。

第四节　未来展望

人工智能在视障教育领域的应用展现出巨大的潜力和广阔的前景。随着技术的不断进步和应用的不断深入，未来将为视力障碍学生提供更加个性化、高效率和强互动的学习体验，同时也为教育工作者带来更先进的教学工具和方法。这一领域的创新和发展，无疑将为视障学生的教育和生活带来更多希望和机遇。

首先，提升个性化支持。人工智能可以根据视力障碍学生的特殊需求和学习方式，提供更个性化的学习支持。通过强化学习和自适应算法，系统可以不断优化学习资源、学习内容和学习方式，以更好地满足每位视力障碍学生的个性化学习需求。

其次，增强学习体验。人工智能可以通过视觉识别技术和虚拟现实技术，将学习内容转化为视觉、听觉和触觉等多种形式，为视力障碍学生提供更丰富、强互动和沉浸式的学习体验。视力障碍学生可以通过虚拟实境和增强实境，实际参与学习活动，以更好地理解和掌握知识。

再次，进一步开发智能辅助设备和工具。人工智能技术还可用于开发智能辅助设备和工具，如智能导盲杖、物体识别器和屏幕阅读器等。这些设备和工具将为视力障碍学生提供更多独立性和可访问性，帮助他们更好地参与学习和生活。

最后，数据驱动的决策和调整。人工智能系统可以通过收集和分析视力障碍学生的学习数据，为教育工作者提供更准确、实时的评估和反馈。教师可以根据视力障碍学生的数据，更好地调整、优化教学策略和课程内容，从而提升学生的学习成效。

　　此外，人工智能给视障教育带来机遇的同时，也给视障教育教师带来了机遇与挑战。人工智能让视障教育教师从传统的教学模式中走出来，辅助教师更好地实现残疾学生的个性化教育。但是如何充分利用人工智能实现视障教育教学质量的显著提升，需要视障教育教师认真思考与探索。视障教育教师有责任和义务深入学习和应用新兴教育技术，对自己在教育中的角色重新定位，积极探寻创新的教育方法，并适时运用到视障教育实践中。人工智能与视障教育的深度融合，要求视障教育教师更新教育理念，适应新技术变革，转变教育方式，对视障教育教师的学习能力提出了非常高的要求和期待。

第五章

人工智能在听障教育领域的应用

　　第二次全国残疾人抽样调查统计结果显示，我国听力残疾患者数量达2780万人，听力障碍人群更是高达约7200万人。长期以来，由于健听人群和听障人群之间缺乏有效的沟通方式，听障人群在公共服务及日常生活中常常陷入语言沟通交流的窘境。国家相关部门在"十三五"规划中提出了全面推进无障碍设施建设，并进一步在"十四五"规划中提出了加强无障碍环境建设的要求。这些政策的实施，很大程度缓解了听障群体在高铁站、机场、民政等公共服务场所的沟通障碍问题，但日常生活中听障人群与健听人群的沟通鸿沟仍然存在。

　　随着人工智能技术的不断成熟与发展，其在听障助残方面发挥出越来越重要的作用。通过将说话者的语音转换为文本，语音识别技术为听障人士提供文字形式的对话内容，这对于听障人士参与语音对话和理解他人说话至关重要。手语识别技术利用计算机视觉识别手语，使得听障人士能够用手势进行交流，并将其转换为文字或语音输出。另外，一些集成了人工智能技术的硬件设备，如智能耳机和其他可穿戴设备，为听障人士提供实时的语音识别和翻译功能，帮助听障人士更好地与周围的人交流。智能助听器可以利用人工智能技术自动调整音量和音质，根据环境噪声进行优化，提供更清晰的声音体验。还有很多利用人工智能技术实现的辅助通信应用，通过提供实时文字聊天、语音识别、翻译等功能支持听障人士的日常交流。这些技术的发展使得听障人士能够更顺畅地参与社交、教育和职场活动，极大提高了听障人群的生活质量。但是，对于听障学生而言，相较于日常生活中遇到的不便，更难打破的是在学习过程中遇到的知识壁垒。

　　党的二十大报告提出，始终坚持以人民为中心发展教育，促进教育公平。听障学生平等接受教育，是教育公平理念的直接体现。但是，听障学生因其特殊的生理和认知特点，学习和接受知识的方式与健听学生完全不同，并且对于高层次教育尤其是高等教育而言，专业课程既专且难，通晓专业知识又能熟练应用手语讲解专业课程的教师少之又少，加之很多专业课的专业术语甚至没有统一的手语表达，若以与健听学生完全相同的教学模式教育听障学生，很难达到与健听学生同样的培养目标。本章详细分析听障学生的认知特点，总结常见的传统听障教育模式和有效手段，引入适用于听障教育的人工智能技术，探究如何将人工智能技术应用于听障学生的教育过程，提高针对听障学生的教学效果。

第一节　听力障碍者的认知特点

一、听力障碍的概念及分类

听力障碍，俗称耳聋，是指在听觉系统中负责对声音传递、感知和综合分析方面的各级神经中枢出现功能性或器质性异常，导致听力遭受不同程度损伤的现象。听力障碍者，亦称听障人士、聋人，是指由各种因素导致双耳遭受不同程度的永久性听力丧失的人群。具体表现为无法听清乃至听不到周围环境里的一切声音，使得日常生活以及社会活动均受到严重影响。

不同于在强噪声等环境中引起的暂时性耳鸣和听力下降，耳聋既包括程度不同的听力损失，又包括严重的听觉障碍。按照听障人群的患病时间，可划分为先天性听力障碍和后天性听力障碍。其中，先天性听力障碍包括先天性外耳道狭窄及闭锁、先天性耳畸形、胚胎期或围产期引起的一些听力障碍；后天性听力障碍包括外耳和中耳各种传导性听力障碍，例如后天性外耳道狭窄及闭锁、化脓性中耳炎、耳部恶性肿瘤、耳硬化症，以及由各种外伤、疾病、药物中毒引起的各种感音神经性听力障碍、由精神因素和心理因素引发的功能性听力障碍等。按照听力障碍的性质及部位分类，一般划分为以下四种：

（一）传导性听力障碍

任何局限于外耳、中耳，并导致声波传导功能障碍的病变，均被视为传导性听力障碍，包括外耳道耵聍栓塞、异物、闭锁等阻塞性病变，中耳畸形、听骨链缺失等发育畸形，咽鼓管阻塞、鼓膜炎等中耳炎症，发生于内耳骨迷路的耳硬化症，以及鼓膜穿孔、听骨链损伤等耳外伤。纯音测听检查：空气传导与骨传导之间差异大于10dB且骨传导在正常范围内，说明声音在到达内耳之前有障碍，但内耳功能正常。

（二）感音神经性听力障碍

任何直接引发耳蜗螺旋器病变，或引起与听神经至听觉中枢有关的神经传导通路损害，导致听力减退乃至消失的，均属于感音神经性听力障碍的范畴。纯音测听检查：空气传导与骨传导之间差异不大于10dB，且都不在正常范围之内。这表明声波传导设备工作正常，而声波感应功能受到损坏。具体来说，感音神经性听力障碍可划分为以下三种类型：

1. 感音性听力障碍

感音性听力障碍病变局限于耳蜗，并导致感音功能损伤，使得声信号无法转换为电信号。耳蜗部位容易受损的很重要原因是血液供应相对脆弱。位于耳蜗中的任何病变，都可能导致耳蜗听力受损。通常高频听力首当其冲，导致出现谷状听力损失，其典型的听力图显示在4000Hz时急剧下降。耳蜗听力损伤的电测听测试的特点为：

（1）重振现象：通俗地讲，中等强度的声音听不见，但如果声音的强度再大一些，又感到耳部难受、疼痛，即小声听不见、大声难忍受。

（2）复听：用同一音调刺激时，患者双耳感受到的音调有差异，可能表现为听到的音调一高一低。

（3）病理性听觉适应：即听觉适应在程度和速度上均超出了正常阈值。具体表现为患者起初对某一高强度声音的刺激感到不舒适，随着刺激的持续，听觉的疼痛感减轻甚至消失。当刺激停止后，听觉的敏感性下降。

2. 神经性听力障碍

神经性听力障碍的范畴为直接发生于听神经或各级听觉中枢传导通路上的任何部位病变，致使声信号无法正确传递给大脑。具体临床特点为：

（1）首先出现高频听力受损，随后逐渐扩展至中低音，最终各个频段的听力均显著降低。

（2）空气传导大于骨传导，但两者均有所下降。

（3）出现明显的病理性听觉适应情况。

3. 中枢性听力障碍

中枢性听力障碍的表征形式为脑干和大脑的病变，涉及耳蜗核及其中枢传导通路以及听觉皮质中枢，具体又可划分为脑干中枢性听力障碍和皮质性听力障碍，体现在大脑对声音和言语信号不能正确处理、识别和辨认。

（三）混合性听力障碍

混合性听力障碍，是指传导性听力障碍与感音神经性听力障碍同时存在，共同影响声波的传导与感知。引发混合性听力障碍的原因可能是某种同时损害耳朵的传音结构与感音神经系统的病变，也可能是多种分别引起外耳、中耳、内耳以及听神经功能障碍的病变。临床上混合性听力障碍主要表现为由两种互不相关的病变混合所致，其听力图表现为空气传导和骨传导均不正常，且气骨导之差大于10dB。

（四）伪聋

伪聋，即装聋、诈聋，指听觉系统没有器质性病变或只有轻微损伤，自称为听力障碍。伪聋者通常没有精神心理创伤，而是有意、试图伪装或夸大程度。其主观意图行为严重，需通过多项听力测试和客观听力检查帮助鉴别。

二、听障人的认知特征

认知，是指人们获取、应用知识，进行信息加工的过程，包括感觉、知觉、记忆、思维、想象、语言等一系列的心理活动。人脑接收外界的信息，经过大脑的加工，表征客观事物的特征与联系，并揭示事物对人的意义和影响。

（一）感知活动特征

感觉过程和知觉过程统称为感知。其中，感觉过程既包括接收的外部环境存在及其关系信息，又包括有机体内部的生理、心理状态。知觉过程则是通过对感觉信息的有组织处理，理解和认识事物的存在形式。听觉属于感觉过程，是人接收环境信息、认识世界的一个关键渠道，包含海量的信息。在日常生活和学习活动中，其重要性有时甚至超过了视觉。相比于健全人，听障人有严重的听力缺陷，对世界的感知少了一条重要途径。

1. 感知活动受限

（1）影响知觉的完整性

由于缺少听觉刺激，听障人的知觉信息主要依赖于视觉形象及其与触觉、动觉综合的形象，不能形成视听结合的综合信息。而在日常生活中，大量的事物都是以视听结合的形象出现，显然视听结合的形象在所有的感知形象中最为鲜明。原本具有多重感知特性的事物，一旦缺失了听觉特性，其立体形象会变得平面化，给人一种虚无感。

（2）缩小感知的范围

视觉的光学特性和听觉的声学特性是截然不同的。当视线受到阻挡时，人无法知晓视线之外的事物，而听觉则没有这样的限制。例如，大门紧闭，室内的健全人照样可以听见室外的声音，但听障人则很难掌握室外的情况，其感知范围显著缩小。

（3）不能根据声音来识别物体的某些特性

不同材质的物体会发出不同的声音，健全人能够以此作为依据判断物体的材质。此外，同一事物在不同的条件下声音也会不同。例如某人说话时的声音缓慢低沉，推测他情绪悲伤。听障人则无法接收这些信息，并作出相应的判断。

2. 不能利用声音信息

定向是方位知觉，包括两个方面，分别是确定人自身和确定某物体在空间中所处的位置和方向。一般情况下，健全人的定位主要基于视觉和听觉的综合，并辅以其他感官的协作；特殊情况下，听觉可以成为定向的主要判断来源。例如在黑暗的房间中一枚硬币掉落，火车从远处移动到附近再开往更远的地方。健全人可以将声音的强度作为判断距离远近的重要线索，但听障人则无法利用这类信息。

3. 视觉代偿

有学者做过这样的实验，将60张日常生活的图片作为实验材料，让参与者进行辨认。参与者包括普通小学一年级的学生，聋校二年级和四年级的学生，以及健全的成年人。实验结果表明，二年级听障孩子的视觉认知低于健全孩子；而四年级听障孩子的视觉认知发展速度非常快，已经接近普通成年人的水平。由于对视觉信息的长期依赖，听障人的视觉代偿能力得到了长足的发展。例如很多听障人具备读唇语的能力，这是普通人几乎不可能做到的，而且听障人对于具体的形象物体通常能够认知到更多的细节。

4. 触觉、振动觉和言语动觉代偿

健全人学习说话主要是通过听觉来调节发音，而对听障人而言，触觉、振动觉和言语动觉则起到了至关重要的作用。例如，在一些聋校的课堂教学中，听障学生能够跟随木地板的振动把握音乐的节奏，去完成相应的规定动作。目前的听障康复教学课堂中，借助触觉和振动觉以帮助学生掌握发音的方法要领显得格外

重要。言语动觉是指人在发音过程中，对自身发音器官的整体运动和器官各部分相对位置状态的感觉。例如，在发"a"音时，学习者需要去体会发音器官的各部分是如何运动的，并依靠相应的自我感知来调节发音活动。在读唇语的过程中，言语动觉同样必不可少。一方面，需要仔细观察说话者的口型变化；另一方面，为准确理解说话者的意思，感受发音动作也非常必要。因此，言语动觉对于听障人学习口语具有重要意义。

（二）注意特征

根据注意是否具有预定目标以及意志的努力程度，可将其划分为三种类型，分别为无意注意、有意注意和有意后注意。无意注意事先没有预定目标，同时不需要意志努力。有意注意则截然相反，既要有预定目标，又需要在必要时作出意志努力。有意后注意是一种更为高级的注意形态，它是在有意注意的基础上产生的一种与目标任务相联系、同时又无需很强意志努力的注意。具体而言，随着有意注意的活动逐渐变得有趣或熟练，这时人对活动的注意虽然仍有目标，但与原先相比，有意后注意的意志努力程度明显减弱。

与健全人的注意机制一样，听障人的注意形态也是从无意注意逐渐发展到有意注意。在2岁之前，孩子的有意注意受到语言能力的制约，几乎没有形成；2岁左右，有意注意随着语言能力的提升开始逐渐形成与发展；到小学低年级阶段，无意注意仍然占较大比重。总体上，听障人的有意注意发展要晚于健全人，且稳定性较差。

1. 引起注意的刺激源主要为视觉对象

由于听障人无法跟健全人一样同时产生来源于视觉和听觉刺激的注意，其大脑皮层上的主要兴奋中心大多都产生并维持在视觉中枢。对听障人而言，诸如叙述、解释、劝说、演讲等一般语言刺激都很难吸引其注意，只有尽可能把听觉刺激转化为视觉刺激才是解决问题的关键。通常情况下，聋校的电铃都会装配指示灯，每当铃声响起，指示灯也发出强烈耀眼的红光。即便是对于有听力残余的学生，视觉刺激也远比听觉刺激有更强的效果。

2. 无意注意占主导地位，有意注意发展迟缓

听障人对学习活动缺乏深刻的理解，其注意通常没有明确目标以及自我觉察，也容易受到外部环境影响。他们的行为具有更大的盲目性和随意性，对新奇、强烈、对比度高或运动变化大的事物更容易产生强烈兴趣并引起注意。多数学生是

由于学校里的新鲜环境而喜欢上学，而非认识到了学习的重要性，有意注意是在学习活动中逐步发展起来的。

3. 注意分配更加困难

听障人由于不能同时既看又听，而只能选择其中一项完成，无法同时接收黑板、教材、教具、讲解的信息，使得注意力在多个媒介之间来回切换，导致感知的速度变慢，接收同样的信息需要耗费更多时间。不仅如此，频繁的注意力切换使得感知变得断续，大脑皮层对注意的不恰当分配甚至会导致某些内容被遗漏。

4. 注意的稳定性较差且很难适时转移

人在接收事物信息时，通常很难保持长时间的专注，注意力会发生加强和减弱的周期性变化。注意的稳定性也不是一成不变的，会受到活动本身的形式和内容、人的身心状态等多方面因素的共同作用。听障人一方面对事物的感知过多地依赖于视觉，使得视觉器官更容易出现疲劳，从而导致注意力的分散；另一方面由于学习目标较不明确且学习困难相对较大，造成学习动力较低，注意力也很难长时间维系。此外，听障人士在学习中通常不得不频繁切换注意力，但是当需要转移注意力时，又很难实现适时转移。

（三）记忆特征

记忆是个人的过往经历、经验在大脑中的反映。曾经感知的事物形象、思考的概念和问题、感受的情绪情感、实践的动作行为等，都是记忆的内容。听障人在学习过程中经常会遗忘刚学习不久的知识，这并不是学习态度不好，而是与其记忆特点有很大关系。听障人的记忆特点可以概括为：（1）无意记忆占主导；（2）有意记忆逐渐发展；（3）形象记忆的效果明显优于材料记忆（方俊明，1998）。也有学者发现，听障人具备较强的形象记忆能力，而不擅长记忆声音和文字材料，手语记忆是更适合的特殊记忆方法。

1. 视觉记忆相对占优势

从记忆所依赖分析器的角度来看，听障人的视觉记忆效果优于动觉记忆。研究发现，在动觉形式反映识记图形的空间形象方面，听障人表现得不如健全人准确；在视觉记忆的发展方面，听障人的表现也落后于健全人，但其差距要远小于动觉记忆方面；不同听障人之间的动觉记忆差异在学龄初期最大，在学龄中期逐渐缩小，而在学龄后期几乎消失。

2. 对跟语词强关联的材料记忆明显薄弱

研究表明，在依赖视觉的图形记忆上，听障人的表现与健全人相当，但在依赖语言材料的记忆上，听障人的记忆效果较差。主要有以下原因：

（1）难以感知语音。语音作为语言系统三要素中最基本的构成要素，是语言的物质外壳，是词汇和语法的声音表现形式，"有声"是其最基本的特性。人类记忆的心理学研究发现，多种感官协同参与收集信息，有助于促进知识的识记，提升感知的效果。相比于健全人，听障人不能清楚地感知乃至完全不能感知到语音的刺激，失去了最有用的语言学习媒介，从而无法形成对语言材料的牢固记忆。

（2）难以建立言语听觉与言语动觉之间的神经联系。言语动觉是指说话时发音器官中的肌肉、肌腱、韧带等组织将动觉信息传入大脑皮层所产生的感觉。在健全人当中，言语听觉和言语动觉之间的神经联系天然形成，一方面发音通过言语听觉的模仿得到学习，另一方面发音动作经由言语听觉的反馈得到调控。倘若两者之间的联系变弱，无论是模仿别人的发音还是调控自身的发音动作，都将无法达到精确的水平。

（3）难以掌握语言技能。任何一种专门技能的掌握，都离不开一定的练习。语言的表达运用作为一种技能，同样需要经过反复练习，才能熟练掌握。然而听障人对语言大多不够熟练，有的甚至很陌生，也很难运用，导致其对语言的掌握程度相对较低。并且，对文字的意义理解较为模糊，仅通过死记硬背的方法识记，对语言材料理解程度较差。

（4）难以形成优良的语言储存方式。语言是人类特有的技能，包括听、说、读、写在内的个体语言活动都是语言得以储存的基本形式。经过人类的漫长进化，大脑已经形成了语言功能区，使得语言得到最便捷、最妥善的储存。但听障人只能通过手势、表情、神态等其他方式储存语言信息，远不及听说等方式的优越性。这点也从侧面说明，只有恢复和发挥人脑言语技能区的优势，听障人的语言和文字记忆效率才能得以提高。

（四）思维和想象特征

人的思维发展通常要经历动作思维、形象思维和抽象思维三个阶段。然而由于听障人在言语形成和发展的过程中存在一定的缺陷，导致思维在很长时间内仍停留在第二阶段。从思维方式来看，这一阶段的思维以事物的外部特征为概念基础，问题发生时更容易被感知情境所影响，从而难以观察到事物之间的多重关系，更无法从全局角度分析问题的情境，表现为解决问题的思路较为刻板。

想象是人脑对已有知觉材料进行加工处理、改造重组，以创造形成新形象的过程。由于听力的缺损和语言的障碍，听障人通常大脑中极度缺乏听觉形象，且难以通过语言来组织表达形象，使得想象力明显滞后于健全人。

1. 抽象思维的发展

人的思维由具体形象到抽象的发展并非一蹴而就的，而是主导性由具体形象到抽象的逐步转变形成的。由于听障人的语言发展速度较慢、词汇量较少，导致这种转变的过渡更为困难。具体体现在两个方面：一是转变耗费的时间更长，不同于健全人在四年级前后发展到以抽象思维为主的状态，听障人通常要到高中或更高年级之后抽象思维才能够占据主导地位，即便如此，仍然不容易理解概念中的抽象部分；二是具体和抽象两种思维呈现出平衡状态，抽象思维在优势不明显之前两种思维不相上下，且抽象思维在不断发展的同时仍然表现出很强的具体形象性。

2. 想象力的发展

听障人的想象力具有强烈的意象性和直觉性，通常需要通过使用特定的事物作为想象力展开的直接基础。表现为高度的无意性，即没有预先确定的目标和计划，而是受外部事物的启发形成对形象的想象，或是在情感和兴趣等因素共同作用下展开想象。因此，想象的主题大多变幻莫测，想象的内容通常支离破碎，不能通过合理的组合、加工揭示事物的本质。想象力是创造性的前提，相对于健全人，听障人的想象力特别富于再创造性，擅长模仿别人的仪态、动作和表情，但原创性成分则相对较少。

第二节　听障教育教学特点

近年来，听力障碍学生的教育问题越来越受到社会的广泛关注和国家的高度重视。2008年，国家制定了《中华人民共和国残疾人保障法》，保障听障大学生平等接受高等教育。在2009年发布的《关于进一步加快特殊教育事业发展意见的通知》中，国家进一步明确提出"加快推进残疾人高等教育发展，满足残疾人接受高等教育的需求"。但相较于发达国家，我国目前的听障教育尚处在初级发展阶段，办学经验较缺乏，软硬件条件较落后，师资力量较薄弱。如何让听力障碍学生摆脱自身的缺陷，健康成长，掌握一技之长，成功走入社会，成为一个独立自主并对社会有用的人才，是当下听障教育发展的重中之重。

一、听障教育的教学原则

（一）重视德、智、体等方面全面发展教育

苏霍姆林斯基曾说过，"校园应是一本活的教科书，使每面墙壁都会说话"。大多数听障学生因自身的生理缺陷而故步自封，读书的同时很少愿意参加社会实践活动。因此，对听障学生的教育应不仅局限于专业文化知识的教授，更应体现在对学生德、智、体、美等多方面的均衡培养上。引导学生树立正确的价值观和人生观，建立包容友爱的人文素养，积极面对学习和生活中遇到的困难和挫折，拥有健康的心理和健全的人格。通过德、智、体、美、劳全方位的培养，听障学生能成为与健全人一样的优秀人才，成为一个对社会有用的人。

（二）重视情感教育

听障剥夺的是语言的学习，而不仅仅是声音。听障学生因其自身的缺陷导致情感上较为冷漠，通常以我为主，甚至可能表现得较为自私自利，很少会去关心其他的人或事，大都比较自闭、骄傲、猜忌、怀疑别人且报复性较强。对听障学生的相关心理研究表明，其心理健康水平、自尊水平都相对较低，并在躯体不适、焦虑、敌对、恐惧、偏执、精神病性症状等6项指标上的得分均显著高于健全学生。但他们也具备积极方面的思想行为特征，通常拥有鲜明的人生价值观，只是在处理负面情绪等方面，听障学生的情绪自我调节能力、适应性均明显较弱。相较于健全学生，他们更难通过自我接纳、情绪控制等途径调整身心，更容易沉浸在负面情绪中，不利于身心健康。另外，听障学生的学业情绪与自我效能感、归因方式、成就动机之间有着密切的内在联系，消极高唤醒的学业情绪与高自我效能感、追求成功及避免失败的动机呈正相关。因此，在对听障学生知识教学的培养过程中应重视情感教育，"晓之以理，动之以情"，丰富他们的情感，唤醒他们灵魂深处的爱，教育他们要爱自己、爱别人，爱整个社会大家庭，要成为有理想、有志气、有感情、有爱心的新时代优秀人才。

（三）重视职业教育

作为就业工作中的特殊群体，听障人受自身缺陷的影响，相比于健全人就业难度更大。因此，培养和提高听障人的职业技能，对其自身发展十分重要，同时也具有积极的社会意义。职业教育不仅能帮助听障学生培养自尊、自爱、自强、自立和不断进取的信心，为其平等参与社会准备好条件和奠定基础，还能进一步巩固和提高文化学习效果，丰富实践知识，助其掌握一技之长。同时，在教学过程中，需要帮助听障学生树立正确的职业观，先就业、后择业和创业，并加强对其学业发展规划和职业生涯规划的指导。此外，需要加强学校与残联、企业及就业市场的对接，并加强建设听障学生的就业信息网络，为他们提供更丰富、更有效的就业信息，拓宽就业渠道。同时，还需要探索、挖掘适合听障学生特点的职业，例如一些任务内容相对简单、或无需过多语言沟通的工作。职业教育是听障教育的重要组成部分，可以为听障学生提供更多的选择和机会，从而实现残而不废，减轻家庭和社会的负担。

二、听障教育的教学方法

由于听障学生大多借助视觉来理解外部世界，视觉是从外部获取知识和信息的最主要渠道，其视觉方面比健全学生有更好的发展，视觉表象更为丰富。因此，在对听力障碍学生的教育过程中，应当充分利用这一优势，寻找合适的教学方法，提升教育水平和教学质量。目前的听障教育教学中比较常用的方法有演示法、观察法等。

（一）演示法

这一方法要求教师向学生展示教具或实物，并通过示范性的实验和形象化的动作，或是利用现代化技术手段，使学生仅凭肉眼就能够获取直观的感性认识。演示法具有形象直观的特点，充分利用了听障学生的视觉优势，使其运用视觉手段将抽象的知识具象化。考虑到人的认知规律特点是从具体到抽象，演示法不仅符合了健全学生的学习规律，同时兼顾到了听障学生的思维特点。

由于人群规模小，社会交往较局限，听障学生的生活范围较窄，对知识的接收和理解水平较低。因此，教学更要遵循从具体到抽象的事物认知规律，大量地采用演示法，帮助学生的思维顺利由直观形象提升至抽象理解的水平。在演示过程中，也要随时观察注意各种教具、实物及其他演示材料的实际影响，并按照教材内容和教学目标等要求适当地调整，保障学生能够理解，例如根据事件情节的发展顺序或人物的内心活动变化等确定演示的顺序。总之，演示法的使用需要综合考虑学生、教材、学校设施条件等因素，需要把握住事物之间的内在联系，使演示效果合理化、系统化。

（二）观察法

观察法是另一种能够利用听障学生视觉优势的教学方法。这一方法是用肉眼感官或借助辅助工具观察、记录事物的现象和特征，从而获取对事物的感性认识，经过进一步综合分析后得到理性认识。观察本身是听障学生获得感性认识的重要基础，是他们接收和理解知识的重要途径，也是发展智力、培养能力的重要前提。

实践能够培养人的观察能力。教师应该结合教学目标和教学内容，帮助学生掌握相应的观察方法。听障学生的普遍缺点是，在观察中常常只看到事物的表象和外在联系，难以区分主次和把握重点，甚至只关注到个别细节而忽视了整体联系。因此，教师需要帮助他们进行持续的培养训练，最终达到较为系统全面的观察水平。只有鼓励学生多练习，并给予适当的启发，他们的思维活动中才能够形成内容丰富的感知材料，从而促进思维能力的发展和语言表达能力的提高。

（三）谈话法

谈话法又称为问答法，是教师在教学过程中采用对话形式，引导学生利用已有的知识和经验进行积极思考和回答问题，以此协助学生建立新知识或巩固旧知识。这一方法同样依赖于学生视觉方面的专注，其侧重点在于培养学生的语言表达能力和逻辑思维能力。

谈话法主要有三种类型：一是以传授新知识为主要目标的启发式谈话；二是以复习、检查旧知识为主要内容的考查性谈话；三是在讲授或活动过程中进行的指导总结性谈话。谈话有助于学生加深对知识的理解和掌握，有利于培养学生思考、分析、解决问题的能力和语言表达能力。同时，谈话法还能帮助学生调节自身情绪，增进师生之间的情感交流，活跃课堂气氛，促进教学任务的圆满完成。谈话法一旦得以正确运用，学生则能够在教师的指导下积极开展思维活动，获得相应的知识和能力。反之，谈话法如果运用不当，则可能会出现有问无答的情况，致使课堂气氛冷场，难以达到预期的教学效果。

三、听障教育的科技素养

针对听障学生由于听力的缺损导致认知结构和认知能力发生变化的问题，教师应当教会学生如何接收并理解有用的知识和信息，从而提高学生独立学习和适应社会等方面的能力。在教学过程中，将新兴的科学技术有效应用到听障教育中，能够辅助教师的教学，提升听障学生的科技素养，保障听障教育教学的效果。

（一）教师的信息技术素养

1. 优良的视觉素养

1969年，国际视觉素养协会的联合创始人约翰·德贝斯给出了视觉素养的初步定义，即人通过看见获取信息，同时整合其他感官体验，形成的一组视觉能力。视觉素养作为学习的基础，帮助人区分并解释各种视觉活动、视觉对象以及自然产生或人工创造的视觉符号。通过创造性地利用视觉能力，有助于人与人之间的沟通、理解和欣赏。尤其是对主要依赖于视觉信息的听障学生而言，教师需要具备较高的视觉素养。

2. 多媒体运用能力

传统的授课方式采用口授结合手语的模式，听障学生受到听力缺损以及教师口型不准确等因素的影响，在获取知识时，通常难以通过读唇语的方式接收口语传达的信息。另外，手语词汇的丰富性不够，有时不足以表达新事物、解释抽象概念，造成一些知识无法得到有效传递。对此，教师在教学过程中，应当更多地使用视觉化表达方法。例如制作图形、图像、演示动画、视频、多媒体课件等，同时结合手语将一些难以用语言清楚说明的事物、情境或过程直观形象地呈现出来，充分利用多角度视觉表达的优势，提升听障教育教学效果。另外，教师应当充分考虑到听障学生抽象思维能力发展不足的情况，通过视觉表达策略的运用，帮助他们在感性认识的基础上加深对抽象理论的理解和把握。

3. 新技术应用能力

我国著名听障教育专家张宁生教授认为，听障教育的关键点不仅在于听力问题的解决，更重要的是沟通手段的妥善处理。随着时代进步，科学技术日新月异，越来越多的新技术被应用于教育教学，取得了较好的效果，促进了教育的革新与发展。现代信息技术为知识的传播、信息的交流开辟了新途径，具备多样的信息编码、多元的沟通方式、及时的信息反馈等显著优势。多媒体等高度视觉化信息传播媒介的运用，呈现出生动的图像、鲜活的动画等多样性，营造出形象直观、动态化、交互性和具有可重复性的学习气氛。这不仅能够有效补偿听障学生的生理限制，还能培养他们的创新意识和创新思维。另外，通过互联网等信息交流互动平台的运用，教会听障学生使用电子邮件、讨论组、聊天室等网络聊天工具，实现与他人跨越空间进行互动交流；当学生自身乐于向他人分享学习和成长中的经历、感悟和心得时，则会增进双方的情感交流，实现共同进步。总之，新科技建立了信息输入、处理、输出过程的无障碍渠道，有助于减少听障学生与外界互动的障碍，提升听障学生独立学习文化知识的能力，培养听障学生自我表达及与外界沟通交流的能力。

（二）教学设备及技术

听障学生有其独特的认知特点、思维特点和学习特点。因此，针对他们的课堂教学在内容的表现形式和表现手段上，与针对普通学生的会有许多不同。听障教学往往突出以直观教学为主，注重从形象思维入手。随着时代的不断发展，教育技术的手段也得到了较大的丰富。在目前的课堂教学中，除了使用普通学校常用的媒体设备，如投影仪、多媒体计算机等，也融入了代表教育技术前沿的工具软件，比如针对听觉功能、语言/言语功能、认知能力的评估与训练系统等。

1. 交互式白板一体机

交互式白板一体机作为教育信息化的基础教学工具，一方面有效解决了大尺寸显示的需求，另一方面提供了不错的书写效果。它特别适合教育信息化基础薄弱的城乡中小学，其用途多样，如白板教学、音视频播放、实物展示、电视观看等；功能便捷，具备集成控制面板、一键式开关、腔体分装结构等易用性设计；且价格实惠，相比于传统多媒体设备、平板电视等，其性价比更高。

与传统电子白板相比，教师无须站在主控面板前，即可操控演示材料的播放。这样的设计让教师在课堂上能够充分调动肢体语言，减少因在黑板与主控面板间的来回走动而可能引起的学生注意力分散。换言之，当教师站上讲台，在电子白板上自由书写、画图时，此时的教师不再是点击鼠标的人，学生也不再充当录音机和录像机的功能。更重要的是，教师借助眼神、手势等多种非语言方式与学生进行面对面的互动交流，从而充分发挥学生的主体作用。

另外，交互式白板技术具备方便、及时、灵活引入各种类型的数字信息资源的功能，授课教师还能进行适当地编辑、组织、展现和管理多媒体素材，使得数字信息资源的呈现方式更为多样，同时改善以往多媒体投影环境中，讲稿、课件、幻灯片等教学材料本身结构存在高度固化的情况。交互式白板还能够整合内容丰富、类别多样的教育资源。例如在交互式白板的计算机工作界面，可以访问各种计算机网络软件课件、播放各种音视频材料等现有资源；或者直接访问包括活动图资源库、注释库、超链接库、动画库等在内的各种内置资源库。在交互式白板上写下的任何文字、画下的任何图形或插入的任何图像，都能够存储至本地硬盘和移动设备中，可供下一节课乃至下学年使用，也可共享给其他班级、其他教师使用。在计算机中，每位教师都拥有一定的资源库，供将来反复调用。这些资源库中的信息资料对教师的授课起到了重要作用，教师还能够通过互联网或连接其他机器的方式来访问更多资源。

2. 平板电脑

平板电脑是一种小型、方便携带的个人电脑，以触摸屏作为基本的输入设备。它拥有的触摸屏（也称为数位板技术）允许用户通过触控笔或数字笔来进行操作而不是传统的键盘或鼠标。用户可以通过内建的手写识别、屏幕上的软键盘输入、语音识别或者一个真正的键盘来输入。

平板电脑极大地丰富了课堂教学的手段，实现了多方面的辅助教学功能。授课教师在平板电脑上进行文字、图形、批注等输入，学生通过平板电脑能清楚地看到教师正在输入的内容，可实时跟教师交流互动。同样地，教师也能够从平板电脑上查看学生电脑显示屏上的内容，并随时控制他们的机器。总体来看，平板电脑的出现方便了教师真正了解学生的需求，并及时帮助他们完成课程的学习，也方便了学生在小组讨论中及时与教师和其他同学进行沟通和讨论。

图5-1　平板电脑

教师实施一对一教学时可以上传教学视频或使用平板电脑前置摄像头进行拍

摄，从而突破了传统教室的空间限制。学生还能将教学视频以及学习体会、感悟、心得等通过平台即时分享给其他同学。同时，平台的考试系统实现了考试内容数字化、无纸化，学生可以在平板电脑上进行在线答题，教师则可以在线阅卷。此外，平台还提供了涵盖多个学科的教材及课外读物等资源供下载，学生上课时无须携带沉重的课本。教师还可以上传和管理自己的教学素材、课件、反思笔记等教学资料，供学生使用。另外，教师通过平台还可以编辑和管理课程安排、课程计划、办公会议等工作内容。

3. 特殊功能评估与训练软件

（1）听觉功能评估与训练系统

听觉功能评估与训练系统以听觉发展的四个阶段（听觉察知、听觉分辨、听觉识别、听觉理解）为理论指导，通过客观、定量的数量评估和功能评估方法，对听障人群的助听听阈及听觉能力进行综合测评，为助听（重建）效果的评价以及康复训练计划的制定提供科学依据；同时，结合大量丰富多样、贴近日常生活的视听素材以及生动有趣的互动游戏，帮助听障人群最大限度地利用残余听力，提高并强化其对各种日常声音的辨认、区分和理解能力。

系统可以实现听觉评估，提供数量评估和功能评估，评估过程自动化，无需人工计分，自动保存和处理分析评估结果，生成分析报告。包含数据管理、实验设计和统计分析三个模块，可用于储存、读取评估结果及训练数据，为制定听觉功能的个别化康复训练计划提供参考依据。系统内含言语主频分析（移频、渐进、开放式）、滤波复合音、助听效果模拟等专业工具，用于辅助听觉能力评估与训练。

（2）语言功能评估与训练系统

语言功能评估与训练系统，以语言发育关键期及其发展规律为指导，甄选语言发育不同阶段的关键词汇、词语、句子及短文，作为语言评估和训练的素材。该系统结合主客观的评估方法，采用由易到难、循序渐进的训练设计，通过科学、明确的教育和强化训练，引导语言从低阶段向更高阶段发展。系统由早期语言评估、早期语言干预、主题教育、辅助沟通、生态教学平台、康复效果管理等功能组成。提供前语言能力、词组、句子、短文理解与表达能力的评估，语言行为量表评估以及语言韵律能力的测评等功能。同时还包含前语言能力，词语、词组、句子、短文理解与表达能力和语言韵律能力的康复教育，童谣吟诵以及音乐厅。由单元主题和认知主题训练、语言认知训练以及结构化教学三大训练功能组成，各单元主题由易到难，由简至繁，内容环环相扣，逐步挖掘和培养特殊人群的语言理解和表达能力。

（3）言语功能评估与训练系统

言语的产生通过呼吸、发声、构音3个系统的协调运动实现。言语功能评估与训练系统以言语产生机制为基础，实现对呼吸功能、发声功能、共鸣功能、构音功能以及语音功能的定量化评估，为语言康复训练方案的制定和康复效果的评价提供客观依据。同时，系统针对各环节的言语障碍提供录入生动有趣的游戏训练程序和视听动画反馈，为言语障碍人群提供充满科学性、趣味性的训练工具。系统由言语测量、言语矫治、语音库管理、康复效果管理四大功能构成，提供专业科学的电声门图显示及发声训练，存储、读取评估结果及训练数据，进行前后结果的对比，为康复效果的评价提供客观依据。

（4）认知能力评估与训练系统

认知能力评估与训练系统，以注意、定向、记忆、计算、语言和推理六个维度作为认知能力重要成分设计智能筛查模式，通过智能筛查全面评估个体各维度的认知能力。针对其当前认知能力水平进行智能分析，并生成优先排序的训练策略。在训练形式和内容上，系统结合认知心理学原理和计算机科学技术，设计了科学实用、丰富有趣的认知训练游戏。通过相应的游戏训练，可促进特殊儿童各维度认知能力的发展。提供开放性原创平台以及大量的贴近日常生活的素材库，可对图片、文字、声音、视频、语言种类等进行编辑，并将其编辑内容存储到原创平台上，以便教师根据实际需要，设计针对性的训练方案和课程内容。

4. 助听器

助听器是一种帮助听障人提高听力，进而增强与他人交流沟通能力的仪器。广义上说，任何能够将声音有效地传递到耳中的设备都可被视为助听器；狭义上说，助听器是一个小型电声扩音器，作用是放大原本较弱的声音，使原本听力下降的部位能够听到。

一般来说，助听器可划分为电动和非电动两种类型。目前后者已经过时，前者包括电子管型、晶体管型、集成电路型、数字型等多种类型。其中，晶体管型的助听器最为灵活和轻便，自1950年问世以来，取代了电子管型而被广泛采用。1964年集成电路面世，具有体积小、功耗低等特点。目前最常用的是数字型。经过一百多年的发展，现代助听器已经产生了各种形状，例如耳背式、耳内式、耳道式、盒式、眼镜式、发夹式、钢笔式等，助听效果得到明显提高。个人佩戴的助听器主要有盒式、眼镜式、传统耳背式及定制式几种类型。

第三节　人工智能赋能听障教育

一、手语识别技术

手语是听障人群借助手部信息实现的视觉语言，将手部运动轨迹、手型与面部表情、唇部动作及眼神等多感官信息结合实现交流，是听障人群与外界沟通最重要的交流方式。一般来说，健全人普遍缺乏系统性、专门性的手语学习和实践，难以准确理解听障人群手语所传达的含义。因此，听障群体在车站、广场、公园、民政等各种真实生活场景中，经常面临语言的沟通交流障碍。例如"看病难"问题，听障人士看病时通过纸和笔来描述病情，比普通患者要多花几倍时间。而一些老年听障人士因文化程度低，就诊难度更大。以上海为例，手语翻译收费约150~300元/小时，虽然实际看病只有几分钟，但加上等待的时间，陪诊的手语翻译费用较高，导致很多听障人士"小病扛，大病拖，胡乱买药"。整体而言，我国手语翻译人才远远不足，能够通晓几套手语方言的高级手语翻译人才尤为稀缺。相较于昂贵且短缺的高级手语翻译师，基于语音的实时翻译软件虽然在一定程度上缓解了该问题，但该类软件大多仅能实现语音到文字的翻译，而不能直接将语音翻译为手语，且错误率较高。针对这一问题，面向听障人群的智能化手语识别，通过将人工智能技术应用于手语的实时翻译，实现了手语识别无障碍设施的智能化，为该问题的解决提供了有力帮助。

（一）手语识别技术难点

手语识别属于典型的多模态识别范畴，结合了运动轨迹、手型、表情及唇动等多方面信息，实现从视频数据到文本数据的转换，将视觉特征转换为自然语言输出，覆盖计算机视觉（Computer Vision，CV）、多媒体分析（Multimedia Analysis，MA）、自然语言处理（Natural Language Processing，NLP）等多个领域，实现手语到文本或语音的翻译。目前，手语识别技术存在的难点在于：

1. 缺乏标注的手语数据集

基于深度学习模型实现的视频手语识别对训练数据的规模要求较高，数据量不足易引起模型的学习结果欠完备或过拟合，大规模手语标注数据是实现可靠手语识别的重要基础。但是，由于手语标注依赖于手语专业背景知识，否则难以实现对视频中的手语赋予不同层级的标注，这将导致大规模手语数据集的构建费用较高。其次，现有的公用数据集大多在理想的录播环境下录制，没有复杂的背景和实际的生活场景干扰。这种基于实验室数据集训练得到的模型，在实际使用时，会由于复杂的环境干扰而影响识别效果。因此，如何高效地构建一个适用于实际场景的标准化大规模手语数据集，目前已经成为手语识别研究中一项重大挑战。

2. 手语数据量大且多样

与自然语言相似，手语是一个地区听障人群约定俗成的通用表达，通常具有鲜明的地域特点，不同国家及地区的手语手势及语法规则不尽相同。根据《国家通用手语常用词表》统计，基于手势的常用手语词汇数量高达5668个，这些手势再与不同的面部表情和姿势相结合，可以产生出更丰富、更复杂的手语含义。大规模的词汇量以及多样的表达方式，给手语的通用识别带来极大困难。

3. 语法规则与自然语言不同，且手语动作连贯，难以准确分词

相较于丰富的自然语言，手语词汇量相对较小，常常需要通过不同的面部表情来区分同一手语动作的不同含义，或者用简单的手语表达复杂的语义。加之手语的语法规则与自然语言并不完全相同，这些因素在手语识别时可能导致词序错误或添字漏字等误差。另外，听障人士不同的手语速度及动作习惯也会直接影响识别的结果。而且手语表达时，动作间大多自然衔接，没有类似自然语言中的标点、空格等明显的停顿，很难精确判断各个手语词汇的起始和结束，从而给分词断句带来了难度。这些语言特性使得手语识别的难度大大提高，对算法设计及其鲁棒性提出了更高的要求。

实现手语识别的关键在于从计算机视觉感知到自然语言的特征转换，这种跨模态数据处理效果取决于从手语视频提取的特征优劣。在人工智能技术应用于手语识别之前，传统的特征提取方法大多依赖于人工设计视觉特征，其在小数据集上的性能表现较好，但泛化能力不佳。深度学习通过对大规模数据的学习，自适应地提取特征，与传统人工设计的特征提取方式相比，其特征表征能力更强，因此在模式识别任务中表现更佳。尤其是基于深度卷积神经网络实现的视频手语识别技术，充分利用卷积网络善于处理视觉数据的特点，大幅提高手语视频识别的

性能，并在很大程度上改善了模型的泛化性能。但是，模型训练过程对数据量的要求较高，大规模公开手语标注数据集的缺乏在一定程度上制约了深度学习在手语识别任务上的性能提升。

（二）手语数据集采集方式

目前，大多数公开的手语视频及图像数据集均在实验室环境下采集，采集内容一方面包括演示者上半身整体动作的全局信息，另一方面还包括其手部动作、面部表情等细节性数据。常见的手语数据采集设备包括手套、非接触式体感设备及普通摄像头等。

1. 基于手套的手语数据采集

数据手套内置多个传感器，能捕获手部运动的详细状态，包括指关节、手掌的空间位置、手指弯曲程度等，数据信息全面准确，识别精度较高。1983年，Grimes等人基于数据手套采集的手语手势信息来识别美国的指拼手语，得到令人满意的效果。目前，有很多利用数据手套采集创建的手语数据集，例如Hinton等人创建的包含203个手势的数据手套数据集，VPL公司基于数据手套采集的手指位置和状态等信息的韩国手语数据集，北京大学高文教授团队创建的包含5113个中文手语数据信息的中文手语数据集。很多手语识别任务在这些公开的基于数据手套采集的数据集上均取得了较好的性能。利用数据手套采集的手语数据精度高，识别的准确率也较高。但缺点是穿戴负重，不利于实际应用推广。

颜色手套通过将不同颜色涂抹于普通手套中不同位置的方式，实现手部的分割，并根据各个部分的位置和轨迹信息完成手语的识别。许多研究利用颜色手套获取的数据信息，实现了如德国连续手语、中文手语等多种手语的识别。与数据手套相比，颜色手套穿戴便捷，成本更低，更易于获取。但该方法的缺点在于主要只利用了颜色来确定手语信息，易受环境背景的影响，遇到同色背景时手部分割和状态确定误差较大，此时不利于识别。

2. 基于非接触式体感设备的手语数据采集

非接触式体感设备在自然、非接触的环境下检测与跟踪身体的整体或局部部位，并实时提供其位置坐标和运动轨迹，甚至包括面部表情等信息。常见的非接触式体感设备包括英特尔公司的RealSence、厉动公司的LeapMotionController（LMC）以及微软公司的Kinect等。这些设备能够提供全身或手部关节点、面部Landmark、RGB视频及Depth深度等多模态信息。与手套采集设备相比，它们获取的信息更全面，用于手语识别时准确率更高，且演示者无须穿戴。此外，这些设备的价格适中，因此被很多研究者用来采集手语数据并构建数据集。北京大学高文教授团队借助Kinect采集了61356个手语样本，建构了一个大规模中文手语数据集，总共包含5113个中文词汇。中国科学技术大学周文罡团队利用Kinect构建了大规模中文手语数据集CSL，包含500个孤立手语词数据和100个连续手语数据[①]，被手语识别研究者广泛应用，成为算法性能比较的基准数据集。

3. 基于普通摄像头的手语数据采集

随着计算机视觉技术的发展，基于视觉特征实现的模式识别取得了令人满意的效果。普通的RGB摄像头价格低廉且易操作，可以方便快捷地获取大量的手语视频，便于构建大规模的视频数据集，非常有利于基于大数据集的深度学习技术的模型训练，有助于实现大规模手语识别的日常应用。目前规模最大的连续手语数据集之一的RWTH-Phoenix-Weather2014[②]，是通过收集天气预报手语播报员的视频构建而成的德国连续手语数据集，目前已被广泛应用于基于计算机视觉的手语识别新方法的验证中。

（三）手语识别主要方法

1. 基于机器学习的手语识别技术

传统的模式识别是基于机器学习的一般方法实现的，通过分别设计特征及分类器，利用提取的特征进行模式分类。对手语识别任务而言，常用的手工设计特征主要是手部运动轨迹特征和手型特征。对于差异性较大的动作的手语数据，手部运动轨迹特征即可达到较好的识别效果。但对于轨迹相似而含义不同甚至轨迹完全相同却含义相异的手语词汇，仅利用手部运动轨迹很难实现精确识别，一般多结合手型特征提高识别的准确率。

传统图像处理方式，如方向梯度直方图（Histogram of Oriented Gradients，HOG）、尺度不变特征变换（Scale Invariant Feature Transform，SIFT）及加速稳健特征（Speeded Up Robust Feature，SURF）等，常用于描述手型特征。常见的机器学习分类器，例如支持向量机（Support Vector Machines，SVM）、K近邻算

---

①Huang J, et al. Video-based sign language recognition without temporal segmentation [C]. AAAI Conference on Artificial Intelligence. 2018.

②Forster J, et al. Extensions of the sign language recognition and translation corpus RWTH-PHOENIX-Weather [C]. International Conference on Language Resources and Evaluation. 2014: 1911-1916.

法（K-Nearest Neighbors，KNN）、朴素贝叶斯（Naive Bayes）等，则常用于进行只包含单图像的静态手语数据分类。而对于考虑前后帧时序特征的动态手语识别任务，需要在分类前利用时序算法实现时序对齐后再进行分类识别。常用于时序对齐的方法包括：隐马尔可夫模型（Hidden Markov Model，HMM）、条件随机场（Conditional Random Fields，CRF）及动态时间规整（Dynamic Time Warping，DTW）等。国内外很多研究团队利用传统的机器学习方法对包含时序特征的手语视频数据进行研究，取得了令人满意的识别效果。

传统的手语识别方法通过设计能够充分描绘出手语特性的一系列特征来完成手语数据识别。这一类型的方法在小规模的数据集上识别效果较好，但由于手工设计的特征缺乏对数据特定语义的描述，对于大规模数据集的识别效果相差甚远。而深度学习尤其是在计算机视觉领域表现卓越的深度卷积神经网络，能够自适应地从图像或视频数据中学习特征。相比于传统机器学习方法，其具有更强的特征表达及序列建模的能力。

2. 基于深度学习的手语识别技术

手语识别属于广义上的视频动作识别范畴，视频动作识别技术的发展在很大程度上推动着手语识别技术的进步。随着深度学习在图像识别领域的发展，相继涌现出很多经典的网络模型，在图像识别任务上取得了突破性的进展，尤其是卷积神经网络模型，如LeNet、AlexNet、VGG、GoogLeNet、ResNet、DenseNet、SENet等。很多学者对经典的卷积神经模型进行改进后，提出了用于视频动作识别任务的模型结构，如二维卷积神经网络（2D-CNN）、三维卷积神经网络（3D-CNN）、2D/3D混合模型、(2+1) D-CNN等。2D-CNN模型利用视频中的图像信息进行编码，例如Two-Stream方法分别训练两个二维卷积神经网络的分类器，一个专门用于提取视频各帧RGB图像动作的空间特征，另一个专门用于确定视频光流中帧与帧动作之间的时序关系，最终融合两个网络的结果，完成视频动作识别。相比于2D网络，3D卷积神经网络，如C3D[①]、I3D[②]、P3D[③]等训练时增加时间维度，考虑到时序上的短时依赖关系，整合视频数据时间和空间信息，并通

[①] Tran D, et al. Learning spatiotemporal features with 3D convolutional networks [C]. Proceedings of the IEEE international conference on computer vision. 2015：4489-4497.

[②] Carreira J, Zisserman A. Quo vadis, action recognition? A new model and the Kinetics dataset [C]. IEEE Conference on Computer Vision and Pattern Recognition. 2017：6299-6308.

[③] Qiu Z, Yao T, Mei T. Learning spatio-temporal representation with pseudo-3D residual networks [C]. IEEE International Conference on Computer Vision. 2017：5533-5541.

过端到端的训练，以更简洁的网络结构，在视频动作识别任务上取得更为优异的结果。

国内外很多研究将2D-CNN和3D-CNN等基于深度卷积神经网络构建的视频动作识别模型结构，用于构建实现视频手语识别的深度学习模型，提取时间和空间特征，在公开的基准数据集上取得了优异的识别效果。Koller和Camgoz等利用3D-CNN网络识别德国视频手语，在公开的德国天气手语数据集上验证了模型的性能。黄杰等采用Two-Stream方法和3D-CNN结构，构建了中文手语识别系统。周文罡团队提出在切分手语视频数据的基础上，借助三维残差网络提取各视频片段的时间和空间特征，实现中文手语识别。Cui等利用（2+1）D-CNN的结构，将二维的图像特征和一维的时序特征相结合，同时提取手语视频的时间和空间信息。并且，相比于3D-CNN，有效减少了网络参数，提高了训练速度。

对于连续手语识别任务，还应当考虑到视频序列和标注词汇序列之间的对应关系，因此需要进行序列学习。循环神经网络（Recurrent Neural Network，RNN）、连接时序分类（Connectionist Temporal Classification，CTC）、编解码网络（Encoder-Decoder Network）、隐马尔可夫模型（HMM）等常用的序列学习模型被广泛应用于连续手语识别中。结合因果卷积和空洞卷积实现的序列学习结构WaveNet，因其快速高效捕捉序列数据长时依赖关系的能力，被用于连续手语视频的序列建模，有效提升连续手语的识别性能。深度神经网络和传统序列学习模型相结合也是提升连续手语识别性能的有效方法，如Koller团队将HMM与CNN结合，并采用再对齐（Re-Align）策略进行优化，显著提高了连续手语视频识别性能。此外，编解码网络，尤其受神经机器翻译启发的注意力机制编解码网络，将自然语言处理（Natural Language Processing，NLP）技术应用于手语识别，找到视频手语视觉特征与手语文本含义间的对应关系，提高手语识别的模型性能。

3. 手语识别的应用

2013年7月，微软团队和中国科学院计算技术研究所合作，通过Kinect For Windows创建手语识别软件，可根据手语动作的追踪识别转换成正常人能够读懂的内容，手语识别的质量较高，易于维护。2018年2月，中国科学技术大学发布的一篇手语识别论文被人工智能顶级学术会议AAAI 2018收录。该论文提出一种新型连续手语识别框架LS-HAN，无需时间分割。2018年3月，Magic Leap的头戴式设备识别手语和文本"感官眼镜"，使用头戴式设备检测和翻译手语，还可以识别标牌和店面上的文字。2018年7月，软件开发者Abhishek Singh演示了一款能够理解手语手势的MOD，通过摄像头的捕捉和深度学习，让亚马逊Alexa对手语手势作出反馈。

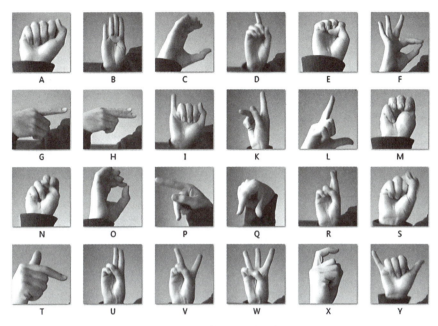

图5-2　字母手语识别

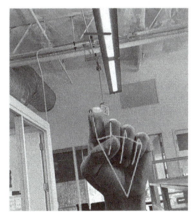

图5-3　手语数字识别及手语识别机器人

2019年，Google AI实验室使用手机实现高精度的手部及手指追踪，研究人员将21个坐标点添加到各种不同姿势和光照条件下的大约30000个手掌图片中，利用机器学习算法进行训练，实现手语数字的识别。2019年世界人工智能大会上，一款被称为世界首台能够识别上海手语及通用手语，并能实时将手语翻译成语音和文字的AI手语机器人——"凝眸1号"宣告诞生，为缺少手语翻译的听障人士在就医、就业，以及银行业务办理等方面带来了便利。2020年6月，加州大学洛杉矶分校萨穆埃尔工程学院助理教授、华人学者陈俊在《自然·电子学》（Nature Elec-tronics）上发表研究成果。他发明了一种可穿戴式手语翻译手套，通过智能手机应用程序将听障人的手语实时转换为语音，使用便捷且价格较低。手套的关键点是细长的传感器嵌入到5个手指中，这些传感器可以获取对应每个字母、单词、数字或短语的手势。该设备能将这些运动转换为电信号，发送到手腕上一元硬币大小的电路板上。智能手机将这些电信号以每秒1个单词的速度转换成语音。研究人员在受试者的面部（眉毛和嘴巴之间）贴上传感器，以便捕捉手语者的面部表情，提高识别的准确率。目前已有的商业化设备因不够柔性，还无法做到识别面部表情。研究人员采用了机器学习来训练设备，可识别美国手语中的660个手语词汇，准确率高达98.63%，且识别时间短于1秒。

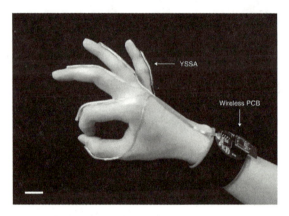

图5-4　可穿戴式手语翻译手套

二、手语"数字人"

手语"数字人"（Sign Language Avatar）是一种可以将文字或语音信息转换为手语表达的虚拟角色，以便为听障人群提供更容易理解的信息。这一技术融合了多模态交互、三维数字人建模、机器翻译、语音识别和自然语言理解等多领域技术，手语表达的能力接近真人。目前，手语"数字人"在通信、辅助设备、虚拟现实等多个领域已有广泛应用。随着深度学习、计算机视觉等人工智能技术的持续发展及硬件设备的不断优化，手语"数字人"的识别准确性和响应实时性逐步提高，为听障人群带来了显著的改变和便利。

实时、准确的手语翻译可以打破健听人和听障人的沟通壁垒，从根本上解决听障人群的沟通难题。然而，我国手语翻译人才相对缺乏，尤其是通晓多套手语方言的高级手语翻译人才更为短缺，且手语翻译的价格昂贵，很难惠及全体听障人群。相较于昂贵且短缺的高级手语翻译师，基于语音识别的实时翻译软件在一定程度上缓解了该问题，但该类软件大多仅能实现语音到文字的翻译，而非直接由语音翻译为手语，且准确率仍有待提升。随着人工智能技术的快速进步，面向手语识别及手语翻译的无障碍设施智能化研究逐渐兴起。以手语"数字人"为代表的手语翻译技术，实现了语音到手语的实时翻译，因其高效且准确的翻译表现而受到广泛关注。

（一）基于计算机视觉的手语翻译技术

1. 计算机视觉（Computer Vision，CV）

计算机视觉的研究目标是使计算机能够表现得像人，运用视觉观察和理解世界，并具有自主适应环境的能力。具体表现为使计算机能够通过二维图像识别三维环境信息，认知三维环境中物体的几何信息，例如形状、位置、运动轨迹等，并能够对其进行加工、描述、存储、理解等。

图5-5　计算机视觉检测、识别三维物体

目前，常用于计算机视觉的图像处理库是OpenCV，全称为英特尔公司资助的开源计算机视觉库。其组成部分包括一系列C函数和少量C＋＋类，具体功能包括图像处理和计算机视觉中很多常见算法，例如特征检测与跟踪、运动轨迹分析、对象分割与识别、三维重建等。作为基于C或C＋＋语言的跨平台开源软件，OpenCV能够在Linux、Windows、Android和MacOS等操作系统上运行。同时OpenCV还具备Python、Ruby、MATLAB等语言的编程接口。OpenCV是模块化结构，包含四大主要模块：

（1）Core核心功能模块，包含OpenCV库的基础结构和基本操作，例如基本数据结构、动态数据结构、绘图函数、数组操作相关函数、系统函数及宏、与OpenGL的互操作等。

（2）Imgproc图像处理模块，包括线性和非线性的图像滤波、图像几何变换及其他转换、直方图、结构分析和形状描述、运动分析和对象跟踪、特征检测、目标检测等。

（3）Features2D功能模块，包括特征检测和描述、特征检测器、描述符提取器等。

（4）HighGUI，即高层GUI图形用户界面模块，包含媒体的I/O输入输出、视频捕获、图像和视频的编码和解码、图形交互可视化界面的接口等。

2. 手语翻译技术

人工智能手语"数字人"是一个典型的跨学科应用。以人工智能技术实现手语翻译，是无障碍设施智能化研究的重要方面。其研究内容涵盖计算机视觉、多媒体分析、自然语言处理等多个研究领域，核心问题是跨模态的协同计算。一方面，手语"数字人"能够继续推进探索基于视觉的动作识别技术研究，促进从自然语言处理到计算机视觉的跨模态技术实现，并应用于人机交互等领域，协助相关领域的技术发展。另一方面，国家有关部门在"十三五"规划中推出了无障碍环境建设实施方案，并在"十四五"规划中进一步要求无障碍设施全面普及，很大程度缓解了听障人群在高铁车站、机场、民政等公共服务场所的沟通交流障碍。然而，日常生活和教育学习过程中，听障人群与健全人群之间的沟通鸿沟仍然存在。基于视频的手语识别技术，只是将手语这一视觉语言转换成健全人容易理解的文本，并进一步转换为语音，实现让计算机"看懂"手语。而人工智能手语"数字人"则更进一步，将健全人的语音转换成听障人群能看懂的手语，实现让计算机"会打"手语。该技术的应用能从根本上解决听障人群与健全人群的沟通需求，使听障人群获得更多的正常学习和工作的机会，更好地融入社会。手语"数字人"能一定程度上替代高级手语翻译师，在很大程度上缓解听障群体在日常生活中面临的沟通障碍，具有重要的民生实践意义。

手语数字人拥有生动亲切、逼近真人的外在形象，通过人工智能和数字技术的深度耦合，能够将表情、手势以及口型相结合，实现专业流畅、自然易懂的手语效果，为听障人士提供高效率、高精度的实时口语翻译。目前，国内外多家高校、企业及研究机构都在研究手语翻译技术，并取得突破。2021年12月，百度发布了

"百度智能云曦灵"——集数字人生产、内容创作和业务配置服务为一体的平台级产品。智能数字人技术基于人像驱动、智能对话、语音交互和智能推荐四大引擎，实现"能听、能说、能理解、可互动"。在冬奥会冰雪赛事中，"数字人"手语主播为听障用户提供24小时的手语服务，亲切的形象和出色的翻译能力令人耳目一新。

图5-6　百度智能云曦灵

2021年11月24日，央视新闻的AI手语主播正式亮相。2022年2月4日，其正式"上岗"，从北京冬奥会开始，全年为听障人群提供新闻广播和体育赛事直播的手语服务。2月5日，北京卫视的冬奥会手语播报数字人也在节目《北京你早》中"上岗"。2023年3月vivo发布"手语翻译官"APP，可将健全人士的语音实时转变成为手语和文字，还可以用文字、语音播报听障人士的手语动作，在听障人群和不懂手语的健全人群之间，建立起全新的沟通渠道。该APP能识别1200个手语词汇，准确率在80%以上，适用于基础话题讨论场景。其手语合成功能覆盖国家通用词典8000多个词汇，实现文字到手语的顺畅翻译。

图5-7　央视新闻的AI手语主播

图5-8　虚拟手语数字人

　　此外，很多知名科技公司也致力于手语"数字人"的研究和开发，并取得了丰硕成果。腾讯公司开发的3D手语"数字人"主播"聆语"，在2022中国互联网公益峰会上与杨澜共同主持，为超过百万观众提供了专业、实时、准确的手语解说服务，展现了数字技术在公益领域的应用，为听障人士提供了无差别的参会体验。智谱AI研发的手语"数字人"——"华同学"，在第二十二届世界杯足球赛上，为观众提供专业、准确的手语体育赛事解说，向听障人群传递足球场上的"声音"。这些手语数字人的出现，为听障人群带来了福音，很大程度上消除了与健全人的语言障碍，是人工智能在听障领域应用的具体实现，更是科技助残的具体体现，也是社会文明发展的重要标志。

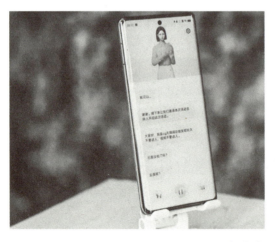

图5-9　AI手语数字人

　　人工智能手语"数字人"的兴起，在很大程度上推动了无障碍设施智能化研究的发展，其发展及应用为听障人群与健全人群的沟通搭建了桥梁，具有重要的民生实践意义。以"数字人"为代表的手语翻译技术在听障教育尤其是高等教育中的应用，可以很大程度缓解听障学生与老师的沟通问题，有效辅助听障学生的知识学习。目前，面向听障学生的高等教育的难点在于：

首先，专业课学习难。随着技术的进步，很多专业尤其是理工科专业的课程内容不断更新，听障大学生在学习专业课程时，专业词汇往往没有统一的对应手语，给专业课教师的课程讲授增加了难度。具有专业背景的特殊教育教师的培养需要很长时间，但学科和相关技术的发展远远超过了特殊教育教师的培养速度，很多专业课教师虽然专业能力强，但缺乏特殊教育背景，由于手语沟通的障碍，常常处于"无米下炊"和"无计可施"的困局。另外，高等学校经常开设学科的前沿讲座，邀请的行业专家大多不具备手语表达能力，而配备的手翻老师对专业知识往往不了解，常常出现专业词汇翻译错误，误翻专家表述的情况，影响了听障学生准确把握学科发展的前沿动态。

其次，与健全大学生融合生活难。为了让听障学生更好地融入普通人的生活，大多特殊学校将听障学生与健全学生安排在一起共同生活。但由于语言交流的障碍，往往各成团体互不联系，甚至很多听障学生申请只与听障同学住在一起。另外，听障学生在参加社团活动时同样受阻。一方面听障学生很渴望参加各类社团活动，另一方面由于没有实时手语翻译，不能与健全学生互动，导致适合听障生参加的社团选择范围非常有限。

因此，从听障学生学习生活的实际需求入手，如何将手语"数字人"技术合理应用于高等教育的实际中，促进高等教育无障碍设施智能化的发展，是人工智能技术研究发展的又一重要挑战。

（二）人工智能手语助教

为了深入贯彻落实党的二十大精神和党中央、国务院关于实施健康中国战略的重大决策部署，普及听力健康知识，增强全社会听力健康意识，减少、控制听力损失和残疾的发生，促进《国家残疾预防行动计划（2021-2025年）》的实施，越来越多的机构和组织致力于听障人群的手语翻译相关产品的研发。如智谱AI研发的AI手语词典、长沙千博信息开发的千博手语教育支撑平台、千博手语教考一体机、千博手语APP、千博手语AR等。这些产品有效促进了听障人与健全人的双向无障碍沟通，对建设听力无障碍智慧城市及推进听障人群的特殊教育具有积极影响。

AI手语词典由智谱AI研发打造，源于北京市科委科技冬奥专项支持的"冬奥手语播报数字人系统"课题，经北京冬奥会、冬残奥会期间实践应用改进提升而来。AI手语词典以《国家通用手语常用词表》为标准，构建多模态语料库，通过数字人驱动引擎，渲染人像，动作、口型、表情联动运行，在数字人动作融合算法加持下，带来更接近真人手语表达的连贯表现。AI手语词典每一词目包含演示视频、手势说明、相关词等内容，并提供每日挑战、每日一句等互动功能，可帮助手语学习人员方便快捷地查询词语的手语表达，是一本能够实现将中文直接翻译成手语的线上词典。

手语教考一体机是用大模型训练出来的AI手语助教，是从特殊教育学校搬来的"救兵"。在课堂上，手语教育支撑平台的虚拟数字人可以辅助老师进行手语教学。老师讲课时，平台能自动识别语音，实时转换成文字，并由虚拟人同步演示相应的手语动作；或者输入一段话，虚拟人将其翻译成手语。在课下，学生可以使用手语教考一体机来巩固学习内容。与背单词软件类似，一体机出一些考题，便于学生自测对手语的掌握程度。例如一体机中的虚拟人可以演示国标手语动作，让学生点选对应词汇；或者给出文字，识别学生做出的手语是否正确。答题结束后，一体机会给出综合评价。手语教考一体机的"以文生图"功能，可生成词汇对应的图片、文字和影音，能帮助初学者更快更好地理解。即便遇到未学过的生僻词汇，或是抽象概念，听障学生也不至于一头雾水。

图5-10　手语教考一体机同步演示相应的手语动作

这些智能化教育功能，基于千博信息训练的手语多模态模型实现。手语多模态模型结合手语图像、文字等多模态信息，自动生成对应的图像或视频。模型还加入了表情驱动及唇语计算，帮助手语虚拟人增加新的输出通道，让手语虚拟人的表达能结合表情、唇语、手语等各模态信息，使手语翻译更加生动精准。在有限的语料环境下，手语多模态模型以多个模态信息综合的方式补偿小样本学习时样本量不足的缺陷，提高手语翻译的准确率，使得数字人手语翻译的结果更加符合听障人士的认知。

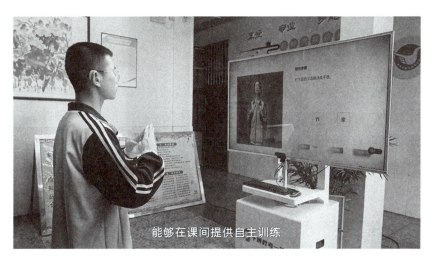

图5-11　手语教考一体机用于巩固学习内容

图5-12　手语教考一体机"以文生图"功能

　　手语多模态模型是典型的深度学习模型，通常其训练并非完全从零开始，千博信息训练的手语多模态模型则是基于一个训练成熟、泛化能力更强的AI大模型之上，即全球首个千亿参数三模态大模型——"紫东太初"。中国科学院自动化所以"昇腾"AI基础软硬件平台为基础，与武汉市东湖高新区深度合作，依托武汉人工智能计算中心，研发了面向超大规模模型的高效分布式训练架构，在图、文、音三个基础模型上加入跨模态编码和解码网络，利用昇思MindSpore AI框架打造出"紫东太初"大模型。用有限语料的手语数据集重新训练"紫东太初"大模型，经过知识蒸馏，高效地生成手语多模态模型，在很大程度上解决了手语数据集样本数量不完备的问题。

为了实现足够精准的手语翻译，手语多模态模型使用超过50万条汉语到手语的翻译训练语料，以及超过20万条手语到汉语的识别训练视频。通过动捕技术在电脑上复现通用手语词汇，采集整理手语数据，并对照标准手语视频处理数据细节，再经专业听障老师标注，制作更贴近听障人士手语表达的手语动作。通过得到的手语数据集训练模型，实现数字虚拟人呈现出来的标准手语，从而达到较好的识别翻译效果，也更容易让听障人士看懂。经知识蒸馏，形成可用的高性能手语多模态小模型，部署在手语教考一体机上，通过边缘盒子内的"昇腾"AI硬件加速，为学生提供更精准的国标手语教学与测验功能。其同传、翻译能力，除了应用于教学领域外，还可复用到手语新闻播报、主持、服务引导等应用场景，减轻手语翻译人员的工作量。手语教学机是一位"学识渊博"又有"耐心"的好老师，有效改善了手语教学师资不足的现状，为听障学生的学习生活带来了便利，促进了听障教育的发展，成功帮助听障学生更好地融入社会。

第四节 未来展望

目前，我国很多高校都开设了面向听障大学生的专业，为听障学生公平地接受高等教育提供了条件。但是，听障学生因其听力及言语交流的困难，在专业学习和日常生活中均存在巨大障碍，要从真正意义上实现听障学生接受高等教育，让听障生"听见"是解决问题的关键。并且，不同于普通听障人群的日常生活，听障大学生对手语翻译的要求更高且更为紧迫。大学专业课程既专且难，通晓专业知识又能熟练应用手语讲解专业课程的教师少之又少。加之很多专业课程的专业术语甚至没有统一的手语表达，听障大学生想要达到与健全大学生同样的培养目标，准确且实时的手语翻译成为亟须解决的技术问题。随着大数据和深度学习技术的进步，人工智能技术的发展也日趋成熟，尤其在计算机视觉、音频处理和自然语言处理等方面的发展，助推了AI算法在手语识别等更多实用场景中的落地，为听障人群带来了福音，很大程度上消除了与健全人的语言障碍，实现了科技助残，也推动了社会文明的发展。未来的发展方向在于：

一、突破技术瓶颈

不同于传统的手语翻译方法，目前的人工智能技术实现的手语识别或翻译多使用深度学习技术实现。传统方法在小规模数据集上的性能表现良好，但在数据规模的泛化上不尽如人意。深度学习拥有更强大的特征表达和序列建模的能力，将手语识别和翻译性能推向一个新的高地。但是，深度学习的模型训练对数据量要求甚高，需要至少万级的样本数据量才能获得很好的模型性能，因而对数据集的构建提出了较高的要求。一方面，手语数据集的标注依赖于手语专业背景知识，需要手语从业者对手语视频实施不同层级的标注，导致大规模手语数据集构建成本高、代价大。并且，目前已有的公开手语数据集多是日常通用手语数据，专业词汇数据集严重匮乏甚至空白，这给专业课程手语识别及翻译技术的发展造成很大的障碍。另一方面，现有的数据集大多采集于实验室环境，使得在开放环境下进行算法验证和实现应用变得困难。如何高效构建适用于实际场景的标准化大规模专业词汇手语数据集，是突破手语识别及翻译技术发展瓶颈的严峻挑战。

二、缩小手语语法和规则与口语存在的差异

手语的句法规则具有独特性。在语言层面上，表达主要通过手部动作和手势的配合，其语序与口语之间存在一定差异。在日常用语的表达上，由于手语相比于口语词汇量更小，需要将手语句子简化，使得手语句子与对应的文本口语句子翻译并非严格地一一对应。这一特性导致手语识别和翻译的难度大大增加。另外，由于地区和文化的差异，不同国家和地区的手语在语法和规则上可能存在显著差异。因此，借助统一的框架翻译多种语言的手语，才是促进手语识别及翻译技术发展的有效措施。如何从不同国家和地区的手语中找到共性，为构建统一的手语体系提供有效建议，是手语识别及翻译技术的另一难点。

三、提升相关法律法规、政策、标准及人工智能伦理的合规性

随着智能手语翻译技术的广泛应用和推广，数据隐私和安全性正变得越来越

重要。如何制定严格的数据保护政策和技术措施，确保用户信息安全，是一个亟待解决的问题。另外，产品涉及的智能技术的创新成果，如专利、著作权和商标等知识产权等，也应有相应的保护机制。同时，还应考虑产品的人工智能伦理、道德及法律法规合规性，并结合不同文化和社会背景，以完善产品功能和增强对多元文化的适应性和包容性。

目前，手语识别和翻译等人工智能技术在听障教育中的应用已取得初步进展，预计随着技术的进一步发展，将为听障学生提供更贴合需求的智能化辅助，从而提升学习成效，帮助听障大学生更好地融入社会，推动教育公平。这将在实质上使听障学生能够"听"见，对促进我国残疾人高等教育事业的发展，具有重要的实践价值。

第六章

人工智能在智力障碍/
全面发育迟缓教育领域的应用

智力障碍（Intellectual Disability，ID）/全面发育迟缓（Global Developmen-tal Delay，GDD）是目前全球儿童主要的致残原因之一。智力障碍是一种源于发育阶段的神经发育障碍性疾病，其特征是智力功能和适应行为明显低于平均水平。全面发育迟缓仅限于5岁以下的儿童，被定义为两个或多个发展领域的显著延迟，包括日常生活活动和运动、认知、言语/语言和个人/社交技能。[①]早期发现和诊断对于智力障碍/全面发育迟缓的治疗和教育康复服务至关重要。人工智能技术已成为进行智力障碍/全面发育迟缓病因学研究、诊断、康复以及教育的宝贵工具，也是特殊教育领域极具价值的应用之一。在智力障碍/全面发育迟缓教育领域，人工智能技术正逐渐改善由于持续存在的健康问题而直接导致的教育、适应和社交技能的差距。

本章将探讨人工智能在智力障碍/全面发育迟缓教育领域的应用。首先，在概述智力障碍/全面发育迟缓的界定与临床特征的基础上，分析了智力障碍教育的特点与原则。其次，从诊断与评估、学习能力提升、运动缺陷补偿、言语障碍改善的角度探讨了人工智能在智力障碍/全面发育迟缓教育中的应用，并探讨了人工智能在智力障碍/全面发育迟缓教育领域的挑战与发展方向。

[①]Bélanger S A, Caron J, "Evaluation of the child with global developmental delay and in-tellectual disability," *Paediatrics & Child Health* 23 (2018): 403-410.

第一节　概述

一、智力障碍/全面发育迟缓的界定

智力障碍/全面发育迟缓是一大类具有高度临床和遗传异质性的神经发育障碍性疾病，指由于大脑器质性损害或大脑发育不完全造成的认知功能障碍、社会适应能力缺陷及心理活动障碍，患者通常于18岁之前发病，常共患癫痫、孤独症谱系障碍（Autism Spectrum Disorder，ASD）、注意缺陷多动障碍（Attention-Deficit Hyperactivity Disorder，ADHD）等多种神经精神疾病。[1]

2013年美国精神病协会（APA）修订的第5版《精神障碍诊断与统计手册》（DSM-5）[2]将智力障碍定义为：发育阶段出现的障碍，包括智力和适应功能缺陷，表现在概念、社交和实用等领域中，这也是目前国内外被广泛认可的定义。在DSM-5中，不再将智力障碍视为个体内在、固有的特质，而是将其视为个体的一种动态变化的功能状态，是个体与环境相互作用的结果。

"智力障碍"这一术语通常应用于5岁及以上的儿童，而"全面发育迟缓"则专用于5岁以下、在两个或以上的发育领域（如大运动、精细运动、语言、认知、社交和社会适应能力等）未达到预期发育标准且无法接受系统性智力功能评估的儿童，包括那些因年龄太小而无法参与标准化测试的儿童。此种情况往往需要一段时间后再评估，全面发育迟缓儿童随着成长并不一定都会符合智力障碍的诊断标准。智力障碍涉及影响智力功能（如学习、推理等）和适应功能（日常生活活动，如沟通、独立生活等）的一般心理能力问题。[3]

---

[1] 中华医学会儿科学分会神经学组、中国医师协会神经内科分会儿童神经疾病专业委员会：《儿童智力障碍或全面发育迟缓病因诊断策略专家共识》，《中华儿科杂志》 2018年第11期，第 5页。

[2] American Psychiatric Association D, Association A P, *Diagnostic and statistical manual of mental disorders：DSM-5*（Washington, DC：American psychiatric association, 2013），p.5.

[3] Vasudevan P, Suri M, "A clinical approach to developmental delay and intellectual disability," *Clinical Medicine*, 17 (2017)：558.

二、智力障碍/全面发育迟缓的临床特征

2018年《儿童智力障碍或全面发育迟缓病因诊断策略专家共识》给出了ID的诊断标准，需符合以下3条：

（1）缺陷在发育阶段发生。

（2）总体智能缺陷：通常对应智商（IQ）低于平均值2个标准差。包括推理、解决问题、计划、抽象思维、判断、学业和经验学习等方面，需由临床评估及个体化、标准化的智力测试确认。

（3）适应功能缺陷：标准化测试得分低于平均值2个标准差时，则定义为存在适应功能损害。具体指适应功能未能达到保持个人的独立性和完成社会责任所需的发育水平和社会文化标准，并需要持续的支持。在没有持续支持的情况下，适应功能缺陷会导致患儿一个或多个日常生活功能受限，如交流、社会参与和独立生活等，且发生在多个环境中，如家庭、学校、工作和社区等。

ID学生在学校的主要表现包括同伴关系所需的技能和行为缺陷、认知技能（逻辑思维、注意力和记忆）缺陷、阅读和计算技能的习得困难、社交技能缺陷、学术团体活动困难和解决人际问题困难。这些ID的典型表现，往往随着孩子年龄的增长以及社会和学校环境要求的增加而加剧。

智力障碍/全面发育迟缓学生通常还有严重的健康问题，这导致了他们在学习成绩、发展适应能力和社交能力等方面的滞后。将人工智能应用于智力障碍/全面发育迟缓教育可以改善由于持续存在的健康问题而直接造成的教育、适应和社交技能差距。人工智能和其他先进技术相结合，极大地增强了人类五官、四肢和大脑的能动性。智力障碍学生身体和智能的缺陷将从先进技术中得到补偿，新智能观还为更加客观地评价智力障碍学生的智能提供了可能。

关于智力障碍的分级，可以参考我国2011年颁布的《残疾人残疾分类和分级》国家标准（GB/T 26341-2010）。其中，明确了智力残疾可以分为轻度、中度、重度和极重度共四种类型，如表6-1所示。

表6-1 智力障碍分级标准

级别	智力发育水平		社会适应能力	
	发育商（DQ）0~6岁	智商（IQ）7岁及以上	适应行为（AB）	WHO-DAS II 分值 18岁及以上
一级	≤25	<20	极重度	≥116分

级别	智力发育水平		社会适应能力	
	发育商（DQ）0~6岁	智商（IQ）7岁及以上	适应行为（AB）	WHO–DASⅡ分值18岁及以上
二级	26~39	20~34	重度	106分~115分
三级	40~54	35~49	中度	96分~105分
四级	55~75	50~69	轻度	52分~95分

第二节　智力障碍教育的特点与原则

一、智力障碍儿童的认知活动特点[①]

（一）感知觉特点

智力障碍儿童的感知能力要比普通儿童差，感知速度明显更慢，辨别能力也更弱。同一强度的刺激可能引起正常儿童的感觉，却不一定能引起智力落后儿童的感觉。例如，对颜色认知处于较低水平，不能区分深浅浓淡不同的同色系的颜色；听觉分辨也比普通儿童慢，对语音的识别更为困难，以致学习汉语拼音十分吃力，不能区分四声的变化，不能区分动物的叫声等，容易混淆近似的音节，发音不清楚；对咸淡、香臭、冷热、疼痛等的感知反应较迟缓；他们的运动能力差，动作不协调，灵活性差，身体的平衡能力也差；对饮、饱、渴以及身体是否舒适的感受性明显更低，难以说出自己的真实感觉。此外，智力障碍儿童空间知觉和时间知觉的发展也远远落后于正常儿童。比如有的智力障碍儿童七八岁时还不能理解长短、高矮、宽窄等不同物体形状的相对概念，有的分不清早上、中午、下午和晚上，如果白天屋里很暗，他们会以为是晚上。

---

①邢同渊：《智力障碍儿童心理与教育》，中国轻工业出版社，1999，第71~112页。

（二）注意特点

智力障碍儿童注意力容易分散，普遍注意范围较窄。在学习活动中，他们很难有效控制自己的注意力，容易被无关的刺激所吸引。随着年龄的增长和训练的增加，智力障碍儿童的注意分配能力也会有不同程度的提高。少数轻度的智力障碍儿童经过长期反复强化训练，也可以较好地实现注意力的合理分配。

（三）记忆特点

智力障碍儿童的短时记忆范围狭窄，与正常儿童差异显著。智力障碍儿童记忆范围的狭窄直接导致识记速度和恢复速度的缓慢，也不利于长时记忆的形成。同时，他们的记忆容量小也使得经验知识积累不够，对信息的储存与提取都有一定困难。此外，智力障碍儿童在进行识记时更多地受无意识记影响，有意识记发展缓慢，记忆的目的性差，识记内容以无意识记为主，识记水平更多地局限在无意识记水平层面上，有意识记的成分始终很少并且水平较低。

（四）思维特点

智力障碍儿童在其心理发展水平低下的情况下，思维能力低下是他们的突出缺陷。思维能力低下主要表现在思维的概括能力薄弱和深刻性缺乏。他们的思维方式以具体形象思维方式为主，通过对表象的形象进行记忆，思维刻板、缺乏目的性和灵活性，缺乏分析、综合、抽象的概括能力，以及缺乏判断、推理和解决问题的能力。

（五）言语特点

智力障碍儿童言语发展迟缓，言语发展水平低于同龄正常儿童。在言语理解方面，与具象的词相比，他们对抽象词汇的理解相对更困难。在言语表达方面，语音发展的过程比较缓慢，对语境的理解会有偏差，会出现答非所问和经常转移话题的情况，部分智力障碍严重的儿童甚至不能使用有意义的话语传达信息。

二、智力障碍教育的特点

2016年教育部发布《培智学校义务教育课程标准（2016年版）》，以帮助智力障碍学生学会生活、学会适应，提高生活质量。该标准针对智力障碍学生智力发展水平的实际，以生活为核心研制开发了10门学科的课程标准。目前，智力障碍儿童教育的特点，突出地表现在以下几个方面：

（1）充分调动智力障碍儿童学习的积极性、主动性、自觉性和独立性，培养和发展他们的自信心、自尊心。

（2）重视对智力障碍儿童情感的培养，促进积极情感的形成和发展。

（3）充分考虑儿童的个别差异，最大限度地进行个别化教学。

（4）依据儿童身心发展特点，采用灵活多样的教学手段和方法。

（5）教学内容的选择方面与正常儿童相比更加直观生动、具体形象，教师在教学内容的选择和确定方面具有较大自由度。

（6）将教学内容与游戏活动密切结合，将学习寓于游戏之中。

（7）将智力开发和缺陷补偿紧密结合，注重智力和体力的协调发展。

（8）教学内容更具现实性、针对性和应用价值。

（9）为智力障碍儿童提供尽可能多和普通儿童一起活动的机会。

三、智力障碍儿童教育的教学原则

对普通儿童进行教育的教学原则也同样适用于智力障碍儿童，要求教师在对智力障碍儿童进行教育训练时也必须遵守。除此之外，根据智力障碍儿童身心发展需要，还常用到缺陷补偿原则、个别化原则、直观化原则、充分练习原则、积极创设情感情境原则和趣味性原则等教学原则。

（一）缺陷补偿原则

缺陷补偿原则是指在对智力障碍儿童进行教育教学的过程中，最大限度地补偿智力障碍儿童的身心缺陷，使他们在身心机能两方面得到协同发展。因此，缺陷补偿原则又可称作身心机能协同发展原则。矫正和补偿智力障碍儿童的身心缺陷，这既是对智力障碍儿童进行教育的目的，也是使智力障碍儿童身心得到最大限度发展的根本途径，因此它是智力障碍儿童教育所遵循的首要原则。

（二）个别化原则

个别化原则是指在教育教学过程中，教师针对每位智力障碍儿童的兴趣、爱好、能力和需要等情况，分别为他们设计能够完成或达到的基本学习量，然后采取适合每位儿童自身特点的方法或手段进行教育训练，从而最大限度地促进儿童身心发展。智力障碍儿童不仅和普通儿童之间存在明显的个体差异，而且智力障碍儿童的差异也非常明显。这种差异既存在于智力障碍儿童个体之间，也存在于个体内的不同方面。智力障碍儿童差异的存在，要求我们在教学中必须充分认识并照顾到这种差异。

（三）直观化原则

直观化原则是指在教学过程中，教师根据智力障碍儿童的认知发展特点，采用各种直观的教学手段，以丰富学生的直观感受和感性认识，增强知识间的联系，加深对事物的认知，从而帮助他们更好地掌握知识并形成能力。智力障碍儿童的具体形象思维占优势，抽象逻辑思维能力薄弱，特别是对于低年级的智力障碍儿童来说，教学中单靠教师抽象的言语讲解很难使他们掌握知识、形成能力。因此，采用直观化的教学手段能增强儿童对知识的了解，帮助他们发现事物间的内在联系。

（四）充分练习原则

充分练习原则是指在智力障碍儿童教育教学过程中，尤其是在动作技能和心智技能的训练中，为避免已学知识技能的大面积遗忘，教师需指导他们进行及时练习、反复练习甚至过度学习，以促进他们更好地掌握相应的知识、形成相应的技能。该原则又可称为过度学习原则。

（五）积极创设情感情境原则

积极创设情感情境原则是指教师在智力障碍儿童教育教学过程中，要从期待儿童的发展出发，运用一切可能的教学条件，积极创设教学所需的情感情境，并引导儿童积极参与到情境当中来，帮助他们感受教师的关爱，体验成功的喜悦，从而促使智力障碍儿童身心机能得到更好更快地发展。

（六）趣味性原则

趣味性原则是指在教育教学过程中，教师要将教学内容与游戏、娱乐密切结合，提高教学活动的趣味性，以激发学生的学习兴趣，提高学习的积极性、主动性，进而提升教学效果。

第三节　人工智能赋能智力障碍/全面发育迟缓教育

人工智能是一种模拟人类智能的技术，它可以通过学习、推理和自我改进来执行各种任务，大多数情况下是稳定和可预测的，非常适合用于残疾人教育，在智力障碍/全面发育迟缓学生的服务领域也发挥着积极作用。

一、智力障碍/全面发育迟缓的诊断与评估

智力障碍/全面发育迟缓的个体可能表现出独特的健康和教育需求。然而，医疗专业人员往往很难简单地诊断和治疗特定残疾人的健康问题，需要更为成熟的临床系统支持。

轻度智力障碍的识别往往发生在文化的内在需求向教育者显现出典型标志的较晚阶段。Tafla等[1]开发了一个名为DIagnosys的计算系统，用于帮助教育工作者识别出ID兼容特征的学生。通过人工智能算法验证该系统的预测灵敏度，其结果显示，在1758名学生中，有22名被教师认为具有与ID相符的特征。使用混淆矩阵的统计分析显示，教师和家长核对表的准确率分别为82%和95%。

许多研究人员使用机器学习和人工智能来预测儿童是否患有发育迟缓障碍。传感器可用于捕捉儿童的各种参数（如温度、心率等），这些参数将作为机器学习模型的特征。借助这些特征，可以开发出有助于检测发育迟缓的机器学习模型。

目前，从面部图像中识别发育障碍是计算机视觉领域的一个重要但相对未开发的挑战。一种基于人脸图像识别的发育障碍检测模型使用深度卷积神经网络（DCNN）进行特征提取，测试结果显示能够以98.80%的准确率识别出发育障碍（包括智力障碍）受试者。[2]

---

[1]Tafla T L, Brunoni D, Carreiro L R R, et al., "Diagnosys: an analytical framework for the identification of elementary school students with intellectual disability," *Frontiers in Education* 6 (2021): 609523.

[2]Shukla P, Gupta T, Saini A, et al., A deep learning frame-work for recognizing developmental disorders (paper represented at the 2017 IEEE Winter Conference on Applications of Computer Vision (WACV), Santa Rosa, CA, USA, May 2017), pp. 705-714.

二、学习能力提升

由于智力障碍/全面发育迟缓学生具有理解能力差、注意力分散、注意广度狭窄、记忆力差、思维能力低，以及缺乏抽象思考能力、想象力和概括力等认知特点，因此他们整体的学习能力要远低于同龄的普通学生。人工智能在教育中的应用，为智力障碍/全面发育迟缓学生及其教育者带来了诸多便利，尤其表现在以下几种障碍上。

（一）阅读

阅读障碍是一种主要表现为书面语言困难，特别是阅读和拼写困难的学习障碍。有证据表明，阅读障碍是由大脑处理书面语言和/或口头语言的方式不同造成的。智力障碍学生在文本阅读理解方面困难很大。研究发现，阅读困难是智力障碍学生最常见的第二症状。大多数智力障碍学生所学甚少，近三分之一的智力障碍学生不能阅读，智力障碍程度越重，学生的阅读水平越低。智力障碍学生在句子理解方面比词语认识更加困难，阅读理解是他们学习阅读的难点，但阅读理解也是他们参与现代社会生活的必备能力之一。

虽然应用人工智能技术来识别阅读障碍通常很复杂，但最近的研究结果在诊断方面是令人振奋的。Kohli和Prasad使用人工神经网络（ANN）来解决早期阅读障碍的识别问题，这是同类方法中第一个系统的方法。[1]Rezvani等人开发了一种基于神经生物学（EEG）的分类器，用于诊断三年级学生的阅读障碍[2]，使用不同数据挖掘方法的交叉验证技术对该分类器进行了测试，其准确率达到95%。一项可以智能处理基于低质量数据的早期阅读障碍风险检测的研究，能够区分阅读障碍、无阅读障碍、控制/修正和多动症或其他问题。[3]

目前，很少有研究对患有阅读障碍的个体进行干预。例如，微软针对有学习障碍的人提供了一种辅助阅读技术指南，但这项技术并没有详细说明使用人工智

---

[1] Kohli M, Prasad T, "Identifying dyslexic students by using artificial neural networks," *Lecture Notes in Engineering and Computer Science 2183* (2010): 118.

[2] Rezvani Z, Zare M, Žarić G, et al., "Machine learning classification of dyslexic children based on EEG local network features," *BioRxiv* (2019): 569996.

[3] Zeema J L, Christopher D F X, "Evolving optimized neutrosophic C means clustering using behavioral inspiration of artificial bacterial foraging (ONCMC-ABF) in the prediction of Dyslexia," *Journal of King Saud University-Computer and Information Sciences* 34 (2022): 1748-1754.

能的方法，也不是针对ID/GDD的学生，而是只针对有学习障碍的学生。与此同时，一种称为阅读障碍适应性电子学习管理系统（DAELMS）的电子学习系统，包含了适应学生学习风格和阅读障碍类型所需的功能，将每种给定的阅读障碍类型与其相关的首选学习方式相关联，并随后调整呈现给学生的学习材料。这是一种个性化的技术，确保学习体验直接与用户的阅读障碍类型和相关的首选学习风格相一致。[1]

（二）解决问题和计算能力

生活数学课程是培智学校义务教育课程体系的重要组成部分。数学是研究数量关系和空间形式的科学，也是人类文化的重要组成部分。解决问题和计算是所有学生的基本技能，这是一个有计算障碍的学生表现出各种困难的领域。人工智能方法和技术在过去几年中得到了发展，用于评估学生的数学水平，并帮助他们获得特定的技能。例如，用于学生学习代数方程求解的智能辅导系统（ITS）[2]，旨在通过使用接受自然手写输入的信息技术系统来提高学生的能力。一个用于检测和分析数学问题中的错误的自动化平台，能够为学生提供持续的个性化反馈[3]，它适用于所有学生，特别是有特殊需要的学生。此外，Castro等人[4]通过互联网创建了一个包括18款电脑游戏的虚拟环境，这些游戏在一个有趣的环境中涵盖多种数学主题，并且可以在互联网上运行，玩家可以通过聊天进行互动。虚拟环境使学生能够将思想、感觉和行动结合起来，激励学生学习并与环境互动，这有助于他们的智力发展和社交技能的提升。

（三）书写

书写困难症会影响学生的阅读、写作和拼写能力。由于涉及智力和身体等多

---

[1] Alsobhi A Y, Alyoubi K H, "Adaptation algorithms for selecting personalised learning experience based on learning style and dyslexia type," *Data Technologies & Applications*, 53 (2019)：189-200.

[2] Anthony L, Yang J, Koedinger K R, "Toward next-generation, intelligent tutors：Adding natural handwriting input," *IEEE MultiMedia*, 15 (2008)：64-9.

[3] Gonzalez C S, Guerra D, Sanabria H, et al. "Automatic system for the detection and analysis of errors to support the personalized feedback," *Expert Systems with Applications*, 37 (2010)：140-148.

[4] Castro M V D, Bissaco M a S, Panccioni B M, et al., "Effect of a virtual environment on the development of mathematical skills in children with dyscalculia," *PloS one*, 9 (2014)：e103354.

种因素，因此书写困难症的诊断非常具有挑战性。书写困难症由临床医生根据儿童的书面产品和教育人员的印象综合判断，这个过程既耗时又主观。因此，许多患有轻度书写障碍的儿童很难及时诊断，特别是那些家庭经济较差的儿童。Rosenblum和Dror（2016）[①]开展了一项书写障碍的诊断研究，他们分析了儿童的书写动态，包括笔的压力和位置等，通过支持向量机（SVM）对收集到的数据进行训练，建立了未来病例的诊断模型。在干预方面，Baschera和Gross（2010）[②]引入了适应性拼写训练系统来支持有拼写困难的学生。该平台基于一种推理算法，旨在管理由独立规则定义的具有多个错误的任何未分类输入。这种知识表示为智能辅导系统提供了有关学生的局部和全局信息，例如错误分类（局部）和进一步表现的预测（全局）等。

近年来，随着机器人技术的发展，在幼儿园、学校等教育机构以及家庭中，支持或取代教师和家长教育的教育辅助机器人的研究受到了广泛关注。人工智能聊天机器人在教育中已被应用于教学，帮助学生更好地理解各种概念，提高学习效率。学生在学习过程中遇到困难可以立即向他们寻求帮助。机器人技术的一个最新趋势是，设计和实施机器人，在对有学习困难的儿童进行治疗和教育时提供帮助。

三、运动缺陷补偿

患有运动障碍的儿童在身体协调、运动和平衡等方面面临挑战。平衡能力是一切动作发展的基础，其水平直接决定机体的动作发展水平。平衡能力的异常，将会影响机体的运动功能、学习及日常生活等相关能力的发展。很多智力障碍儿童和青少年都有平衡功能方面的障碍。Exarchos等人（2016）[③]开发的EMBalance平衡障碍诊断决策支持系统可以诊断患有平衡障碍的儿童，为医生和平衡障碍诊断专家提供决策支持，并为诊断过程中每一步所需的相应信息和数据提供建议。

[①] Rosenblum S, Dror G, "Identifying developmental dysgraphia characteristics utilizing handwriting classification methods," *IEEE Transactions on Human-Machine Systems* 47 (2016)：293-298.

[②] Baschera G-M, Gross M, "Poisson-based inference for perturbation models in adaptive spelling training," *International Journal of Artificial Intelligence in Education*，20 (2010)：333-360.

[③] Exarchos T P, Rigas G, Bibas A, et al., "Mining balance disorders' data for the development of diagnostic decision support systems," *Computers in Biology and Medicine*，77 (2016)：240-248.

四、言语障碍改善

言语是通过发音表达思想和感情的一种表达形式或能力。言语障碍是指言语声音、流畅性或干扰交流的声音障碍。智力障碍儿童的言语过程存在明显的缺陷，主要表现在构音障碍、声音障碍和节律异常这三方面。

构音障碍是由运动—语言系统的运动部分的神经损伤引起的一种运动语言障碍。它影响呼吸、发声和发音，会导致不同类型的可理解性、可听性和声音交流效率的障碍。语音辅助技术（SAT）结合了自动语音识别（ASR），已被开发用于改善构音障碍患者的互动和沟通。Caballero-Morales和Trujillo-Romero（2014）[1]专注于通过将隐马尔可夫模型（HMM）与遗传算法相结合来衡量其自动语音识别对不同语言的响应，从而增强构音障碍的语音识别。

目前，语音是人们最简单、最便捷的信息交换方式。通过在机器人系统中增加语音识别接口，用语音通信代替键盘输入，再通过网络接口将机器人连接到云端，可以实现人机交互。因此，机器人不仅能理解语言，还能给出答案。NAO机器人通过视觉、语音检测和识别来理解人类的行为和语言，它可以就给定的主题进行加、减、乘、除、唱、演和交流。Juang等[2]研究了NAO机器人的语音识别和双人形机器人之间的人形通信，实现了NAO机器人的日常对话交流、算术功能（加减乘除）、唱歌、做动作、修辞式对话等交互功能。Silvera-Tawil等人[3]开展了机器人对中重度智力障碍和孤独症中学生语言沟通能力的影响研究。结果表明，人形机器人可以在这些学生的发音、语言参与和自发对话方面提供有益支持。教师、护理人员和家长认为机器人是沟通技能习得的促进者，特别是在发音、自发对话和口头参与方面。为提高智力障碍患者的社交技能，Mateos-Sanchez等人[4]开发了一个基于聊天机器人的移动应用程序CapacitaBOT。CapacitaBOT允许用户和

① Caballero-Morales S-O, Trujillo-Romero F, "Evolutionary approach for integration of multiple pronunciation patterns for enhancement of dysarthric speech recognition," *Expert Systems with Applications* 41 (2014): 841-852.

② Juang L H, Zhao Y H, "Intelligent Speech Communication Using Double Humanoid Robots," *Intelligent Automation & Soft Computing* 26 (2020): 291-301.

③ Silvera-Tawil D, Bradford D, Roberts-Yates C. Talk to Me: The Role of Human-Robot Interaction in Improving Verbal Communication Skills in Students with Autism or Intellectual Disability (paper represented at the 2018 27th IEEE International Symposium on Robot and Human Interactive Communication (RO-MAN), Nanjing, China, August 2018), pp. 1-6.

④ Mateos-Sanchez M, Melo A C, Blanco L S, et al., "Chatbot, as educational and inclusive tool for people with intellectual disabilities," *Sustainability* 14 (2022): 1520.

机器（移动应用程序）之间以自动方式保持对话，即用户使用该工具可以像与人交流一样进行互动。该工具通过自动学习技术学习并适应用户的需求，因此它将会逐渐适应每个用户的习惯及其学习水平。此外，由于CapacitaBOT是在移动设备上实现的，因此用户可以在任何时间、任何地点使用它进行练习。基于人工智能的机器人实现了教育过程的创新，有助于实现包容性和高质量的教育目标。

第四节　未来展望

总体来说，目前专为ID/GDD患者的AI开发研究非常少，还在起步阶段。一方面，未来需要加强这一领域的专门研究；另一方面，我们可从针对学习障碍群体的研究中借鉴成功经验。虽然学习障碍患者与ID/GDD患者的典型症状不同，但在阅读、计算、言语和语言以及理解等方面的学习挑战通常同时出现在ID/GDD患者身上。

借助人工智能技术，可为学生提供更全面、个性化的教育服务。但从现有的研究成果来看，在智力障碍/全面发育迟缓教育方面，人工智能技术尚未完全发挥其个性化功能。这一领域的研究和应用需要进一步推进和完善，比如还需纳入能照顾个人健康的人工智能技术。

ID/GDD患者通常会出现一种以上的残疾以及共患病健康问题。虽然特殊教育教师通常可以解决患有认知障碍/发育障碍学生的教育和适应技能需求，但这些学生的健康问题往往会极大影响教育质量。此外，这一领域的研究通常忽视了与ID/GDD患者有关的一个关键方面，即教师、医生或照顾者（父母）之间沟通健康信息的必要性。未来，基于人工智能的ID/GDD教育系统，需要考虑到如何促进针对ID/GDD患者的多方交流和健康信息获取，向护理人员和教育工作者提供必要的信息支持，这将有助于改善ID/GDD儿童的教育和生活质量。

第七章

人工智能在孤独症教育领域的应用

孤独症谱系障碍（Autistic Spectrum Disorder，ASD），简称孤独症或自闭症，是一种异质性极大的神经发育障碍，以社会交往和沟通障碍以及兴趣范围狭窄和重复刻板行为为其主要特征。孤独症谱系障碍学生个体差异很大，表现出独特的健康需求和教育需求。人工智能推动教育发展的潜力得到了广泛认可，已成功应用于改善孤独症儿童的社交互动、运动技能和支持性教育等方面。

本章将探讨人工智能在孤独症教育领域的应用。首先，在概述孤独症的界定与临床特征的基础上，分析了孤独症儿童的认知活动特点与教育原则。接下来，从诊断与评估、社交参与度评估、情绪调节与识别、运动技能训练以及个别化教育等角度，探讨了人工智能在孤独症教育中的应用，并分析了人工智能在孤独症教育领域的挑战和发展方向。

第一节　概述

一、孤独症的界定

孤独症谱系障碍由Kanner在1943年发现并命名，是以社会交往和沟通障碍、狭隘兴趣与刻板重复行为为主要特征的神经发育障碍性疾病。2014年，美国孤独症的患病率已经达到1.68%[1]，已成为影响人口健康的重大公共卫生问题之一。孤独症的确切病因尚未完全确定，但有研究者提出其是遗传和环境因素共同作用的

---

[1] Baio J, Wiggins L, Christensen D L, et al., "Prevalence of autism spectrum disorder among children aged 8 years—autism and developmental disabilities monitoring network, 11 sites, United States, 2014," *MMWR Surveillance Summaries* 67 (2018): 1-23.

结果，诊断更多依靠症状来进行。孤独症通常和其他精神类疾病、神经发育障碍同时存在，其中最常见的是注意缺陷多动障碍、焦虑障碍、强迫和攻击行为等。[①]

国际疾病分类（International Classification of Diseases，ICD）和精神障碍诊断与统计手册（The Diagnostic and Statistical Manual of Mental Disorders，DSM）是对ASD诊断影响最大的两个诊断系统。[②]1980年，《精神障碍诊断与统计手册》（第3版）（DSM-3）首次出现了孤独症的操作定义，将其列为广泛性发育障碍的范畴。孤独症的具体表现涉及三个领域：缺少对其他人的反应性（孤独）、沟通技能的显著损害和对不同环境的异常反应。随后的第4版（DSM-4，1994年）和《国际疾病分类》（第10版）（ICD-10，1992年）强调早期表现为社交能力受损、沟通能力不足，以行为、兴趣和活动的局限、重复与刻板为特征。[③]2013年5月发布的第5版（DSM-5）正式提出了孤独症谱系障碍的概念，取消了孤独症的各亚型，同时将诊断标准由三个合并为两个：社交沟通和社会交往缺陷以及局限的、重复的行为、兴趣或活动。DSM-5的诊断标准在核心特征的描述和组织上进行了优化，强调孤独症的维度性质，根据障碍的严重程度将ASD个体大致分为三级，分别为需要一些支持（1级）、需要大量的支持（2级）和需要非常大量的支持（3级）。下面总结了属于每个级别的一些症状，但需注意的是，其中一些症状也可能表现为相关的精神合并症。

（一）第1级——需要一些支持

（1）社交沟通：如果没有社交支持，社交沟通就会有明显异常，主动发起社交互动有困难，对他人发起的社交互动表现出非典型或不成功的反应；可能表现为对于社会交往的兴趣低下。

（2）狭窄兴趣和刻板行为：他们表现出行为缺乏灵活性，导致在各种情况下的功能受到严重干扰；兴趣和行为很难从一项活动转换到另一项活动，需要他人持续不断地尝试支持。

---

①金星明：《孤独症谱系障碍诊断——再读DSM-5的启示与感悟》，《教育生物学杂志》2020年第2期，第144~146页。

②毕小彬、范晓壮、米文丽、等：《ICD-11和DSM-5中孤独症谱系障碍诊断标准比较》，《国际精神病学杂志》2021年第2期，第193~196页。

③尹岚、李岩、张联弛：《孤独症儿童教育康复的原理与方法》，南京师范大学出版社，2021，第4页。

（二）第2级——需要大量的支持

1. 社交沟通：他们在语言和非语言的社会沟通技巧上表现出明显的缺陷，即使在有支持的情况下社交缺陷依然明显；主动发起社交互动有限，对他人发起的社交互动反应较小或异常。

2. 狭窄兴趣和刻板行为：他们表现出行为缺乏灵活性，难以应对不同环境中限制性和重复性的行为变化。此外，他们在转移注意力和行为对象时表现出不适和困难。

（三）第3级——需要非常大量的支持

1. 社交沟通：他们在语言和非语言的社会沟通技巧上表现出严重的缺陷，导致严重的功能障碍，社会互动的发起非常有限，对他人发起的社交互动反应极小。

2. 狭窄兴趣和刻板行为：他们表现出严重的行为不灵活，在应对变化方面极其困难。限制性和重复性的行为在各种情况下非常频繁和明显，干扰几乎所有领域的功能；很难从他们的兴趣和偏好中转移注意力，即使转移了也会马上回头继续。

二、孤独症的临床特征[1][2]

孤独症儿童的临床特征可以分为核心症状和伴随症状两类，其中核心症状包括社会交往和沟通障碍、兴趣范围狭窄和重复刻板行为；伴随症状主要有智力发展水平异常、情绪障碍、肠胃紊乱、癫痫以及睡眠问题等。

（一）核心症状

1. 社会交往和沟通障碍

社会交往和沟通障碍是一直被广泛认同的核心症状，在不同年龄阶段其具体表现会有所不同。孤独症儿童表现出异常的社交行为模式，大多表现为社会性应答缺陷，对同伴交往或集体活动缺乏兴趣，不主动参加同伴之间的集体活动。少数患儿虽然表现出能够与小朋友待在一起，但多是被动参与，与他人缺乏互动，无法表现出移情或理解他人的情感，因而难以建立同伴关系。无论孤独症儿童的

---

①尹岚、李岩、张联弛：《孤独症儿童教育康复的原理与方法》，南京师范大学出版社，2021，第4~6页。
②舒明跃：《孤独症诊疗康复与教育》，华夏出版社，2010，第8~15页。

语言发展到何种程度，他们最根本的障碍是缺乏沟通意向，或缺乏为实现某些社会性目的而进行沟通的意愿。

2. 兴趣范围狭窄和重复刻板行为

孤独症儿童兴趣范围狭窄，往往对某一玩具、物品或活动表现出极大的偏爱或依恋。有些孤独症儿童的行为往往表现出强迫性、仪式性、重复性和刻板性，具体表现有：①重复刻板性的身体动作，如反复拍手、跺脚等；②在语言方面，会重复模仿声音，重复无意义的发音，重复说相同的词语等；③对物品和日常活动有强迫性，如玩具必须摆放在固定位置，出门要走相同路线，对日常生活中细微的反应强烈等。同一孤独症儿童的某个固定兴趣或重复刻板行为可能维持相当长的一段时间，也可能随着年龄的增长而发生变化。

（二）伴随症状

1. 智力发展水平异常

孤独症儿童的智力发展水平具有较大的个体差异，从正常到重度智力落后，呈现出"谱系"的特征。大多数（约75%）孤独症儿童的智力水平低于正常范围，其中，中度至极重度的智力障碍者占42%，轻度至中度的智力障碍者占30%，另外大约20%的患者具有正常的智力水平（IQ>70），被称作高功能孤独症。大多数孤独症儿童并非在智力功能的所有领域都普遍性发展迟滞。一般来说，操作智商高于言语智商，视觉空间能力、记忆力高于理解能力。尽管存在智力方面的损伤，但大约10%-15%的孤独症儿童具有"孤岛能力"，即他们在一般能力普遍落后的情况下，而在其他某一个或几个领域表现出来的与其整体能力极不匹配的超常能力，如机械记忆、音乐感知、计算、绘画、机械空间等方面。

2. 情绪障碍

大部分孤独症儿童存在严重的情绪问题，具体表现为：情感单一，缺乏复杂情绪；情绪冷漠，主观体验贫乏，很难与他人建立密切的情感联系；情绪暴躁、易怒，如尖叫、发脾气、难以安抚等；有些孤独症儿童可能表现出较为严重的破坏、攻击他人或自伤行为，如咬手、撞头等。这些情绪行为问题，可能与异常的社交沟通模式、感官刺激、引起注意等因素有关。

3. 注意力异常

孤独症儿童在婴幼儿期普遍存在分享式注意缺陷，既不会跟随他人的眼神或手势，也不去注视周围人关注的人或物。日常生活中，他们的注意力主要受兴趣的影响。当从事感兴趣的活动时，专注力可能强过正常儿童；但在学习过程中，大多存在注意缺陷，难以专心听课或完成指令性任务。在学习和训练过程中，注意力难以集中。从注意的分配特点来看，他们的视觉注意一般优于听觉注意，对物体的注意强于对人的注意，对图形的注意强于对文字的注意。

4. 其他问题

除上述伴随症状外，孤独症患者还伴有感知觉功能异常、思维异常等症状。超过70%的孤独症患者还伴有身体发展和精神方面的障碍（如焦虑、抑郁等）。总体来说，伴随的症状越多，患者障碍程度就越严重。

第二节　孤独症儿童的认知活动特点与教育原则

一、孤独症儿童的认知活动特点[1][2]

（一）感知觉特点

孤独症儿童在感知觉方面的发展，与普通同龄人之间存在差异，常表现出对外界刺激的过度敏感或过于迟钝。对某些正常声音特别敏感，或感到莫名的恐惧，如电视中某个广告语、汽车或摩托车发动的声音、某一类动物的叫声等；很多听力正常的孤独症儿童听到家长呼唤自己的名字后毫无反应；与他人的目光对视少或对视时间短暂，无法区分对方细微的面部表情；对某些视觉刺激有特殊的喜好，如光线、色彩、闪烁、图案等；部分孤独症儿童触觉非常敏感，非常排斥他人的触碰，尤其是头部和手部；有些儿童对某些质地的物品有特殊的偏好，如喜欢摸毛巾被，喜欢摸光滑的墙壁或柱子等；有的患儿味觉、痛觉迟钝，如对很苦或者很难吃的食物、药物也并不拒绝，即使摔得很重也不觉得痛等。

---

①连翔：《自闭症儿童心理发展与教育》，复旦大学出版社，2018，第58~156页。
②刘学兰、李艳月：《自闭症儿童的教育与干预》，暨南大学出版社，2012，第66~189页。

（二）注意特点

孤独症儿童经常出现注意力过于分散或极其专注的现象；对某些刺激的表现过于敏感，而对其他刺激则又反应迟钝；在听觉和视觉信息之间转移注意力比普通人需要更多的时间；在持续与切换注意上有困难，对新刺激的定向和分类也存在问题。

（三）记忆特点

在机械记忆和视觉记忆方面，孤独症儿童具有很强的优势，如家中物品摆放的位置、出门的路线等，但对于理解记忆和意义记忆则比较弱；他们的短期记忆较强，但对以前记忆的材料实现重组编码时，效果很差；他们的情景记忆很差，情景与语义的联合记忆更是十分薄弱。记忆时重细节轻整体，不善于整块地吸收信息。

（四）思维特点

孤独症儿童习惯于孤立地理解信息，难以将各种独立的事情相联系；他们通常先观察细节，再观察整体；难以理解抽象的概念；不太关注别人对自己的评价，难以进行换位思考。

（五）言语特点

孤独症儿童的语音、语调、韵律比较单调，没有抑扬顿挫或者高声尖叫；表达模式快速且是间断式的，让人感觉机械生硬；常常不能准确区分人称代词，混淆"你""我"的关系，并很少用"我"来表达自己，会重复自己听到的话语，常常表现出"鹦鹉学舌"般的回声式语言；能准确快速地理解单个词汇的意义，如苹果、橘子、香蕉等，但通常无法在实际复杂的语言表达中将词语的真正含义和对语义的理解联系在一起；无法主动发起交流或者有效地理解和运用语言；无法进行正常的社会性交流，无法进行正常回应或者进行正确评论；无法维持对话的有效进行。

二、孤独症教育的原则[①]

（一）早期教育原则

早期干预被证实可以改变孤独症儿童的大脑结构及神经连接，从而影响他们的学习与生活适应能力。

（二）诱发动机原则

孤独症儿童与其他发展障碍儿童在学习上最大的挑战是缺乏动机，诱发孤独症儿童的动机是进行孤独症干预的门槛。为了激发儿童的学习动机，教师可以对事前的刺激或行为后果进行调整，以诱发儿童的学习动机。

（三）共同注意力原则

共同注意力涉及幼儿未来语言及社会化的发展。例如，当儿童不会说话时，他会以点指的方式来表达，并与成人进行社会交往。成人通常会说出儿童所点指物品的名称，从而帮助儿童学会该物品的语词。

（四）视觉学习优势原则

相较于口语信息而言，视觉信息拥有保留时间更久与信息更稳定等特质，更有助于儿童的学习。研究指出，孤独症儿童在视觉信息加工上，明显优于听觉信息加工。

（五）结构化顺序原则

结构化的程序符合孤独症儿童固着、缺乏弹性、高度依赖提示的特质。在进行结构化的程序之前，首先要对学习内容或学习技能进行工作分析。将一个技能拆分成几个次技能，然后依据分析好的步骤逐一指导。

（六）泛化原则

泛化是指在学习情境下习得的知识和技能，应用于不同的情境、人、时间和

[①]遂宁市地方志办公室：《特殊儿童早期教育》，天津科技翻译出版公司，2018，第209~213页。

工作。孤独症儿童泛化能力不足，对于知识与技能往往只能运用在一个地方，而不懂得迁移到其他地方。因此，从孤独症儿童的干预课程设计到教学实施都应充分考虑泛化问题。教师需要观察与分析他们无法泛化的原因，从刺激泛化、反应泛化与反应的维持等三方面考虑与进行泛化。

第三节　人工智能赋能孤独症教育

人工智能技术的应用在教育环境中变得越来越普遍。近年来，人工智能赋能教育（AI In education，AIEd）受到越来越多学者的推崇，他们认为AI技术能够实现个性化学习，提高学习环境的效能，指导教师和学生教学互动，并增强课堂上的交互体验。特殊教育是人工智能赋能教育的一个重要应用领域。人工智能有助于实施各种教学和学习策略，例如通用学习设计（UDL）。UDL是一种设计教学的方法，旨在满足学习环境中所有参与者的需求。它具有提供多样化的参与方式、多样化的呈现方式及多样化的行动和表达方式三个原则，为开发满足不同学习者需求的课程和教学策略奠定了基础。UDL既适用于主流教育学生，也适用于特殊教育学生。人工智能在教育中的应用将因其实施目的而不同，最常见的人工智能教学应用是个性化学习和支持有特殊需求的学生。对于孤独症患者而言，人工智能可以为其提供多种帮助，包括诊断与评估、社交参与度评估、情绪调节与识别、社交技能训练、运动缺陷补偿和个别化教育等多样化的支持服务。

一、孤独症的诊断与评估

（一）传统的孤独症筛查与诊断方法

孤独症儿童的平均诊断年龄为3岁，但大部分孤独症儿童在1岁前就表现出社会交往和沟通方面的障碍，而行为方面的障碍一般在1岁后才逐渐显现出来。另外，这些障碍的早期表现不是异常行为的出现，而是正常发展行为的缺失，因此容易被家长所忽视，导致就诊时间的延迟，错过最佳的教育康复时机。早期准确的诊断是孤独症儿童个性化和成功干预的关键，有助于孩子的学业和个人发展。

传统的孤独症早期筛查方法主要分为基于量表形式的抚养者报告或专业观察，以及基于游戏任务的观察检查表两种形式。测评工具最早可适用于患儿6个月，且年龄跨度通常至少6个月。常用的一级筛查工具有幼儿孤独症筛查表（Checklist for Autism in Toddlers，CHAT）、CHAT修改版（MCHAT）、广泛性发展障碍筛查测验（Pervasive Developmental Disorder Screening Test，PDDST）、孤独症特质早期筛查表（the Early Screening for Autistic Traits，ESAT）等。这些筛查工具适用于基层保健场所，大多由抚养者报告即可完成。其中，CHAT是经过最严格的研究和验证、适用于年幼儿童的孤独症检测工具。[1]常用的二级筛查工具有孤独症行为核查表（Autism Behavior Checklist，ABC）、儿童孤独症特质的婴幼儿筛查表（Babyand Infant Screen for Children with Autism Traits，BISCUIT）、2岁儿童孤独症筛选测验（Screening Tool for Autism in Two-Year-Olds，STAT）、婴儿孤独症观察量表（the Autism Observation Scale for Infants，AOSI）等。二级筛查一般需要幼儿在场，由专业人员观察检测。

通常，孤独症谱系障碍的诊断过程需要专业人员对不同类别的发育年龄活动进行临床评估，包括过激的行为、沟通、自我照顾和社交技能等方面。常用的ASD诊断工具包括《孤独症诊断观察表》（Autism Diagnostic Observation Sched-ule，ADOS）和《孤独症诊断访谈修订版》（Autism Diagnostic Interview Revised，ADI-R），这些工具都遵循DSM-5手册。然而，由于诊断标准中缺乏具体可识别的生物标志物和可接受的金标准，手动工具严重依赖于由医疗保健专业人员管理和收集的行为观察数据。

（二）智能化诊断与识别

运用传统的方法进行孤独症筛查与诊断，其结果的有效性和可靠性可能受人员专业培训和经验的差异、资源的缺乏或评估的文化适应性等主观因素的影响。为了减轻这些与ASD评估和准确检测相关的挑战，近年来，有关研究人员开展了大量研究活动，重点是应用人工智能开发新的方法，既能提供快速、准确的评估，又能全面了解每个ASD患者的异质性表型。人工智能不仅可以缩短筛查与诊断时间、提高诊疗的准确性，还可以减少不可避免的人为错误的可能性。[2]例如，人工

---

[1]尤娜、杨广学：《自闭症诊断与干预研究综述》，《中国特殊教育》2006年第7期，第26-31页。

[2]Jiang F, Jiang Y, Zhi H, et al., "Artificial intelligence in healthcare: past, present and future," *Stroke and vascular neurology* 2 (2017).

智能在行为观察过程中能捕获人眼可能看不到的数据，从而实现精确的数据化。[①]

机器学习是人工智能研究中最常用的子领域之一，已为孤独症的筛查与诊断提供了有效的自动模型。机器学习融合了计算机科学和数学方法，通过编程使计算机系统能够高效、自动地分析大数据集、识别模式并做出决策。常用的机器学习算法包括决策树（Decision Tree）、K近邻（K-Nearest Neighbors，KNN）、随机森林（Random Forest）、支持向量机（Support Vector Machine，SVM）和朴素贝叶斯（Naive Bayes）等。机器学习可以采用监督方法通过标记数据集进行自我教育，并构建最佳拟合算法来预测感兴趣的结果，或者采用无监督方法通过在没有预先存在的知识的情况下推断模式来分析输入特征。[②]通过提取有用的信息和构建在分析大数据集方面超越人类表现的复杂模型，机器学习可以增加人们对ASD特质的理解，进一步为更好地筛查和诊断奠定坚实的基础。

机器学习需要大量数据来训练模型，可基于不同类型的数据对孤独症进行筛查与诊断，如行为数据（重复的身体摇摆、拍手、张嘴和复杂的手指动作）、基因数据、脑电波（Electroencephalograph，EEG）数据、眼动跟踪（Eye-Tracking）数据、大脑磁共振成像（MRI）数据、指纹数据、视网膜数据和个人特征数据等。机器学习建模的流程是首先对原数据进行清洗、筛选、特征标记、降维等；然后使用处理后的数据训练指定模型，并根据诊断情况迭代训练模型；最后将训练好的模型应用到真实场景中。

深度学习是人工智能研究中最常用的另一个子领域，近年来已广泛应用于医学领域，包括ASD的诊断与评估。用于ASD检测的深度学习模型包括卷积神经网络（CNN）、生成对抗网络（Generative Adversarial Networks，GANs）、深度置信网络（DBN）、自编码器（Autoencoder，AE）、循环神经网络（RNN）等。深度学习通过多层神经网络来学习和处理数据。与机器学习相比，深度学习可以自动学习特征，减少了人工参与的过程。但模型的复杂度更高，通常需要更大的数据集才能获得更好的效果。

基于AI/ML（人工智能/机器学习）的智能系统已被开发并用于检测孤独症及其严重程度。这些系统已被证实在识别孤独症患者方面有效。基于AI/ML的智能系统可以根据孤独症患者的社交和沟通技巧以及重复和不寻常的行为线索将他们

---

①Strauß S, "From big data to deep learning: a leap towards strong AI or 'intelligentia obscura' ?" *Big Data and Cognitive Computing* 2 (2018): 16.

②Deo R C, "Machine learning in medicine," *Circulation* 132 (2015): 1920-1930.

分为不同的级别。①

　　Nasser等人②建立了一种用于孤独症谱系障碍诊断的人工神经网络（ANN）模型，使用的数据集来自ASD筛查应用程序，它包含基于用户问题回答的ASD测试结果。通过测试数据进行评估后表明，该神经网络模型能够以100%的准确率诊断ASD。Guimares等人③开发了一款可以帮助检测孤独症特征的移动应用程序。基于该应用程序的系统使用人工神经网络和模糊系统，通过机器学习算法进行训练，生成模糊规则，以处理用户提出的问题，寻求立即获得成人孤独症初步诊断的答案。701名年龄在17岁以上的参与者接受了测试，结果表明，移动应用程序具有很高的诊断准确率（在95.85%到95.73%之间），可以作为成人孤独症诊断的有效工具。

　　为了开发更客观的孤独症检测方法，已有研究尝试利用人工智能的一系列数据模式，用以评估与孤独症相关的重要特征。例如，由于ASD最有可能与几种遗传生物标志物变体之间的相互作用相关联，遗传学研究已与几种人工智能方法一起应用于探索和优化ASD风险相关候选基因。④⑤目前已知的ASD相关基因的组合只能解释一小部分病例，因此，仍然存在一定的局限性。此外，神经成像技术已与几种人工智能方法相结合，用于研究ASD患者可能特有的不同大脑区域和全网络连接。⑥

①Mahmud M, Kaiser M S, Rahman M A, et al., Towards explainable and privacy-preserving artificial intelligence for personalisation in autism spectrum disorder (paper represented at the International Conference on Human-Computer Interaction, Virtual Event, June 2022), pp. 356-370.

②Nasser I M, Al-Shawwa M O, Abu-Naser S S, "Artificial neural network for diagnose autism spectrum disorder," International Journal of Academic Information Systems Research (IJAISR), 3 (2019): 27-32.

③Guimaraes A J, Araujo V J S, Araujo V S, et al., A Hybrid Model Based on Fuzzy Rules to Act on the Diagnosed of Autism in Adults (paper represented at the Artificial Intelligence Applications and Innovations, Hersonissos, Crete, Greece, May 2019), pp. 401-412.

④Yoo H, "Genetics of autism spectrum disorder: current status and possible clinical applications," Experimental neurobiology 24 (2015): 257.

⑤Engchuan W, Dhindsa K, Lionel A C, et al., "Performance of case-control rare copy number variation annotation in classification of autism," BMC medical genomics 8 (2015): 1-10.

⑥Mahajan R, Mostofsky S H, "Neuroimaging endophenotypes in autism spectrum disorder," CNS spectrums 20 (2015): 412-426.

1. 基于面部表情和情绪数据的自动识别

许多ASD患者的报告表明，他们在识别和表达情绪方面存在困难。Liu等人[1]曾尝试使用ASD和非ASD参与者面部表情扫描数据的差异作为分类指标。实验中，要求两类参与者首先记忆6张人脸面孔，随后在18张人脸中识别出这些面孔。在研究和测试阶段，使用眼动仪记录参与者的眼球运动，以获得在观看人脸面孔时眼球运动和注视时间的信息。最后，使用数据驱动的方法从面部扫描数据中提取特征，并使用支持向量机（SVM）进行分类，总体准确率为88.51%。

2. 基于眼动数据的自动识别

眼球追踪技术为儿童视觉行为的早期诊断提供了准确信息。它的工作原理是扫描、记录眼球的运动，提取图像上对应的一系列视线投影点，以分析孤独症儿童的行为。为了孤独症的诊断，研究者使用从脑电信号和眼动跟踪中提取的特征作为机器学习支持向量机的数据输入，使用功率谱分析进行脑电图分析，并选择感兴趣区域进行眼动跟踪数据的面部注视分析，将最小冗余最大相关特征选择方法与支持向量机分类器相结合，用于孤独症儿童与正常发育儿童的分类。[2]还有研究人员分别将机器学习、深度学习以及它们之间的混合技术等三种人工智能技术用于孤独症的早期诊断。[3]第一种技术使用了神经网络〔前馈神经网络（FNN）和人工神经网络（ANN）〕，是基于局部二值模式（LBP）和灰度共生矩阵（GLCM）算法的混合方法提取的特征分类；第二种技术是在深度特征图提取的基础上，使用预训练的卷积神经网络（CNN）模型，如GoogleNet和ResNet-18；第三种技术使用深度学习（GoogleNet和ResNet-18）和机器学习支持向量机（SVM）的混合方法，称为GoogleNet + SVM和ResNet-18 + SVM。第三种技术依赖于两个模块，第一个块使用CNN提取深度特征图，第二个块使用SVM对第一个块提取的特征图进行分类，该技术具有较高的诊断能力。

眼动追踪技术作为一种评估孤独症的潜在生物标志物，具备诸多优势。首先，它为患者提供了方便的眼球追踪，这意味着可以早期发现孤独症；其次，眼动追

---

①Liu W, Li M, Yi L, "Identifying children with autism spectrum disorder based on their face processing abnormality: A machine learning framework," *Autism Research* 9 (2016): 888-898.

②李西、田真玲、姜孟：《机器学习在孤独症筛查与诊断中的应用研究进展》，《中国特殊教育》2022年第10期，第47~54页。

③Ahmed I A, Senan E M, Rassem T H, et al., "Eye Tracking-Based Diagnosis and Early Detection of Autism Spectrum Disorder Using Machine Learning and Deep Learning Techniques," *Electronics* 11 (2022): 530.

踪数据提供了一系列用作生物标志物的信息，这些信息表明非典型视觉焦点；第三，眼动追踪技术是一种简单、直接的测量方法，且与用于诊断ASD的筛查工具紧密相关。

3. 基于脑电数据的自动识别

随着信号处理和机器学习方法的进步，计算机系统已经能够执行更复杂的任务，包括脑电图信号分析。脑电信号异常的量化可以揭示大脑的状况和病理。脑电图（EEG）是一种捕捉人类大脑信号的方法，是从头皮上将脑部的自发性生物电位加以放大、记录而获得的图形，反映了大脑神经元的活动或电干扰。近年来，研究者将脑电图用于ASD的诊断，其主要步骤包括脑活动的获取、脑电记录的预处理、特征提取和分类。有研究使用不同的脑电图特征提取和分类技术，以辅助孤独症谱系障碍（ASD）的诊断。该研究利用离散小波变换（DWT）和互相关（Cross correlation）方法对脑电信号进行特征提取，然后将DWT与几个函数结合起来，包括标准差（SD）、频带功率（BP）、香农熵（SE）和最大李雅普诺夫指数（LLE），最后用不同的技术实现分类，包括人工神经网络（ANN）、k近邻（KNN）、支持向量机（SVM）和线性判别分析（LDA）。[①]

近年来，科学界对识别ASD脑电图生物标志物的研究，主要集中在频谱功率、一致性和半球不对称性等方面。一项关于ASD静息状态脑电图的研究结果显示，与正常发展的对照组相比，ASD的脑电图功率谱有一个潜在的"U形"轮廓，在Theta和Gamma频段功率过剩，而在Alpha频段功率下降。[②]其他研究发现，有患孤独症风险的婴儿大脑半球之间的Alpha带不对称。Machado等人发现，ASD儿童在左半球具有相当高的半球内远程一致性，证实了ASD中功能过度连接的概念。[③]另一方面，Carson等人发现ASD儿童在静息状态下Alpha频率的远距离相干性降低。[④]

[①]Ibrahim S, Djemal R, Alsuwailem A. Electroencephalography (EEG) signal processing for epilepsy and autism spectrum disorder diagnosis [J]. *Biocybernetics and Biomedical Engineering*, 2018, 38（1）：16-26.

[②]Wang J, Barstein J, Ethridge L E, et al., "Resting state EEG abnormalities in autism spectrum disorders," *Journal of neurodevelopmental disorders* 5（2013）：1-14.

[③]Machado C, Estévez M, Leisman G, et al., "QEEG spectral and coherence assessment of autistic children in three different experimental conditions," *Journal of autism and developmental disorders* 45（2015）：406-424.

[④]Carson A M, Salowitz N M, Scheidt R A, et al., "Electroencephalogram coherence in children with and without autism spectrum disorders: decreased interhemispheric connectivity in autism," *Autism Research* 7（2014）：334-343.

4.基于行为数据的自动识别

孤独症是一种儿童早期发病、异质性高的神经性发育疾病，其发病机制尚不明确，目前尚无可用于客观诊断孤独症的生物标志物，其诊断标准由一系列行为症状组成。为了开发更客观的识别ASD的方法，研究人员开展了使用人工智能捕获不同类型行为特征的研究。这些行为特征可以作为有价值的信息，用于检测孤独症患者独有的特征。[1]

Hilton等人的一项研究表明，83%的ASD患者的运动综合得分低于非ASD患者，这对分类、诊断和干预方法具有独特的意义。[2]有研究者通过观察手势模式的模仿，利用智能平板设备检测运动学参数来区分ASD和非ASD。[3][4]另一项研究通过机器学习方法分析学龄前儿童上肢的运动，对孤独症儿童进行分类。[5]在该研究中，选取了17个运动测量值作为分类器，涉及简单的触球、抓球和丢球任务，从而区分学龄前ASD儿童与正常发育的同龄人。实验组与对照组表现出实质性差异的任务是将物体运送到目的地，这表明目标导向运动的差异可能是ASD的一个强有力的标志。

5.基于多模态数据的自动识别

通过传感器、电子健康记录和自我报告，从身体和环境获取的大量的多模式数据，涵盖了检测过程的两个主要方面：行为和情感。与健康相关的各类数据流允许识别受试者的情感状态。在某些情况下，虽然个体数据流（如自我报告、心率变异性和脑部扫描/信号）可能提供有效的推断，有助于疾病的检测，但当互补的数据流融合在一起时，情感状态的检测精度将会得到提高。这同样适用于与受试者行为相关的数据。一些单独的数据流，如摄像头、摄像机和GPS，可以检测

---

[1]Song D Y, Kim S Y, Bong G, et al., "The Use of Artificial Intelligence in Screening and Diagnosis of Autism Spectrum Disorder: A Literature Review," *Soa Chongsonyon Chongsin Uihak* 30 (2019): 145-152.

[2]Hilton C L, Zhang Y, Whilte M R, et al., "Motor impairment in sibling pairs concordant and discordant for autism spectrum disorders," *Autism* 16 (2011): 430-441.

[3]Baihua L, Arjun S, James M, et al., "Applying machine learning to identify autistic adults using imitation: An exploratory study," *Plos One* 12 (2017): e0182652.

[4]Anzulewicz A, Sobota K, Delafield-Butt J T, "Toward the Autism Motor Signature: Gesture patterns during smart tablet gameplay identify children with autism," *Scientific Reports* 6 (2016): 31107.

[5]Crippa A, Salvatore C, Perego P, et al., "Use of Machine Learning to Identify Children with Autism and Their Motor Abnormalities," *Journal of Autism & Developmental Disorders* 45 (2015): 2146-2156.

面部表情、身体运动和姿势，这些数据流提供了关于主体当前情绪状态以及任何重复行为（包括旋转、颤抖和强迫行为）的基本信息。这些数据流补充了其他类型的数据，如眼动追踪、Kinect、测力板等，它们是识别注意力相关行为线索的有效手段。识别出受试者的行为线索和情感状态后，提取的知识将被融合并输入到基于机器学习的分类器中，以进一步分类为ASD或非ASD。然后，将分类的结果发送给应用程序服务器上运行的决策支持系统，以执行后续操作（如发出警报、通知等）并保存模型（如贡献给全局模型）。

（三）智能化识别的优势

人工智能评估工具应用于孤独症诊断，不仅可以提高早期预测准确率、减少评估项目的数量，而且还可以区分常见的神经发育障碍。

1. 提高早期预测准确率

孤独症谱系障碍（ASD）是一种病因不明的复杂神经发育障碍。早期诊断和干预是改善ASD患者预后的关键。虽然ASD的可靠诊断通常在3岁左右进行[①]，但人工智能方法已被用于通过3岁前的发育评估来预测诊断结果，从而实现更准确的预测。例如，Bussu等人基于先前的发育评估，如婴儿期的马伦早期学习量表（Mullen Scales of Early Learning，MSEL）和维兰德适应性行为量表（Vineland Adaptive Behavior Scales，VABS），使用支持向量机（SVM）来预测3岁左右儿童的ASD诊断。[②]使用SVM的3年预测诊断结果与研究者根据《孤独症诊断观察表》（Autism Diagnostic Observation Schedule，ADOS）和《孤独症诊断访谈修订版》（Autism Diagnostic Interview Revised，ADI-R）所作的临床判断相比较，研究显示，基于14个月大儿童的数据，3岁时的预测准确率很高，证明了结合症状和适应功能等多种评估措施的信息，可以改善非典型发育的分类。

[①]Steiner A M, Goldsmith T R, Snow A V, et al., "Practitioner's guide to assessment of autism spectrum disorders in infants and toddlers," *Journal of autism and developmental disorders* 42 (2012): 1183-1196.

[②]Bussu G, Jones E J, Charman T, et al., "Prediction of autism at 3 years from behavioural and developmental measures in high-risk infants: a longitudinal cross-domain classifier analysis," *Journal of Autism and Developmental Disorders* 48 (2018): 2418-2433.

2. 减少评估项目的数量

最初的筛查大约需要60到90分钟，平均等待13个月才能诊断[1]，而人工智能的成功应用可以减少项目，缩短评估时间。研究人员使用黄金标准的诊断测试ADOS和ADI-R来识别最能区分ASD特征的最小项目集，并测试这些特征子集在诊断中是否能保持较高的敏感性、特异性和准确性。在使用分类器算法识别出有助于诊断的最优特征后，使用这些简化的项目集来训练模型，并在新数据集上测试其性能。[2][3][4]在ADOS的28个特征中，Levy等人[5]和Kosmicki等人[6]的研究在模块2和模块10中将活动数量分别减少至5个和9个，以及在模块3中将活动数量减少至12个的情况下，仍保持了较高的准确性。交替决策树（ADTree）是一种结合特征构建准确预测器的方法。Wall等人[7]在一项研究中使用了该方法，并将ADI-R中的问题数量大幅减少了92%，统计准确率为99.9%。

3. 区分常见的神经发育障碍

相关研究也扩展到使用AI评估工具来区分常见的神经发育障碍。Duda等人采用不同的ML算法，使用社会反应性量表（Social Responsiveness Scale，SRS）来寻找区分ASD和注意缺陷多动障碍（attention deficit hyperactivity disorder，AD-HD）的最佳分类特征。在SRS上的65个行为项目中，有5个就足以区分ASD和ADHD，同时保持较高的准确率（90%以上）。[8]

①Wiggins L D, Baio J, Rice C, "Examination of the time between first evaluation and first autism spectrum diagnosis in a population-based sample," *Journal of Developmental & Behavioral Pediatrics* 27 (2006): S79-S87.

②Engchuan W, Dhindsa K, Lionel A C, et al., "Performance of case-control rare copy number variation annotation in classification of autism," *BMC medical genomics* 8 (2015): 1-10.

③Zhou J, Park C Y, Theesfeld C L, et al., "Whole-genome deep-learning analysis identifies contribution of noncoding mutations to autism risk," *Nature genetics* 51 (2019): 973-980.

④Mahajan R, Mostofsky S H, "Neuroimaging endophenotypes in autism spectrum disorder," *CNS spectrums* 20 (2015): 412-426.

⑤Levy S, Duda M, Haber N, et al., "Sparsifying machine learning models identify stable subsets of predictive features for behavioral detection of autism," *Molecular Autism* 8 (2017): 65.

⑥Kosmicki J A, Sochat V, Duda M, et al., "Searching for a minimal set of behaviors for autism detection through feature selection-based machine learning," *Translational Psychiatry* 5 (2015): e514-e514.

⑦Wall D P, Dally R, Luyster R, et al., "Use of artificial intelligence to shorten the behavioral diagnosis of autism," (2012): e43855.

⑧Duda M, Ma R, Haber N, et al., "Use of machine learning for behavioral distinction of autism and ADHD," *Translational psychiatry* 6 (2016): e732-e732.

二、社交参与度评估

孤独症谱系障碍儿童会在不同的环境（如家庭、学校等）中面临沟通和社会互动方面的挑战。社交机器人作为人工智能背景下的产物，可以通过编程满足不同个体的特定需求，激发孤独症儿童的兴趣，提高其社交能力，具有安全性高、易于操作、针对性强、节省人力等优点。机器人用于孤独症儿童社会交往能力的干预涉及多个次级能力领域，其中包括表情识别、眼神接触、肢体接触、共同注意、模仿、分享、语言表达和社会协作能力等。研究表明，与人类同伴或其他干预手段相比，儿童更喜欢与机器人互动，表现出更多的主动性，学得更快、更愉悦。[1][2]在孤独症儿童的社交过程中，社交机器人可以作为玩伴、社会互动的中介以及社交行为代理模型等方式进行干预。

人工智能已被用于帮助孤独症儿童进行社交技能培训，以识别和回应社交暗示。Belpaeme等人[3]使用感官特征，如面部表情、身体动作和语音，作为机器学习模型（在机器人中实现）的输入，以分析孤独症儿童的行为和参与治疗水平，然后将这些输入特征与目标输出（在本例中是参与标记）相结合，以训练模型。该研究证明了机器人适应其互动的潜力，从而提高参与者的参与度。在另一项研究中，Sanghvi等人在与机器人下棋时使用姿势表情（如上半身的剪影图像）来分析孤独症儿童的参与程度。[4]Kim等人使用录音作为输入特征来分析孤独症儿童的情绪状态。[5]这些特征被输入到与机器人集成的支持向量机模型中，以评估他们在与机器人玩耍时的社交参与度。这种增强的基于音频的情感预测方法提供了在孤独

①Scassellati B, Admoni H, Matarić M, "Robots for use in autism research," *Annual review of biomedical engineering* 14 (2012): 275-294.

②Diehl J J, Schmitt L M, Villano M, et al., "The clinical use of robots for individuals with autism spectrum disorders: A critical review," *Research in autism spectrum disorders* 6 (2012): 249-262.

③Belpaeme T, Baxter P, Read R, et al., "Multimodal child-robot interaction: Building social bonds," *Journal of Human-Robot Interaction* 1 (2012).

④Sanghvi J, Castellano G, Leite I, et al., Automatic analysis of affective postures and body motion to detect engagement with a game companion (paper represented at the HRI'11: International Conference on Human-Robot Interaction, Lausanne Switzerland, March 2011), pp. 305 - 312.

⑤Kim J C, Azzi P, Jeon M, et al., Audio-based emotion estimation for interactive robotic therapy for children with autism spectrum disorder (paper represented at the017 14th International Conference on Ubiquitous Robots and Ambient Intelligence (URAI), Jeju, Korea (South), July 2017), pp. 39-44.

症儿童和机器人之间维持更自然互动的可能性，从而允许机器人更准确地评估儿童的参与水平，并修改其反应以维持互动学习环境。其他研究人员还探索了不同的输入特征，如面部表情、身体动作、生物信号和发声等。在最近的一项研究中，Esteban等人[1]探索了NAO机器人模型的输入特征，如面部表情、目光方向、身体姿势和语音语调，以评估孤独症儿童的社交参与。该研究证明了机器人有能力拥有更大的自主性，从而减轻治疗师的负担。

三、情绪调节与识别

在人类交流中，面部表情通常携带着一些最重要的非语言信息，如情绪，这是沟通的一个重要方面。面部情绪识别在社交过程中起着至关重要的作用，是社交能力整体发展的重要指标。大多数孤独症患者表现出逃避社会交往和缺乏跟他人产生情感共鸣的症状。这种现象通常归因于他们很难表达自己的情绪，难以识别和理解他人的情绪和精神状态。各种临床研究表明，面部特征，包括表情、情绪和形态特征，是孤独症的有效标志。人工智能在孤独症情绪识别中的应用，归纳起来主要集中在情绪的监测、感知与表达方面。此外，面部表情还被应用于孤独症行为的研究，如，Egger等人利用头部定向和面部表情研究孤独症相关行为[2]；Rudovic等人使用面部标志和身体姿势以及捕获的音频和生物信号来自动感知儿童的情感状态和参与程度；[3]Beibin等人开发了一种基于人脸属性的ASD分类系统，使用不同面部属性的表征来进行ASD分类。

（一）情绪的监测

Sivasangari等人[4]将人脸识别技术与情感识别技术相结合，采用神经传感器和Q传感器（Q sensor）分别实现孤独症患者的脑电图数据的采集和应激水平的测

---

①Esteban P G, Baxter P, Belpaeme T, et al., "How to build a supervised autonomous system for robot-enhanced therapy for children with autism spectrum disorder," *Paladyn, Journal of Behavioral Robotics* 8 (2017): 18-38.

②Egger H L, Dawson G, Hashemi J, et al., "Automatic emotion and attention analysis of young children at home: a ResearchKit autism feasibility study," *NPJ digital medicine* 1 (2018): 20.

③Rudovic O, Lee J, Dai M, et al., "Personalized machine learning for robot perception of affect and engagement in autism therapy," *Science Robotics* 3 (2018): eaao6760.

④Sivasangari A, Ajitha P, Rajkumar I, et al., "Emotion recognition system for autism disordered people," *Journal of Ambient Intelligence and Humanized Computing* (2019): 1-7.

量。通过对多例患者采集的数据进行分析，得出正确的诊断机制。预处理后的传感器数据可以存储在云中，供进一步分析和诊断时使用。这可以进一步用于与孤独症相关的其他类型的疾病。Al Banna等人[1]开发了一种基于人工智能的情绪识别系统。该系统利用传感器数据监测患者的病情，并根据患者的情绪和面部表情，通过游戏和任务调整其学习方法。

（二）情绪的感知与表达

机器人能帮助孤独症谱系障碍儿童提高识别和表达情绪的能力。Pop等人[2]在情绪识别干预研究中使用了机器人Probo，3名被诊断为孤独症谱系障碍的参与者（年龄在5至6岁之间）被纳入单例AB实验设计，并进行受试者间重复。研究结果表明，ASD儿童在识别基本情绪（如悲伤和快乐）方面有中等到较大的改善。

Pavez等人[3]构建了一种智能镜子来支持孤独症儿童在识别情绪和情绪表达能力方面的治疗。这种镜子可以识别愤怒、恐惧、悲伤、快乐和中性等五种基本情绪。它使用了卷积神经网络来分析相机拍摄的图像，并将其与患者应该表现出的情绪图像进行比较，从而支持健康专业人员对孤独症儿童的治疗。

互动式教育游戏被认为有可能提高ASD儿童的社会沟通能力，增强他们识别和表达情绪的能力。Rouhi等人[4]利用机器学习技术开发了一款口语教学游戏，帮助孤独症儿童理解如何正确识别和表达情绪。游戏以四种情绪状态（快乐、悲伤、愤怒和中性）为重点，分为两个阶段：第一阶段是学习如何识别和表达情感，第二阶段是对用户的情感技能进行检查和评估，这两个阶段的难度逐渐增大。

①Al Banna M H, Ghosh T, Taher K A, et al., A Monitoring System for Patients of Autism Spectrum Disorder Using Artificial Intelligence (paper represented at the Brain Informatics, Padua, Italy, September 2020), pp. 251 - 262.

②Pop C A, Simut R, Pintea S, et al., "Can the social robot Probo help children with autism to identify situation-based emotions? A series of single case experiments," *International Journal of Humanoid Robotics* 10 (2013): 1350025.

③Pavez R, Diaz J, Arango-Lopez J, et al., "Emo-mirror: a proposal to support emotion recognition in children with autism spectrum disorders," *Neural Computing and Applications* 35 (2023): 7913-7924.

④Rouhi A, Spitale M, Catania F, et al., Emotify: emotional game for children with autism spectrum disorder based-on machine learning (paper represented at the proceedings of the Proceedings of the 24th International Conference on Intelligent User Interfaces: Companion, Los Angeles, March 2019), pp. 31 - 32.

一项关于孤独症儿童情绪认知障碍的研究[①]，其目标是帮助孤独症儿童提高兼顾情绪感知和情绪表达的情绪互动能力。情绪感知表明患者沉浸在自己的世界里，无法正确区分他人的情绪，而情绪表达表明儿童拒绝与外部世界交流情感。因此，其他人很难通过孤独症儿童的言语或面部表情来理解他们的感受。为了达到提高孤独症儿童情绪感知和表达能力的目的，Xiao等人提出了第一视角（First-view）的设计理念，即认为情感认知系统的视角应该与孤独症儿童的视角一致。这一理念与传统基于人机交互系统的设计完全不同，克服了传统系统以第三人称视角设计的障碍。第一视角互动系统是儿童与交换对象而不是另一个交换对象之间的情感沟通渠道。在第一视角交互系统中，可以理解为系统的感知层离用户足够近，集成了多个传感器，具有环境感知能力，帮助用户完成认知任务，实现陪伴和监护功能。

四、社交技能训练

利用机器学习技术和虚拟现实技术来开发认知训练软件，可以帮助孤独症患者提高社交和沟通技能。例如，使用虚拟现实技术创建一个虚拟社交场景，让患者与虚拟人物进行互动，从而提高社交能力。

社交机器人可以为ASD儿童展示在特定情景下的社会交往行为，刺激儿童通过模仿学习和强化指定的社交技能。例如机器人Probo可通过讲述具有特定社交情景的小故事促进儿童在不同场景进行互动，包括分享玩具、说"你好"和说"谢谢"。同时，社交机器人还能通过面部表情和眼神表达情绪，帮助ASD儿童理解和学习社会交往行为。[②]一项在真实治疗环境中的试点研究，使用社交机器人Pepper在专门设计的关于货币交易的教育场景中与三名ASD儿童进行互动。这些场景的目标是通过硬币和纸币使用的练习来增强短期和长期记忆，以及提升沟通和社交技能。最终，这些练习促进了孤独症儿童参与并主动发起沟通，帮助他们掌握了

[①]Xiao W, Li M, Chen M, et al., "Deep interaction: Wearable robot-assisted emotion communication for enhancing perception and expression ability of children with Autism Spectrum Disorders," *Future Generation Computer Systems* 108 (2020): 709-716.

[②]Vanderborght B, Simut R, Saldien J, et al., "Using the social robot probo as a social story telling agent for children with ASD," *Interaction Studies* 13 (2012): 348-372.

日常生活技能。①

由赫特福德大学的自适应系统研究小组开发的社交互动机器人KASPAR，是一个具有儿童大小的人形机器人，可以使用较少的表情，允许多模态交互。②KASPAR是为社交互动而设计的，可以用手、手臂、躯干、头部创造身体动作或手势，还可以显示面部表情。KASPAR模仿人类的表达方式虽然不太逼真，但已足够接近人类的表达方式，并考虑到了知识和技能的迁移。此外，KASPAR还可以表达（预编程的）单词或声音。机器人被放置在儿童面前的桌子上，通常以半自主的方式使用，其中专业人员远程控制KASPAR的某些动作，而其他动作则由KASPAR在不同身体部位（如腹部、手臂、手、脚）的传感器激活触发。除了机器人之外，还可以在笔记本电脑或个人电脑上运行KASPAR程序，用于创建新的KASPAR场景。③早期的研究表明，KASPAR可以积极地促进学习甚至增强身体意识及延展儿童的注意力范围，调节、促进和鼓励儿童与其他人的社会互动④，帮助儿童了解身体部位和进行适当的身体互动，并提升孤独症儿童的协作技能。

在培养儿童社交能力的过程中，游戏发挥着重要作用。以游戏化的方式开展教学与训练，可以帮助患者提高自己的认知和社交能力。ASD儿童难以与其他儿童进行游戏活动，而社交机器人作为玩伴可以为ASD儿童提供安全、愉快的游戏环境，鼓励孩子无所畏惧地进行游戏互动。社交机器人被认为是与孤独症谱系障碍儿童玩游戏的激励工具。Simut等人⑤采用重复测量设计来比较机器人互动与成人互动，在其设计的孤独症儿童与机器人Probe一起做沙拉活动中，儿童需根据机

---

①Efstratiou R, Karatsioras C, Papadopoulou M, et al., Teaching daily life skills in autism spectrum disorder (ASD) interventions using the social robot pepper (paper represented at the proceedings of the Robotics in Education: Methodologies and Technologies, Bratislava, Slovakia, January 2021), pp. 86 - 97.

②Dautenhahn K, Nehaniv C L, Walters M L, et al., "KASPAR - a minimally expressive humanoid robot for human - robot interaction research," *Applied Bionics and Biomechanics* 6 (2009): 369-397.

③Huijnen C a G J, Lexis M a S, De Witte L P, "Matching Robot KASPAR to Autism Spectrum Disorder (ASD) Therapy and Educational Goals," *International Journal of Social Robotics* 8 (2016): 445-455.

④Robins B, Dautenhahn K, Dickerson P. From isolation to communication: a case study evaluation of robot assisted play for children with autism with a minimally expressive human - oid robot (paper represented at the proceedings of the 2009 second international conferences on advances in computer-human interactions, Cancun, Mexico, February 2009), pp. 205-211.

⑤Simut R E, Vanderfaeillie J, Peca A, et al., "Children with autism spectrum disorders make a fruit salad with Probo, the social robot: an interaction study," *Journal of autism and developmental disorders* 46 (2016): 113-126.

器人同伴的眼神、面部表情和语言来判断他对水果的喜好，做出同伴喜欢的水果沙拉。

以上技术可以减轻患者的痛苦，提高他们的生活质量。但是需要注意的是，这些技术不能代替真实的人际交往和治疗，仍需专业人员的帮助和指导。

五、运动缺陷补偿

刻板运动（stereotypical motor movement，SMMs）是孤独症儿童的非典型和重复行为的一个非常重要的类别，因此有必要开发有效和准确的工具来自动检测这些运动。沿着这个方向，许多研究集中在使用加速度传感器来检测孤独症儿童的刻板行为。加速度计是一种机电传感器，用于测量特定时间段内身体活动的频率、体积变化和持续时间。由于加速度计体积小，可以集成到手机中，非常方便，适用于可穿戴设备。另一项研究提出，在机器学习的帮助下，基于动力学和运动学的步态特征，对行走的重复模式进行分类。该研究结果表明，基于线性分析（LDA）的步态动力学特征分类预测准确率达到了82.5%，错误率较低。[①]

六、个别化教育

孤独症儿童个体差异极大，许多孤独症儿童可能会同时表现为多重障碍，也有部分儿童某方面的能力虽然超常，却难以在社会情境中充分发挥和适应性地运用。个别化教育计划（Individualized Education Program，IEP）源于美国在1975年通过的94-142公法中"必须为每一个接受特殊教育的学生制定一份书面的个别化教育计划"的指南，是特殊教育为适应学生的个别差异，满足学生的个别需求而拟定的文件。

（一）个别化教育主要内容

（1）每一份计划的实施期限，即多长时间内完成本计划。特殊教育学校一般为一个学期或者一学年。

（2）每一份个体计划预计达到的能力目标。

（3）预计给该个体提供的教育安置以及相关服务。

---

①Hasan C Z C, Jailani R, Tahir N M, et al, "Automated classification of autism spectrum disorders gait patterns using discriminant analysis based on kinematic and kinetic gait features," *Journal of Applied Environmental and Biological Sciences* 7 (2017): 150-156.

（4）对个体进行教育安置与服务的目标，包括长期目标与短期目标。

（5）为达到个体教育与服务所拟定的策略和方法。

（6）评估上述目标的标准或规定。

人工智能在特殊教育中最重要的功能之一，是提供个别化的学习机会，提供定制的学习内容和材料，以满足个体的特定需求，考虑他们的特殊优势和需求。人工智能对于特殊儿童的个别化教育的制定和执行具有重要意义，智能教学系统可以识别特殊儿童的障碍类型，高效把握学生学习情况，根据学生的能力和进度调整任务安排；智能导师技术，凭借其自然语言处理、动作行为识别检测技术和人脸识别技术，能够辅助特教教师进行教学，提供丰富的教育资源支持教学活动，并以互动方式吸引儿童的注意力；而深度学习系统，则在导入教学大纲、学生信息等基本资料后，可为儿童安排课程、设计教材。由此可见，人工智能技术在个别化教育应用方面，具有全面、高效、便捷的独特优势，为个别化教育工作的开展提供了先进的技术支持。

（二）个别化教育教学方法

每位孤独症谱系障碍儿童都有不同的特点，需要针对他们的需要进行针对性的教育，因此寻找适合孤独症儿童的教学方法十分必要。为帮助教师、家长以及教育机构为孤独症儿童确定有效的学习方法，Zoana等人开展了一项应用机器学习来确定孤独症儿童的最佳教学方法的研究[1]，其设计出的模型工作过程是：首先，收集与研究相关的数据，在输入数据预处理阶段涉及删除不必要的数据，并转换必要数据的数据类型，使其易于在模型中处理。然后，预处理后的输入数据进入训练和测试分割阶段，并建立两个部分，一个用于训练模型，另一个用于与预测输出进行比较。最后，使用选定的机器学习算法，在预处理后的输入数据上运行，选择最佳拟合算法，并应用于寻找适合ASD儿童的教学方法。该项目从众多专门针对孤独症儿童的教育方法中，选出了六种教学方法，分别为：

（1）技术辅助教学与干预，是一种以技术为中心特征的学习系统。这是为那些需要一些额外的时间来复习练习和调整自己的学习速度的孩子们设计的。因此，教师和其他需要较少支持的学生可以继续前进。

---

①Zoana Z T, Shafeen M W, Akter N, et al., "Application of machine learning in identification of best teaching method for children with autism spectrum disorder," *arXiv preprint arXiv: 230205035* (2023).

（2）基于前因的干预，这是另一种基于证据的实践。它可以确定导致儿童被干扰的原因，并修改环境以消除对儿童的干扰行为，使他们能重新专注于练习。

（3）关键反应训练，这是一种治疗型的训练系统。它能增强孩子的学习动机，促使其开始与他人交流，并监控他们自己的行为。

（4）同伴介导的指导和干预。这种方法需要另一个没有残疾的孩子在教师或治疗师之外担任教学角色。同伴不仅扮演导师的角色，还要在学习过程中教授关键的社交技巧。

（5）图片交换沟通法，鼓励有语言障碍的孩子使用视觉符号与父母、老师和同龄人交流。它是一种互补和替代系统，用于有意和功能性的沟通，以告诉他们想要或需要什么。

（6）任务分析，它将复杂的任务分解成连续的小步骤。这种教学方法适用于即使是简单的任务也难以完成而放弃的个体。

（三）智能教育评估

为了实现个性化教学，Rudovic等人[1]开发了一种个别化的深度学习模型，使用头部和身体运动、面部表情和手势、音频记录和心率数据、皮肤电活动和体温等生物信号的协调视频记录，来评估孤独症儿童的参与度。结果表明，该模型与人类专家相比，在情感和参与度的预测方面与人类专家的表现相当，准确率约为60%，优于非个性化机器学习解决方案。该研究证实，人工智能是改善精神障碍儿童社会互动和支持性教育的有效途径。

（四）智能教育系统

人工智能工具帮助教师通过探索个人技能和天赋，调整教学策略来支持孤独症学生，让他们走上自主学习之路。图7-1[2]展示了一个具有代表性的基于人工智能/机器学习的个别化教育系统，该系统能够满足孤独症患者的需求。这些类型的系统是由作为系统核心组件的行为代理驱动的。结合行为和生理数据，这些系统

---

[1]Rudovic O, Lee J, Dai M, et al., "Personalized machine learning for robot perception of affect and engagement in autism therapy," *Science Robotics* 3 (2018): eaao6760.

[2]Mahmud M, Kaiser M S, Rahman M A, et al., Towards explainable and privacy-preserving artificial intelligence for personalisation in autism spectrum disorder (paper represented at the International Conference on Human-Computer Interaction, Virtual Event, June 2022), pp. 356-370.

能够识别学习者的情感状态，并在需要时将其传达给教师、护理人员或医生。此外，与支持性智能体（如机器人）的互动有助于监测学习状态，从而通过考虑教学、学习者模型、任务和主题等本体的自适应学习智能体来定制学习材料。最后，将自适应学习材料馈送给教学代理，由其传递给学习者。

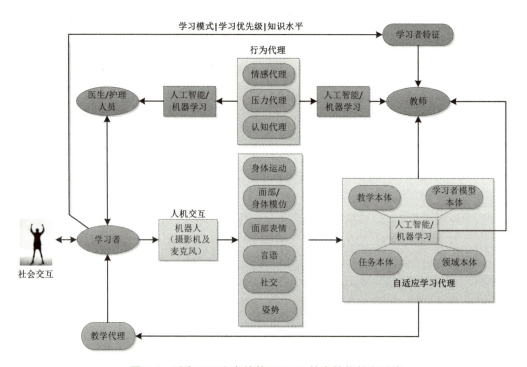

图7-1 适合ASD患者的基于AI/ML的个性化教育系统

第四节 未来展望

孤独症谱系障碍学生需要一种特殊的教育形式，因此被认为是有"特殊教育需要"（SEN）的学生。近二十年来，对孤独症谱系障碍的研究大量增加，将孤独症儿童纳入普通教育和专门教育体系的趋势也随之上升。然而，对孤独症谱系障碍儿童的教育还不够完善。在学校里，社会互动无处不在，而且不断变化。课堂上的一些教学活动可能适合普通学生，但可能不适合孤独症儿童。另一方面，一些提示孩子改变某些行为的内容，通常很难被孤独症儿童顺利理解并遵循。由于缺乏深入的专业知识，教师在应对有特殊教育需要的孤独症儿童时可能会感到迷茫，这对儿童的教育也可能产生不利影响。早期的研究已经预见到教师在正确的教育方法方面所面临的挑战。利用人工智能寻找适合孤独症儿童的教育教学方法，在这一领域还有很大的研究和提升空间。针对孤独症教育的建模方法在很大程度上仍需进一步探索。

基于人工智能技术的机器人及相关设备，为孤独症谱系障碍患儿营造了一个相对简化的环境，并能逐步提升他们所面临的认知挑战与社会行为复杂性的适应能力。虽然国内人工智能技术发展迅猛，接近世界领先水平，且应用机器人干预孤独症谱系障碍儿童的研究次第涌现，但在原始设计医学智能机器应用于孤独症患儿方面的研究起步相对较晚。国外人工智能技术应用的种类较多，针对不同的康复目的采用不同的人工智能机器。国内大多集中在NAO机器人或其程序系统的改良版本，目前很少有研究将重心从技术发展转移到探索最佳的临床实践方式上。因此，未来的相关研究，在探讨人工智能技术在孤独症儿童认知及社会功能康复的应用中有关适应证情况的基础上，可以尝试建立新的干预理论并推广适用于临床的模式，将来可应用于医院、特殊儿童训练养护中心，产业化后甚至还可应用到家庭中，为早期干预孤独症谱系障碍儿童的认知水平及社交技能提供助力。

由于孤独症的异质性，在改善沟通、社交和行为技能方面的诊断和相关治疗非常具有挑战性，这也是支持孤独症患者的最大障碍之一。由于人工智能和机器学习技术的最新发展，ASD可以在早期被发现。此外，这些新技术可以促进个性化治疗，包括认知行为疗法和教育干预。

在情绪方面，现有研究主要集中在基于孤独症儿童声音、情绪反应等外部表征的情绪识别上，大多局限于提供情绪识别工具来辅助ASD的研究和治疗，而对于ASD患者的情感交流的深入探讨尚显不足。此外，这些解决方案侧重于为儿童提供沉浸式的互动体验，却忽视了对系统移动性的要求。

另外，孤独症儿童的刻板运动（SMMs）较少得到关注，与ASD运动缺陷相关的运动学改变或姿势摇摆的研究也很少。诊断通常基于对发育史和各种行为及运动症状，目前尚未确定运动或姿势摇摆特征是否能作为ASD的诊断生物标志物。[1]

---

①Li Y, Mache M A, Todd T A. Automated identification of postural control for children with autism spectrum disorder using a machine learning approach [J]. Journal of Biomechanics, 2020, 113: 110073.

第八章

人工智能在图书馆无障碍服务中的应用

随着人工智能技术的快速发展，其在各领域的应用日益广泛。图书馆作为公共文化服务的重要一环，也开始积极探索人工智能在无障碍服务中的应用。人工智能技术在图书馆中的应用，可以帮助读者更便捷、高效地获取信息，提高图书馆的公共服务水平。利用人工智能技术，图书馆能更好地为残疾人和老年人等社会弱势群体提供图书和信息，确保相关读者享有便捷、高效的无障碍服务，让更多人体验到阅读的乐趣。本章介绍了图书馆无障碍服务的发展历程，探讨了目前主流人工智能技术在图书馆无障碍服务中的应用。

第一节　图书馆无障碍服务发展历程

一、图书馆无障碍服务发展情况

图书馆无障碍服务是指图书馆为身体、认知和感官等方面存在障碍的读者提供的便利和帮助，以满足他们的阅读和参与图书馆活动的需求。在过去几十年里，随着社会进步和人文关怀的增强，社会对障碍群体的关注度持续提升，图书馆的无障碍服务也不断得到发展和改进。

在20世纪50年代，随着残障人士的权利逐渐受到关注，一些国家和地区开始考虑为这一群体提供公共文化服务。在此背景下，一些图书馆开始尝试提供无障碍服务，比如提供盲文书籍、扩大字体和提供语音读物等。

20世纪80年代，众多图书馆启动了改造和扩建工程，这一时期被称为"适应性建筑"时期。改造和扩建主要包括建设无障碍通道、配置满足不同需求的座位、设置视障人士专用的阅读桌椅和计算机等。这些设施为障碍群体提供了更便利的阅读条件和参与图书馆活动的机会。

20世纪90年代，随着计算机技术的快速发展，图书馆开始利用技术手段为障碍群体提供更加便利的服务。例如，图书馆开始提供适合视障人士阅读的电子文本和语音合成服务，同时提供适应听障人士的文字转换技术和手语翻译服务。这些技术的运用，极大地方便了障碍群体获取信息和参与图书馆活动。

到了21世纪初，图书馆无障碍服务的重点转向了提供多样化的服务和资源。许多图书馆开始提供适应不同需求的图书和资源，包括视障人士专用电子书和有声书、适合听障人士的影片和视频资源等。此外，图书馆还开始提供适应不同能力的阅读和参与活动的方案，例如适应听障人士的音乐会和适应视障人士的博物馆参观等。

近年来，我国针对图书馆的无障碍服务相继出台了相应的国家标准，如《GB/T36719-2018图书馆视障人士服务规范》《GB/T40952-2021公共图书馆听障人士服务规范》等。这些标准的实施，将大力推动我国图书馆无障碍服务的建设。主要包括如下无障碍服务：

（一）无障碍设施

从20世纪90年代开始，我国一些公共图书馆开始逐步完善无障碍设施。比如设立轮椅通道、提供电梯等，以满足残障人士的需求。进入21世纪，更多的图书馆加入了无障碍设施的建设，不仅数量增加，而且服务质量也有了显著提升。

（二）无障碍通道

在无障碍通道方面，我国图书馆经历了从无到有，再到不断完善的过程。早期，图书馆通道往往没有考虑到残疾人的需求，给他们的阅读带来了一定的困难。随着无障碍理念的普及，图书馆开始对通道进行改造，使其适应各类人群的需求。

（三）盲文书籍

盲文书籍是图书馆无障碍服务的重要组成部分。我国图书馆从20世纪50年代开始提供盲文书籍，但数量较少。进入21世纪，随着盲文书籍的普及和盲人阅读需求的增加，图书馆不断加大盲文书籍的采购力度，为盲人读者提供更好的阅读服务。

（四）语音导览

语音导览是图书馆为视力障碍人士提供的一种无障碍服务。我国公共图书馆在近年来开始引入这项服务，通过智能语音提示系统，为视力障碍读者提供阅读指引。

（五）残障人士优先

为了更好地服务残障人士，我国图书馆在资源分配和活动组织等方面实施了残障人士优先的政策。比如在借阅方面，残障人士可以享受优先借阅的权利；在图书馆举办的各类活动中，也会为残障人士提供优先参与的机会。

（六）定期举办无障碍活动

为增强残障人士的文化参与感和阅读兴趣，我国图书馆定期举办各种无障碍活动，如讲座、读书会、文艺演出等。这些活动为残障人士提供了一个展示自我、交流学习的平台，也使得图书馆成为他们文化生活的重要场所。

（七）提供无障碍停车位

为方便残障人士的出行，我国图书馆逐步增加了无障碍停车位的数量，并在停车位附近设置无障碍通道，确保残障人士能够方便地进出图书馆。

（八）提供无障碍电脑设备

为满足残障人士在电脑使用方面的需求，我国图书馆提供了无障碍电脑设备，包括盲人专用键盘、语音输入系统等。这些设备为残障人士提供了便利，能帮助他们更好地使用图书馆资源。

总之，图书馆无障碍服务的发展历程是一个不断改进和多样化的过程。过去几十年中，图书馆为障碍群体提供了越来越多的便利和服务，使他们能够更加平等地参与图书馆活动和使用图书馆资源。未来，随着技术的不断进步和社会对障碍群体关注度的提高，图书馆无障碍服务必将得到持续发展和完善。

二、信息时代图书馆无障碍服务的发展——从web1.0到web3.0

随着互联网和信息技术的持续发展，图书馆正通过信息化手段和精细化设计，打造惠及全社会的无障碍服务环境，同时也给予特殊群体充分的自由和尊重，深入贯彻以人为本的服务理念。

（一）Web1.0——静态网站建设下的"只读"无障碍服务

Web1.0时代，互联网逐渐从一个新兴的信息传输媒介转变为一个重要的信息获取和交流渠道。随着信息传输的速度和效率得到显著提升，信息获取的门槛逐渐降低，用户可以轻松浏览网页信息、实时在线搜索、阅读网络新闻等。Web1.0的出现为信息社会的崛起奠定了坚实的基础，为用户提供了更多获取知识和信息的机会，开启了全新的沟通方式。

通过静态网站的建设，图书馆可以帮助视力障碍和阅读障碍的用户更好地使用图书馆的资源，提高他们的学习效率。主要包括：

提供大字体和易于阅读的排版：为方便视力障碍用户，图书馆可以提供大字体和易于阅读的版式，使文本更易于阅读。

提供有声读物和语音导航：对视力障碍用户提供有声读物和语音导航，可以帮助他们听到并理解图书馆的资源。

提供无障碍格式的文献资料：图书馆可以提供无障碍格式的文献资料，如电子书和电子期刊，以方便视力障碍和阅读障碍的用户。

提供说明和指导：图书馆可以提供说明和指导，帮助用户了解使用图书馆无障碍服务的方法。

提供无障碍技术支持：图书馆可以提供无障碍技术支持，如屏幕阅读器和屏幕放大软件，帮助视力障碍用户更好地使用图书馆的资源。

（二）Web2.0——移动终端下的"读写结合"

随着即时信息（IM）、社会网络（SNS）技术和移动终端及应用的不断发展与成熟，信息技术的深入使用为图书馆的无障碍服务提供了质的飞跃。图书馆的无障碍服务也不再局限于点读器、放大器等硬件设备，软件的开发和使用也逐渐发展与成熟。无障碍数字图书馆的建设和无障碍应用程序的开发越发广泛。Web2.0时代交互式的特点使无障碍服务更加多元。即时服务、在线服务是Web2.0时代无障碍服务的主要特点。

同时，移动终端的普及也为用户"无论何时何地"利用图书馆资源提供了可能。通过在移动终端上实施无障碍建设，图书馆的服务得以更加贴近用户的需求，并为读者提供了更加便捷和智能的信息获取方式。随着移动终端技术的不断更新和发展，无障碍服务的方式和范围也在持续扩大，为障碍群体带来了更多的支持和便利。障碍群体与图书馆之间的距离进一步缩短，未来无障碍服务的建设也将拥有更为广阔的发展空间。

（三）Web3.0——去中心化、个性化的"读写自由"

随着云计算、大数据、虚拟现实、区块链等技术的日益成熟和发展，图书馆的无障碍服务正以全新的姿态迎接Web3.0时代。图书馆可以利用这些技术为障碍读者提供更广泛的服务。比如，基于云计算的去中心化服务、基于大数据技术的个性化信息检索和推荐、基于虚拟现实技术的读者沉浸式体验等。区块链技术也为用户信息和数字资源内容的安全提供了更高级别的保障。多种技术的融合应用，为图书馆的无障碍服务提供了更多的包容性和可行性。

在Web3.0时代，我们将迎来一个极具创造性的服务空间。它不仅可以提升用户的沉浸感，还能弥补障碍群体在现实生活中的不足，实现感官的延伸。通过融合现代科技，Web3.0将提供更广泛、多样的无障碍服务，让所有人都能轻松地探索网络世界。这种趋势正持续增长，Web3.0的无障碍服务有望成为信息共享和智慧互联网的核心，为所有人带来更平等、公正和开放的机会。

第二节　基于元宇宙的读者信息服务

经过多年发展，公共图书馆的无障碍服务正逐步向更个性化和人性化的智慧服务迈进。元宇宙为公共图书馆无障碍服务的升级带来了重要的战略机遇。引入元宇宙的虚实融合、在线服务和沉浸式体验三大核心理念，图书馆有望在空间、时间和交流等无障碍服务的关键领域实现突破。

图书馆通过元宇宙服务，能创新服务方式，完善无障碍服务体系，并提升服务质量，确保残障群体能充分获取信息和学习知识。元宇宙技术搭建了一个平台，使障碍用户能够加入虚拟社区或社交群组，与其他用户、志愿者和图书馆员进行交流、分享经验并获取支持。这种互动和支持能增强用户的参与感和归属感，同时促进知识共享与互助。图书馆可以利用元宇宙技术扩展信息资源的深度和广度，通过分析用户的信息需求和获取障碍，再结合人工智能交互技术和虚拟图书馆员的支持，帮助残障群体、弱势群体平等地获取信息，更好地融入信息社会，实现数据资源的"最后一公里"覆盖。

一、元宇宙赋能图书馆读者信息服务的优势

（一）打破空间束缚，实现虚实融合

基于现实复刻的元宇宙图书馆，可以实现对实体图书馆的复制。用户可以在元宇宙图书馆中自由移动，在不同的元宇宙图书馆间自由切换，免去了现实世界中空间切换的麻烦，这一点对于残障人士尤为重要。用户在现实世界的行为数据、查询记录和相关咨询结果可以关联至元宇宙，同时其在元宇宙中的行为、产出和创造的价值也能被保存并同步至现实世界。通过虚实结合，打破空间束缚，实现虚拟馆和实体馆的无缝连接。

元宇宙图书馆不仅能从现实世界中获取数据，还能获取现实世界中相关活动的物理要素，包括人、物、环境和声音等，使用户在虚拟世界中同样能感受到现实世界的"精彩"。特殊人群可通过佩戴VR/AR眼镜等辅助设备或使用智能手机远程访问网络，即刻置身于图书馆的三维空间元宇宙场景中。这样，用户无须亲自到馆，也能随时随地浏览和查阅馆藏资源，参与图书馆活动，极大地方便了他们使用图书馆。

通过元宇宙图书馆，用户在选择信息资源时，可以在现实资源和虚拟资源之间自由切换，同时信息的展现形式也能在普通读物、盲文读物、有声读物、视频播放等多种方式中灵活选择，极大地丰富了信息获取方式并简化了流程。

（二）打破时间限制，实现全时服务

图书馆的信息服务正在从传统的以图书馆为中心向以用户为中心转变。随着信息时代的发展，网络无处不在，用户对于高品质的在线服务也提出了更高的要求。图书馆的信息服务不再局限于传统的严格开馆闭馆时间，而是提供24小时在线的全天候服务。24小时自助借还，实现了传统图书借阅服务的全天候服务。当前，通过人工智能和元宇宙技术，虚拟馆员可以实现24小时无人值守并接受咨询。

在元宇宙图书馆中，馆员们可以通过数字孪生技术塑造自己的虚拟数字形象，

实现"超长待机"，随时待命。这些虚拟数字人不仅外观高度拟真，接近真实的馆员，还具备类似ChatGPT的自然语言处理能力，能够实现无障碍沟通，成为用户贴心的信息管家。它们能精准、专业地满足用户的信息需求。

（三）打破交流障碍，实现个性化体验

当用户踏入图书馆的那一刻，虚拟馆员便开始了全程陪伴，提供一对一的专人服务。虚拟馆员能够智能调节和智慧化决策，根据不同用户在不同时段的阅读习惯，提升用户的满足感和满意度。

此外，针对不同受众，图书馆还提供多种服务模式，确保无障碍沟通。比如，对于视障人群，将使用语音与其沟通；对于听力及语言障碍人群，将使用手语或眼动追踪等功能与其交流，满足不同群体的个性化需求。

元宇宙图书馆将虚实融合的空间与用户的认知范围相结合，打造一个技术和意识、身体和思想双重沉浸的体验世界，为用户带来前所未有的奇妙感受。未来元宇宙图书馆的服务将把沉浸式体验作为核心特征，通过感官互通，为特殊群体带来"第二生命"的真实感受，让他们能够在虚拟与现实交融的世界中，尽享知识的魅力与探索的乐趣。

随着元宇宙技术的飞速发展，VR、AR、MR等扩展技术正不断渗透到各个领域，引领用户探索更加丰富的互动场景。这类深度还原的场景有助于用户重新思考，激发创造力，让用户从内容的"消费者"转变为信息的"生产者"。

在元宇宙视域下，图书馆沉浸式网络不仅超越了单一视觉体验，还全面调动并协同用户的各项感知能力，为特殊群体打造了一个高自由度且包容的学习与交流空间。通过沉浸式网络环境，特殊群体得以自由表达在现实世界中无法亲自表述的抽象思维，有效破除交流障碍，实现情感共鸣。

二、元宇宙赋能图书馆读者信息服务的体系架构

随着无障碍理念的持续演进，无障碍服务的范围不断拓宽，不仅覆盖了残障人士、孕妇、儿童、病人及老人等特殊群体，甚至惠及社会上的每一位成员。元宇宙图书馆应当以设备层为基础，充分考虑不同群体在使用数字智能辅助设备和技术时可能遇到的困境，综合调动多感官实现阅读无障碍；以数据层为支撑，充分整合各类资源，发挥资源优势，提升用户满意度并增强用户粘性；以表达交互层为纽带，借助虚拟数字人打造无障碍沟通的精细服务，实现"馆馆互通""馆人

互通"。

（一）基础设备层

完善的设施是实现图书馆无障碍服务的基石。目前，图书馆在辅助设备方面拥有带读屏软件的电脑、助听器、助视器、轮椅、盲用电脑、盲文刻印机、盲文打字机、盲文点显器等硬件设备，以及盲文书刊、有声读物等无障碍资源，已具备一定的无障碍服务基础。然而，要实现无障碍阅读目标，除了要完善硬件设备，还需要提升软件管理水平，同时优化系统配套设施。

元宇宙图书馆的构建，将让每一位用户都能平等享受现代文明。辅助设备已超越单一感官体验，融合听觉、触觉等多感官交互，使用户能在图书馆的虚拟场景中全方位漫游，随意标记与创作，从而有望实现用户和图书馆之间共享、共创、共建的全新互动模式。视障用户能够借助可穿戴设备，录入语音参数、接收并响应其发出的语音指令；而听障用户则可以通过手势识别或眼动追踪系统获取所需服务。针对无法听、说、读、写的用户群体，图书馆可引入脑机接口技术，使用户能将身体作为信息交互的数据源。用户能够利用大脑发出的信号控制相关设备，进行信息采集与传递，实现与图书馆之间的高效、无障碍沟通。同时，元宇宙图书馆能借助辅助设备实现全面跟踪，无差别地获取用户的各种信息需求，并为其提供全方位、全周期、立体化且高度个性化的无障碍服务。

（二）数据资源层

文献资源在图书馆中发挥着基础性作用，图书馆通过汇聚丰富多样且独具特色的馆藏文献，来塑造自身的独特魅力，并据此提升其综合影响力与竞争力。随着数字图书馆、智慧图书馆在图书馆界的广泛推广与实践，图书馆在信息化建设方面取得了显著的成效和进步。然而，不同来源的数字资源和实体资源之间，目前还未能实现细粒度的有机整合。

作为图书馆阅读推广服务的基础，文献资源的服务质量和图书馆的整体服务水平密切相关。面对用户日益增长的阅读需求以及不同用户阅读方式的多元化转变，在满足弱势群体和社会边缘群体的需求的同时，如何进一步增强图书馆的吸引力，是值得探寻的问题。

在传统纸质资源的基础上，图书馆构建起虚拟馆，将特色文献、馆藏古籍等珍贵的实体资源进行全面数字化，并复制到虚拟馆中，进而实现数字资源虚拟化。

全息投影技术可以将虚拟资源中的场景、人物进行等比真实还原，让资源更为生动形象，实现虚拟资源立体化。通过让资源真正地"活起来"，图书馆可以实现从资源拥有者到资源使用者的转变，促进了资源利用率的提升，满足用户对于知识的需求。

此外，图书馆应加强馆际合作，同时加强和博物馆、名胜古迹等机构的合作，进一步做好资源整合。对于博物馆、名胜古迹中的文物、景点等文化遗产，要做好真实还原。用户可以通过手柄或者发送指令以非接触方式翻阅古籍，触摸文物。除此之外，通过共同构建"联名"虚拟空间，打造文化IP，进一步实现数字资源价值化。

（三）表达交互层

在图书馆的元宇宙场景中，用户可以通过多种方式进入虚拟馆，且所有资源按照用户的喜爱程度依次呈现，可看可听可触。实体馆中开展的艺术展、知识讲座、学术沙龙等内容，可实时同步至虚拟场景中，鼓励用户使用数字身份参会，积极调动特殊群体的参与意愿。在虚拟空间中，用户可以自由创作，人人都能成为内容的生产者，使阅读更具互动性和趣味性。例如，热门VR游戏HalfLife就在虚拟空间中为用户提供了任意作画、书写的功能，用户的创作内容和阅读笔记不仅仅是一段文字、一段语音、一张照片，甚至可以实现气味与触觉和记忆片段的模拟保存。

虚拟馆员可以由用户自主选择形象，甚至允许用户自由捏脸、自主创作。除了语音识别，虚拟馆员还能通过虹膜识别、动作反馈、表情分析、脑机交互等方式识别用户指令，进行行为分析，实现对用户的深入洞察。借助人工智能等技术，虚拟馆员无需预先设定，就能够准确响应，帮助用户精确查询所需资源，并将数字信息以便于用户理解的方式进行呈现。虚拟数字人作为元宇宙的重要组成部分，已在各领域大放异彩。虚拟数字人在元宇宙图书馆中充当用户的忠实伙伴，为他们提供了发现更好自我的机会。虚拟馆员作为图书馆员的延伸，不仅外观与真实人类高度相似，还拥有独特的个性和自己的价值观与世界观。他们能将用户的语音转换为文本，理解用户意图，模拟真实对话，准确解答业务问题，并模仿真人的语速、语调及音量，提供真实的交互感。虚拟馆员对各类残障用户的需求了如指掌，能够提供"适度"的服务。他们不再仅仅是单纯的引导者，更像是用户的亲密伙伴。

三、元宇宙赋能图书馆读者信息服务的实现途径

（一）完善设施建设

完善的辅助设施不仅是为了满足用户生活的便利需求，更是为了促进残障人群融入社会的重要手段。因此，元宇宙图书馆辅助设施的建设不仅要关注硬件设备的完善，还要注重软件服务的细节。交互界面设计应简洁明了，操作步骤清晰易懂，同时关注各类用户的使用体验。元宇宙技术能为通用设计提供更多创新的解决方案。利用虚拟现实技术，图书馆相关工作人员可以在虚拟空间中模拟和体验各种图书馆公共环境，从而更好地评估和优化设计。通过使用虚拟现实设备，他们可以从不同人群的视角体验图书馆相关设施，发现并解决潜在的无障碍设计问题。这种虚拟实境的模拟和测试，也能帮助图书馆更好地理解和满足不同人群的需求。元宇宙的互动性和个性化特点为通用设计提供了更大的灵活性。在元宇宙虚拟平台上，用户可以根据个人需求和能力自定义平台的布局和功能。此外，用户还可以根据自己的喜好和需求选择不同的辅助设备和交互方式，从而提升使用的便利性和舒适度。

（二）优化资源整合

构建元宇宙图书馆时，虚拟资源以实体资源为依托，实体资源为虚拟资源的建设提供了重要基础。各大图书馆的特色馆藏是其提升竞争力的核心，同时也需加强资源利用意识。借助虚拟化技术，将资源细粒度整合，在元宇宙图书馆中实现全覆盖。实体图书馆不仅要发掘新资源，还要将古籍、善本、书法真迹、绘画作品等传统图书资料以外的内容融入虚拟资源池，满足读者对丰富、特色资源的需求。

拥有丰富资源的同时，图书馆不仅要扩大馆际合作，还要关注资源的版权认证与保护。即使是虚拟资源，也要确保可以通过图书馆官方渠道统一检索。可利用区块链技术全流程追踪，确保版权得到有效保护。

在元宇宙技术赋能下，图书馆需加快资源整合，构建线上线下互动融合、立体覆盖的资源供给体系，确保各类障碍人群的资源可及性。虚实共生还能通过资源整合，推动知识共享和跨界合作。不局限于图书馆，通过联合美术馆、博物馆等GLAM机构构建虚拟平台，促进不同领域资源的跨界整合和共享，推动知识的

交流和创新。

（三）定制虚拟服务

图书馆后台运营需深刻理解用户需求。随着使用的深入，用户的需求日益多元化，这要求图书馆员能够依据用户的阅览历史、阅读足迹等数据进行项目策划，创建个性化的阅读路径。图书馆可以提供专家型馆员服务，并结合ChatGPT类AI大模型的辅助，解决用户在资料查阅、文献研究过程中遇到的内容相关问题。

图书馆员在提供无障碍服务的过程中，需运用人类的同理心和人际沟通技巧，以弥补人工智能在情感方面的不足。在人机协同时代，定制虚拟服务成为重要趋势。随着人工智能和自然语言处理技术的不断进步，机器学习也能帮助图书馆员更深入地理解和服务用户，实现人机协同服务的灵活切换和无缝衔接。图书馆应为用户提供"线上+远程+线下"的协同融合的定制化服务。

第三节　基于人工智能机器人的交互服务

智能机器人是数智技术综合发展的产物，具有自适应性、自学习性、自治性等显著优势，同时具备形态拟人化、场景智能化、过程个性化等特点。[①]智能机器人的出现和普及，对新时代图书馆的治理产生了深远影响，加快了图书馆治理现代化的步伐，推动了智慧图书馆的形成和发展。

人工智能机器人能够高效处理大量重复且繁琐的任务，协助读者便捷获取信息并进行数字阅读。此外，它们还能有效减轻工作人员的心理压力，释放出更多时间和精力去从事高智力活动，从而提高工作积极性和服务质量。

目前，人工智能机器人技术的应用为图书馆的管理和服务带来了重大变革，进一步提升了图书馆的服务能力，新技术的应用不仅提高了服务效率，更为读者提供了智能化、个性化的阅读体验。

---

①李立睿，张嘉程，魏银珍等.智能机器人赋能图书馆服务：内涵、特征与实施路向［J］.图书馆学研究，2022（11）：10-18

一、智能机器人助力图书馆读者信息服务的主要途径

（一）数据整合与规范

图书馆数字化建设是复杂而重要的工程，涉及大量文献资源、读者信息等数据。这些数据不仅是智慧图书馆正常运营的重要基础，也是实现图书馆智慧服务的关键保障。然而，随着数字化进程，图书馆的数字资源不断快速增长，日积月累形成了一个复杂且多样化的数据集。这个包含大量异构数据的数据集已经无法满足智能机器人提供智慧服务的现实需要。因此，为实现智能化、个性化的服务目标，对图书馆庞大的数据资源进行深度挖掘是必然选择。这些数据资源的处理和分析，需要专业的技术和方法来确保数据的准确性和可靠性。为此，图书馆需积极寻求合作伙伴开发新技术和应用，制定数据和技术标准，整合并规范数字资源。通过这些措施，利用好现有的数据资源，提升智慧服务水平。

进行数据资源的规范化治理。多方主体（包括政府、企业、机构等）应充分发挥各自的优势，积极参与图书馆的智能信息化建设，共同构建高质量的数据资源库，为规范数字资源建设提供有力保障。在实现高质量数据资源库建设目标时，图书馆需依据数据的种类、范围和效用统一存储标准和规范体系，并参考智能机器人服务等级标准建立数据质量管理体系。这样，才能为不同的机器人实现数据要素价值创造必要条件。①

进行不同类型数据资源的系统化整合。图书馆全天候获取和收集运营数据，得益于传感设备、穿戴设备、移动设备等智能设备的运用，有效解决了数据采集问题。然而，仅此仍显不够，图书馆还需加强数据的开放共享和系统化整合。图书馆可与政府、企业、机构合作，共建公共服务数据平台，实现数据互通、合作共享，促进数据流动，从而实现图书馆数据资源的整合。此外，图书馆还需关注数据资源的粒度，对不同类型的数据进行细粒度挖掘，以实现数字资源的细粒度整合。

（二）人机协同的服务与保障

人机协同是实现智慧图书馆信息服务的重要特征，通过结合人和智能机器人

---

① Yao F, Zhang C Y, Chen W. Smart Talking Robot Xiaotu: Participatory Library Service Based on Artificial Intelligence [J]. Library Hi Tech, 2015, 33（2）: 245-260

的优势来实现信息服务目标。从人机协同服务团队来看，智慧图书馆信息服务的实现需要人机交互和协作，人机协同服务团队中的人员除了专业馆员外，还需包括数据工程师。读者需求的多样性，要求图书馆员将智能机器人视为合作伙伴，共同为读者提供个性化服务产品。相关服务产品的开发过程，需要结合馆员和数据工程师的创新设计能力以及智能机器人的拟人化和智能化优势。

从人机协同服务模式来看，这种模式涉及多方深度参与，包括读者、智能机器人和服务人员。智能机器人通过物理、虚拟和关系等多种方式嵌入，实现跟用户的服务和交互，实现多方目标、行为和关系的协同。这种协同不仅有助于提升服务质量，也能更好地满足读者需求。通过这种方式，形成了包含读者、智能机器人及服务人员深度参与的人机协同服务模式。

在人机协同服务模式中，图书馆能够根据读者的个性化需求，创建多样化的人机协同服务场景。通过介绍智能机器人的数据感知、产品加工、服务推送等原理，图书馆可以加深并增强读者对人机协同服务的理解和信任。

同时，图书馆利用语音、肢体语言、情感等多种媒介，极大地提升人机协同服务模式中的群智协同效率。这种模式的成功在于，满足用户的个性化需求，建立处理人机冲突的机制，并确保服务过程中的数据安全及服务的深度和流畅性。

（三）智慧文化的培育与营造

智能机器人在图书馆智慧服务中取得了显著成效，但也引发了一系列问题，例如部分馆员的职业危机感、用户智能的异化，以及人工智能的可解释性问题。为平衡人机协同机制中的问题，图书馆应采取必要的措施。具体来说，图书馆可以利用智慧城市、智慧社区、智慧政务等多种智慧平台，开展以智能机器人为载体的开放型智慧文化对话，让智能机器人融入其中，搭建起图书馆和公众的沟通渠道，并利用这些智慧服务渠道发现并分析读者的个性化阅读需求。[①]

同时，智能机器人有多种类型，如传感机器人、人机协作机器人、自主型机器人等，它们各具特点和优势。图书馆可以有针对性地打造相关的机器人服务集群，提供健康咨询、专业知识、公共文化等服务，用智能技术助力图书馆传统服务的升级和转型，构建以技术、资源、文化为主体的多元开放服务系统。此外，图书馆可以将智能机器人更深入地融入读者的生活和工作，将智能机器人的情感

---

①李立睿.人工智能视角下图书馆的服务模式重构与创新发展——基于英国《人工智能：未来决策的机遇与影响》报告的解析 [J].图书与情报，2017（06）：30-36

价值融入培训、讲座、游戏等实践活动中，推动读者智慧素养的培养。

二、智能机器人在图书馆服务中的具体应用

智能机器人的广泛应用为图书馆的智慧化发展提供了重要的实现途径。智能机器人将图书馆的多个要素连接起来，如馆员、读者、空间、文化、数据、技术等，既为馆员提供了人机协同的工作模式，又为读者提供了智慧化服务和满足个性化需求的解决方案。

图书馆的业务涵盖导览服务、资料管理、客服、教育、安全等多个方面，而智能机器人在识别、语音、判断等智能技术方面越来越成熟，正好满足了图书馆智慧化建设的要求。这让馆员得以从重复、繁琐的任务中解放出来，显著提升图书馆服务的效率和质量。智能机器人的这些优势使其在图书馆智慧化建设中发挥重要作用，并在业界得到广泛推广。

（一）智能导览类机器人

这类机器人的主要功能包括迎宾接待、多语种语音互动、馆情介绍、窗口引导、导览服务和导航指引等，能提供全方位服务，满足多种场合和不同需求。在展馆、博物馆、图书馆等场所，它们可以充当导览员和咨询师，为游客或读者提供个性化的服务和指引。同时，多语种语音交互功能为不同国家和地区的人们或者残障人士提供无障碍交流体验。此外，这类机器人还可用于银行、医院等场所的窗口引导，帮助客户快速定位所需服务和位置。例如，国家图书馆数字图书馆体验区的智能机器人"小图"、南京大学图书馆的"图宝"、西南大学图书馆的"西小图"等，都是这类机器人的应用实例。

（二）资料管理类机器人

这类机器人的主要功能包括图书搬运、自动检索、资料整理、智能定位与分拣、自动分类与存取、自主盘点等。这些功能让机器人在图书馆中发挥着重要作用，能提升图书馆管理效率和读者借阅体验。机器人能够自主移动，快速准确地定位并搬运所需图书。此外，它们还能对图书进行分类、整理和盘点，使图书馆藏书更加有序和规范。例如，武汉大学的超高频 RFID 技术图书盘点机器人"图客"、西班牙卡斯捷罗大学的图书自动存取机器人"UJI"、苏州第二图书馆的智能立体书库、深圳宝安图书馆的智能分拣机器人"小智"和"若愚"等，都是此类

机器人的代表。

（三）问答咨询类机器人

这类机器人具备多种功能，包括语音咨询与交互、详细讲解与展示、智能聊天、自动说书、业务值守、问答百科以及自动化宣传等。这类机器人利用先进的人工智能技术，能够迅速准确地回应各种咨询，实现实时交互沟通，提升了服务效率和用户满意度。它们也广泛应用于客服、教育、娱乐、医疗等领域，为用户提供更便捷、更智能的服务体验。例如，清华大学图书馆的虚拟智能聊天机器人"小图"、苏州图书馆的智能机器人"旺宝"、上海交通大学图书馆的IM咨询机器人"小交"等，都属于这类机器人。

（四）学习教育类机器人

这类机器人拥有多方面的功能，能为STEAM课程提供定制化支持，实现双师协同教学，还能为学生提供答疑和学习评价等服务。这些功能使机器人能够为学生创造个性化和全方位的学习体验，协助他们更高效地掌握知识和技能。机器人还能根据学生的学习进度和反馈进行智能调整，从而提高教学质量和效果。在教育领域，这类机器人预计将发挥越来越重要的作用，为教育的进步注入新的活力。例如，美国芝加哥公共图书馆的教学辅助机器人"Finch"、德国法兰克福公共图书馆的机器人"Dash"、成都图书馆的"乐学乐创机器人"等。

（五）特殊服务类机器人

这类机器人主要提供辅助服务特殊人群、远程阅览服务等功能。它们能为特殊人群提供必要支持，帮助他们更便捷地利用图书馆资源，例如帮助残障人士获取图书，为视障人士提供自动阅读服务。此外，远程阅览服务使用户轻松快捷地获取信息，实现随时随地阅读。例如，德国不莱梅大学图书馆的辅助取书机器人"FRIEND"、丹麦北欧亚洲研究所图书馆的自动阅读图书机器人"Nabaztag"、西密歇根大学的网真机器人"CSRL"等。

（六）安全管理类机器人

这类智能机器人的主要功能包括自动巡逻、噪音示警、远程监控和消毒保洁等。它们在多种场景下发挥重要作用，从而提高安全性和工作效率。夜间巡逻时，机器人可以自主移动，侦测异常情况，如发现入侵者或物品损坏等。检测到噪音时，机器人会发出警示，以提醒相关人员及时处理。远程监控功能让用户能随时掌握重要场所的状况。在公共场合，机器人还能进行消毒和保洁工作，确保环境卫生和安全。这些机器人不仅提升了工作效率，还为人们提供了更安全、舒适的工作和生活环境。例如，北川图书馆的测温机器人、自主巡逻示警机器人，以及广州市黄埔区图书馆的消杀机器人"瓦力"等，都属于此类机器人。

第四节　基于ChatGPT的特殊群体无障碍服务

我国在推动公共文化服务发展的同时，也对特殊群体无障碍服务提出了明确要求。作为社会教育和文化传承的重要场所，图书馆必须提供无障碍服务，以满足不同群体的需求。

在满足特殊群体需求方面，传统服务模式往往面临一些挑战。例如手语服务，依赖专业的手语翻译人员，而这种资源却很难得到保障。同时，线下图书馆的服务时间有限，服务范围也受限。残障人群可能因行动不便而难以到馆，而老年人和未成年人则更需要深度情感交流的方式。

对于残障人士这一需要特别关注的群体，图书馆需要针对不同类型的残障人群提供差异化的服务。对于视障人士，图书馆可以利用ChatGPT等工具提供虚拟数字人，作为语音服务助手，帮助他们获取电子书籍等资料，协助他们参加图书馆的各种活动。对于听障人士，图书馆可以提供手语数字人服务，以增强他们在文化活动中的交流和互动。这些措施有助于提升图书馆对特殊群体的服务质量，实现更广泛的文化包容性。

目前，由于生成成本和优化技术的限制，AI手语主播的应用尚不广泛。ChatGPT等工具能够提供特定领域的大型数据集，以保证AI手语主播翻译的精准性。此外，领域微调技术可以使AI虚拟主播对特定领域的术语、表达方式等进行更准确地处理和呈现。

同时，ChatGPT能进行大规模的手语数据收集与标注，确保生成的手语准确且流畅，从而提供更优质的手语翻译体验。

对于肢体障碍群体，图书馆可以利用在线平台将图书资源信息推送至多个终端，让肢体障碍人士远程享受虚拟数字人提供的阅读服务。

对于老年群体，图书馆通过提供更具人文关怀的服务，使虚拟数字人的交流方式更富人情味。ChatGPT的人类反馈强化学习技术，能在持续训练中培养虚拟数字人的共情能力。通过深层次的情感交流，让老年群体感受到温暖，提升他们对图书馆的信任度和满意度。

对于未成年人，图书馆的虚拟数字人可以运用生成式AI等技术，如以孩子喜欢的形象"班长小艾"提供图书馆教育服务。ChatGPT能够在与孩子的互动中了解他们的学习能力，生成个性化的教育路径，支持图书馆虚拟数字人的定制化教育服务。

第五节　基于计算机视觉的读者服务

计算机视觉（Computer Vision）是一门让机器理解、处理图像和视频的科学，它通过模拟人的视觉过程来识别、分析、理解、重建图像或视频中的场景、人物和动作。目前，这项技术在图书馆的智慧服务中得到广泛应用。

一、基于计算机视觉技术的业务自动化

基于计算机视觉技术的图书馆业务自动化，主要包括图书馆自助借阅系统、智能书架、自动化分类排序和自动盘点等。一些图书馆已开发出利用计算机视觉技术的自助借阅系统。该系统通过摄像头采集书脊图像，识别图书的书名、作者等关键信息，然后与数据库中的图书信息进行匹配，确认图书身份。这种方法不仅提高了借阅效率，还避免了人工输入错误。

智能书架利用计算机视觉技术识别图书封面和标签，实现图书的自动分类和排列。这项技术不仅适用于图书馆的书籍管理，也可用于私人书架的自动化管理。计算机视觉技术还能自动对图书进行分类和排序。通过识别图书封面上的文字、图像和颜色等特征，系统能够将图书归入相应类别并放置到正确的位置上。

此外，计算机视觉技术也能用于图书馆对图书进行自动化盘点。通过识别图

书封面信息，系统能自动记录每种图书的数量和位置，显著提升盘点效率。

二、基于计算机视觉技术的读者信息服务

采集读者数据是智慧图书馆建设的关键环节，直接影响到图书馆数据资源的准确性。计算机视觉技术能系统化、无接触地获取读者行为信息，为图书馆提供宝贵的数据支持，从而支撑图书馆更有效地开展服务。具体服务模式主要包括：

（一）图书馆的借阅情况实时监测

在借阅台或借阅区安装传感器，可以准确地收集图书的借阅频率、归还速度等数据信息。这些信息有助于图书馆管理层及时调整借阅策略。例如，如果某本书的借阅频率很高，可能表明它受到读者欢迎，图书馆可以考虑增加该书的采购量，以满足读者需求。

（二）自修座位实时监控

在图书馆内安装传感器，能实时监控座位使用情况，帮助图书馆合理调度座位资源。可以开发"座位自动预约"系统，让读者一进入图书馆便能自动预约到空闲座位，从而提升读者满意度。

（三）基于读者行为数据的信息推送

分析读者的借阅历史有助于了解其兴趣喜好，进而提供个性化图书推荐。例如，图书馆的推荐系统可以依据读者的专业和兴趣等因素，推荐相关图书资源，提高借阅成功率。图书馆可利用基于计算机视觉的智能传感服务平台收集数据，支持智慧图书馆的数据需求。这一过程涉及使用计算机设备识别并存储读者数据，经过预处理后，将原始数据和关系数据分类存储于数据库中。同时，图书馆数据资源还应涵盖设备和人员信息。馆员可依据需求设置时间、地点等采集参数，确保数据的准确性和稳定性。

智能传感服务平台能提供多样化的数据和服务方式，以适应不同服务对象。它能在不影响读者的情况下收集数据，并自动生成多种决策方案，及时响应读者需求。

计算机视觉技术的应用，为图书馆提供了更便捷、高效的管理手段。如何在保障读者体验的同时，巧妙运用计算机视觉技术采集读者数据，是当前图书馆工作中的一个重要课题。

第六节　基于协同过滤的检索推荐服务

检索服务是一种情报服务工作，广泛用于图书馆信息检索中，它根据用户的具体信息需求进行定向检索。然而，在实际应用时由于读者往往难以精准表达自己的需求，模糊搜索技术应运而生。推荐服务作为模糊检索技术的重要应用，在搜索平台和电商领域得到广泛应用。基于模糊检索的推荐服务通过平台对用户行为数据进行模糊处理，并生成商家推送信息，满足用户和商家的需求。

当这种推荐服务应用于图书馆服务，读者通过检索输入信息，图书馆通过推荐服务输出信息，既满足读者的个性化需求，也使知识获取和信息推荐趋于统一。

基于协同过滤的检索推荐服务，是一种利用协同过滤算法的推荐系统。它主要根据用户的历史行为数据，如搜索记录、购买记录、浏览记录等，推测用户兴趣，并提供个性化推荐。这种服务能更精准地满足用户需求。

基于协同过滤的智慧检索推荐系统，其主要服务模式是利用特征工程技术分析读者数据库和资源数据库，将获取到的特征进行独立存储，然后利用匹配规则和决策算法进行最优解计算，以获得最佳检索推荐结果。系统从读者或读者群体中选取符合特定需求的资源集合，完成推荐过程，并通过图书馆设备和读者手机输出结果。同时，系统还收集读者满意度反馈信息，动态优化算法。

从读者特征库中获取的年龄、职业、爱好、位置等特征信息，可用于通过分类算法技术对读者群体进行分类。针对不同类型的读者群体，采取不同的服务方式进行信息推送和活动推广，如馆员推荐、群体推荐、系统推荐等。

图书馆员可以根据读者个性化信息和馆藏情况推荐合适资源，这是馆员推荐。基于读者喜好，通过社交平台或线下交流等途径对已获取的知识服务资源进行分享，这是群体推荐。另外，系统还会根据检索结果、个人列表、热门资源及咨询情况等来推荐资源。这些推荐方式都有助于读者更便捷地获取所需资源。

参考文献 /

1. AHMED I A, SENAN E M, RASSEM T H, et al. Eye tracking-based diagnosis and early detection of autism spectrum disorder using machine learning and deep learning techniques[J]. Electronics, 2022, 11(4): 530.

2. AL BANNA M H, GHOSH T, ABU TAHER K, et al. A monitoring system for patients of autism spectrum disorder using artificial intelligence[C]// Brain Informatics. Cham: Springer International Publishing, 2020: 251-262.

3. ALSOBHI A Y, ALYOUBI K H. Adaptation algorithms for selecting personalised learning experience based on learning style and dyslexia type[J]. Data Technologies and Applications, 2019, 53(2): 189-200.

4. ANTHONY L, YANG J, KOEDINGER K R. Toward next-generation, intelligent tutors: Adding natural handwriting input[J]. IEEE MultiMedia, 2008, 15(3): 64-68.

5. ANZULEWICZ A, SOBOTA K, DELAFIELD-BUTT J T. Toward the autism motor signature: Gesture patterns during smart tablet gameplay identify children with autism[J]. Scientific Reports, 2016, 6: 31107.

6. LI B H, SHARMA A, MENG J, et al. Applying machine learning to identify autistic adults using imitation: An exploratory study[J]. PLoS One, 2017, 12(8): e0182652.

7. BAIO J, WIGGINS L, CHRISTENSEN D L, et al. Prevalence of autism spectrum disorder among children aged 8 years: Autism and developmental disabilities monitoring network, 11 sites, United States, 2014[J]. MMWR Surveillance Summaries, 2018, 67(6): 1-23.

8. BÉLANGER S A, CARON J. Evaluation of the child with global developmental delay and intellectual disability[J]. Paediatrics & Child Health, 2018, 23(6): 403-419.

9. BUSSU G, JONES E H, CHARMAN T, et al. Prediction of autism at 3 years from behavioural and developmental measures in high-risk infants: A longitudinal cross-domain classifier analysis[J]. Journal of Autism and Developmental Disorders, 2018, 48(7): 2418-2433.

10. CABALLERO-MORALES S O, TRUJILLO-ROMERO F. Evolutionary approach for integration of multiple pronunciation patterns for enhancement of dysarthric speech recognition[J]. Expert Systems with Applications, 2014, 41(3): 841-852.

11. CARREIRA J, ZISSERMAN A. Quo vadis, action recognition?A new model and the kinetics dataset[C]//2017 IEEE Conference on Computer Vision and Pattern Recognition (CVPR). Honolulu, HI, USA. IEEE, 2017: 4724-4733.

12. CARSON A M, SALOWITZ N M G, SCHEIDT R A, et al. Electroencephalogram coherence in children with and without autism spectrum disorders: Decreased interhemispheric connectivity in autism[J]. Autism Research, 2014, 7(3): 334-343.

13. DE CASTRO M V, BISSACO M A S, PANCCIONI B M, et al. Effect of a virtual environment on the development of mathematical skills in children with dyscalculia[J]. PLoS One, 2014, 9(7): e103354.

14. CRIPPA A, SALVATORE C, PEREGO P, et al. Use of machine learning to identify children with autism and their motor abnormalities[J]. Journal of Autism and Developmental Disorders, 2015, 45(7): 2146-2156.

15. DAUTENHAHN K, NEHANIV C L, WALTERS M L, et al. KASPAR – A minimally expressive humanoid robot for human – robot interaction research[J]. Applied Bionics and Biomechanics, 2009, 6(3/4): 369-397.

16. DENG J, DONG W, SOCHER R, et al. ImageNet: A large-scale hierarchical image database[C]//2009 IEEE Conference on Computer Vision and Pattern Recognition. Miami, FL, USA. IEEE, 2009: 248-255.

17. DEO R C. Machine learning in medicine[J]. Circulation, 2015, 132(20): 1920-1930.

18. DIEHL J J, SCHMITT L M, VILLANO M, et al. The clinical use of robots for individuals with autism spectrum disorders: A critical review[J]. Research in Autism Spectrum Disorders, 2012, 6(1): 249-262.

19. DUDA M, MA R, HABER N, et al. Use of machine learning for behavioral

distinction of autism and ADHD[J]. Translational Psychiatry, 2016, 6(2): e732.

20. EFSTRATIOU R, KARATSIORAS C, PAPADOPOULOU M, et al. Teaching daily life skills in autism spectrum disorder (ASD) interventions using the social robot pepper[C]// Robotics in Education. Cham: Springer International Publishing, 2021: 86-97.

21. EGGER H L, DAWSON G, HASHEMI J, et al. Automatic emotion and attention analysis of young children at home: A ResearchKit autism feasibility study[J]. NPJ Digital Medicine, 2018, 1: 20.

22. ENGCHUAN W, DHINDSA K, LIONEL A C, et al. Performance of case-control rare copy number variation annotation in classification of autism[J]. BMC Medical Genomics, 2015, 8(Suppl 1): S7.

23. ESTEBAN P G, BAXTER P, BELPAEME T, et al. How to build a supervised autonomous system for robot-enhanced therapy for children with autism spectrum disorder[J]. Paladyn, Journal of Behavioral Robotics, 2017, 8(1): 18-38.

24. EXARCHOS T P, RIGAS G, BIBAS A, et al. Mining balance disorders' data for the development of diagnostic decision support systems[J]. Computers in Biology and Medicine, 2016, 77: 240-248.

25. GONZALEZ C S, GUERRA D, SANABRIA H, et al. Automatic system for the detection and analysis of errors to support the personalized feedback[J]. Expert Systems with Applications, 2010, 37(1): 140-148.

26. GRAVES A, MOHAMED A R, HINTON G. Speech recognition with deep recurrent neural networks[C]//2013 IEEE International Conference on Acoustics, Speech and Signal Processing. Vancouver, BC, Canada. IEEE, 2013: 6645-6649.

27. GUIMARÃES A J, ARAUJO V J S, ARAUJO V S, et al. A hybrid model based on fuzzy rules to act on the diagnosed of autism in adults[C]// Artificial Intelligence Applications and Innovations. Cham: Springer International Publishing, 2019: 401-412.

28. HE K M, ZHANG X Y, REN S Q, et al. Deep residual learning for image recognition[C]//2016 IEEE Conference on Computer Vision and Pattern Recognition (CVPR). Las Vegas, NV, USA. IEEE, 2016: 770-778.

29. HILTON C L, ZHANG Y, WHILTE M R, et al. Motor impairment in sibling

pairs concordant and discordant for autism spectrum disorders[J]. Autism, 2012, 16 (4): 430-441.

30. HINTON G E, SALAKHUTDINOV R R. Reducing the dimensionality of data with neural networks[J]. Science, 2006, 313(5786): 504-507.

31. HUIJNEN C A G J, LEXIS M A S, DE WITTE L P. Matching robot KASPAR to autism spectrum disorder (ASD) therapy and educational goals[J]. International Journal of Social Robotics, 2016, 8(4): 445-455.

32. IBRAHIM S, DJEMAL R, ALSUWAILEM A. Electroencephalography (EEG) signal processing for epilepsy and autism spectrum disorder diagnosis[J]. Biocybernetics and Biomedical Engineering, 2018, 38(1): 16-26.

33. JIANG F, JIANG Y, ZHI H, et al. Artificial intelligence in healthcare: Past, present and future[J]. Stroke and Vascular Neurology, 2017, 2(4): 230-243.

34. KIM J C, AZZI P, JEON M, et al. Audio-based emotion estimation for interactive robotic therapy for children with autism spectrum disorder[C]//2017 14th International Conference on Ubiquitous Robots and Ambient Intelligence (URAI). Jeju, Korea. IEEE, 2017: 39-44.

35. KOSMICKI J A, SOCHAT V, DUDA M, et al. Searching for a minimal set of behaviors for autism detection through feature selection-based machine learning[J]. Translational Psychiatry, 2015, 5(2): e514.

36. KRIZHEVSKY A, SUTSKEVER I, HINTON G E. ImageNet classification with deep convolutional neural networks[J]. Communications of the ACM, 2017, 60 (6): 84-90.

37. LEVY S, DUDA M, HABER N, et al. Sparsifying machine learning models identify stable subsets of predictive features for behavioral detection of autism[J]. Molecular Autism, 2017, 8(1): 65.

38. LI Y M, MACHE M A, TODD T A. Automated identification of postural control for children with autism spectrum disorder using a machine learning approach [J]. Journal of Biomechanics, 2020, 113: 110073.

39. LIU W B, LI M, YI L. Identifying children with autism spectrum disorder based on their face processing abnormality: A machine learning framework[J]. Autism Research, 2016, 9(8): 888-898.

40. MACHADO C, ESTÉVEZ M, LEISMAN G, et al. QEEG spectral and coherence assessment of autistic children in three different experimental conditions[J]. Journal of Autism and Developmental Disorders, 2015, 45(2): 406-424.

41. MAHAJAN R, MOSTOFSKY S H. Neuroimaging endophenotypes in autism spectrum disorder[J]. CNS Spectrums, 2015, 20(4): 412-426.

42. MAHMUD M, KAISER M S, RAHMAN M A, et al. Towards explainable andPrivacy-preserving artificial intelligence forPersonalisation inAutism spectrum disorder[C]// Universal Access in Human-Computer Interaction. User and Context Diversity. Cham: Springer International Publishing, 2022: 356-370.

43. MATEOS-SANCHEZ M, MELO A C, BLANCO L S, et al. Chatbot, as educational and inclusive tool for people with intellectual disabilities[J]. Sustainability, 2022, 14(3): 1520.

44. POP C A, SIMUT R, PINTEA S, et al. Can the social robot probo help children with autism to identify situation-based emotions?a series of single case experiments[J]. International Journal of Humanoid Robotics, 2013, 10(3): 1350025.

45. QIU Z F, YAO T, MEI T. Learning spatio-temporal representation with pseudo-3D residual networks[C]//2017 IEEE International Conference on Computer Vision (ICCV). Venice, Italy. IEEE, 2017: 5534-5542.

46. ROSENBLUM S, DROR G. Identifying developmental dysgraphia characteristics utilizing handwriting classification methods[J]. IEEE Transactions on Human-Machine Systems, 2017, 47(2): 293-298.

47. ROUHI A, SPITALE M, CATANIA F, et al. Emotify: Emotional game for children with autism spectrum disorder based-on machine learning[C]//Companion Proceedings of the 24th International Conference on Intelligent User Interfaces. Marina del Ray California. ACM, 2019: 31-32.

48. RUDOVIC O, LEE J, DAI M, et al. Personalized machine learning for robot perception of affect and engagement in autism therapy[J]. Science Robotics, 2018, 3 (19): eaao6760.

49. SANGHVI J, CASTELLANO G, LEITE I, et al. Automatic analysis of affective postures and body motion to detect engagement with a game companion[C]// 2011 6th ACM/IEEE International Conference on Human-Robot Interaction (HRI).

Lausanne, Switzerland. IEEE, 2011: 305-311.

50. SCASSELLATI B, ADMONI H, MATARIĆ M. Robots for use in autism research[J]. Annual Review of Biomedical Engineering, 2012, 14: 275-294.

51. SHUKLA P, GUPTA T, SAINI A, et al. A deep learning frame-work for recognizing developmental disorders[C]//2017 IEEE Winter Conference on Applications of Computer Vision (WACV). Santa Rosa, CA, USA. IEEE, 2017: 705-714.

52. SILVERA-TAWIL D, BRADFORD D, ROBERTS-YATES C. Talk to me: The role of human-robot interaction in improving verbal communication skills in students with autism or intellectual disability[C]//2018 27th IEEE International Symposium on Robot and Human Interactive Communication (RO-MAN). Nanjing, China. IEEE, 2018: 1-6.

53. SIMUT R E, VANDERFAEILLIE J, PECA A, et al. Children with autism spectrum disorders make a fruit salad with probo, the social robot: An interaction study[J]. Journal of Autism and Developmental Disorders, 2016, 46(1): 113-126.

54. SONG D Y, KIM S Y, BONG G, et al. The use of artificial intelligence in screening and diagnosis of autism spectrum disorder: A literature review[J]. Journal of the Korean Academy of Child and Adolescent Psychiatry, 2019, 30(4): 145-152.

55. STEINER A M, GOLDSMITH T R, SNOW A V, et al. Practitioner's guide to assessment of autism spectrum disorders in infants and toddlers[J]. Journal of Autism and Developmental Disorders, 2012, 42(6): 1183-1196.

56. STRAUß S. From big data to deep learning: A leap towards strong AI or 'intelligentia obscura'?[J]. Big Data and Cognitive Computing, 2018, 2(3): 16.

57. SZEGEDY C, LIU W, JIA Y Q, et al. Going deeper with convolutions[C]// 2015 IEEE Conference on Computer Vision and Pattern Recognition (CVPR). Boston, MA, USA. IEEE, 2015: 1-9.

58. TAFLA T L, BRUNONI D, CARREIRO L R R, et al. DIagnosys: An analytical framework for the identification of elementary school students with intellectual disability[J]. Frontiers in Education, 2021, 6: 609523.

59. TRAN D, BOURDEV L, FERGUS R, et al. Learning spatiotemporal features with 3D convolutional networks[C]//2015 IEEE International Conference on Computer Vision (ICCV). Santiago, Chile. IEEE, 2015: 4489-4497.

60. VANDERBORGHT B, SIMUT R, SALDIEN J, et al. Using the social robot probo as a social story telling agent for children with ASD[J]. 2012, 13(3): 348-372.

61. VASUDEVAN P, SURI M. A clinical approach to developmental delay and intellectual disability[J]. Clinical Medicine, 2017, 17(6): 558-561.

62. WALL D P, DALLY R, LUYSTER R, et al. Use of artificial intelligence to shorten the behavioral diagnosis of autism[J]. PLoS One, 2012, 7(8): e43855.

63. WANG J, BARSTEIN J, ETHRIDGE L E, et al. Resting state EEG abnormalities in autism spectrum disorders[J]. Journal of Neurodevelopmental Disorders, 2013, 5(1): 24.

64. WIGGINS L D, BAIO J, RICE C. Examination of the time between first evaluation and first autism spectrum diagnosis in a population-based sample[J]. Journal of Developmental and Behavioral Pediatrics, 2006, 27(2 Suppl): S79-S87.

65. XIAO W J, LI M, CHEN M, et al. Deep interaction: Wearable robot-assisted emotion communication for enhancing perception and expression ability of children with Autism Spectrum Disorders[J]. Future Generation Computer Systems, 2020, 108: 709-716.

66. YAO F, ZHANG C Y, CHEN W. Smart talking robot Xiaotu: Participatory library service based on artificial intelligence[J]. Library Hi Tech, 2015, 33(2): 245-260.

67. YOO H. Genetics of autism spectrum disorder: Current status and possible clinical applications[J]. Experimental Neurobiology, 2015, 24(4): 257-272.

68. LOVELINE ZEEMA J, FRANCIS XAVIER CHRISTOPHER D. Evolving Optimized Neutrosophic C means clustering using Behavioral Inspiration of Artificial Bacterial Foraging (ONCMC-ABF) in the Prediction of Dyslexia[J]. Journal of King Saud University - Computer and Information Sciences, 2022, 34(5): 1748-1754.

69. ZHOU J, PARK C Y, THEESFELD C L, et al. Whole-genome deep-learning analysis identifies contribution of noncoding mutations to autism risk[J]. Nature Genetics, 2019, 51(6): 973-980.

70. 毕小彬，范晓壮，米文丽，等. ICD-11和DSM-5中孤独症谱系障碍诊断标准比较［J］. 国际精神病学杂志，2021，48（2）：193-196.

71. 蔡自兴，徐光祐. 人工智能及其应用［M］. 2版. 北京：清华大学出版社，

1996.

72. 蔡自兴. 人工智能学派及其在理论、方法上的观点 [J]. 高技术通讯，1995，5（5）：55-57.

73. 邓柳，雷江华. 人工智能应用于特殊教育的知识图谱分析 [J]. 中国特殊教育，2021（3）：18-25.

74. 丁勇. 以专业标准引领特殊教育教师专业成长：关于《特殊教育教师专业标准（试行）》的解读 [J]. 现代特殊教育，2015（18）：3-11.

75. 范里. 基于个别化教育支持系统，深度推进特殊教育信息化 [J]. 现代特殊教育，2017（11）：38-40.

76. 郭毅可. 论人工智能历史、现状与未来发展战略 [J]. 学术前沿，2021（23）：41-53.

77. 黄伟，聂东，陈英俊. 人工智能研究的主要学派及特点 [J]. 赣南师范学院学报，2001，22（3）：73-75.

78. 金星明. 孤独症谱系障碍诊断：再读DSM-5的启示与感悟 [J]. 教育生物学杂志，2020，8（2）：144-146.

79. 乐惠骁，汪琼. 人机协作教学：冲突、动机与改进 [J]. 开放教育研究，2022，28（6）：20-26.

80. 李红霞. 人工智能的发展综述 [J]. 甘肃科技纵横，2007，36（5）：17-18.

81. 李立睿，张嘉程，魏银珍，等. 智能机器人赋能图书馆服务：内涵、特征与实施路向 [J]. 图书馆学研究，2022（11）：10-18.

82. 李立睿. 人工智能视角下图书馆的服务模式重构与创新发展：基于英国《人工智能：未来决策的机遇与影响》报告的解析 [J]. 图书与情报，2017（6）：30-36.

83. 李西，田真玲，姜孟. 机器学习在孤独症筛查与诊断中的应用研究进展 [J]. 中国特殊教育，2022（9）：47-54.

84. 李晓芳，雷江华. 人工智能赋能融合教育高质量发展的路径探析 [J]. 残疾人研究，2023（3）：58-65.

85. 李艳燕. 人工智能教育应用 [M]. 北京：北京师范大学出版社，2022.

86. 连翔. 自闭症儿童心理发展与教育 [M]. 上海：复旦大学出版社，2018.

87. 刘学兰. 自闭症儿童的教育与干预 [M]. 广州：暨南大学出版社，2012.

88. 卢宏涛，张秦川. 深度卷积神经网络在计算机视觉中的应用研究综述 [J].

数据采集与处理，2016，31（1）：1-17.

89. 陆九天，李泽浩，高娟. 全球数字经济典型战略布局概况［J］. 数字经济，2023（8）：74-89.

90. 舒明跃. 孤独症诊疗康复与教育［M］. 北京：华夏出版社，2010.

91. 庹敏，侯梦婷，鲍娟. 人工智能在医疗领域的应用现状和思考［J］. 中国现代医生，2022，60（22）：72-75.

92. 王伟. 人工智能技术在智慧交通领域的应用研究［J］. 智能建筑与智慧城市，2020（6）：88-89.

93. 王正青，于天傲. 人工智能技术如何赋能特殊学生教育：基于美国中小学的实践经验［J］. 现代远距离教育，2022（5）：42-49.

94. 吴金娇. 同济大学研发国内首款全自动无针疫苗注射机器人［N］. 文汇报，2022-01-19（7）.

95. 吴青，刘毓文. ChatGPT时代的高等教育应对：禁止还是变革［J］. 高校教育管理，2023，17（3）：32-41.

96. 邢同渊. 智力障碍儿童心理与教育［M］. 北京：中国轻工业出版社，2015.

97. 闫志远，梁云雷，杜志江. 腹腔镜手术机器人技术发展综述［J］. 机器人技术与应用，2020（2）：24-29.

98. 尹岚，李岩，张联弛. 孤独症儿童教育康复的原理与方法［M］. 南京：南京师范大学出版社，2021.

99. 尤娜，杨广学. 自闭症诊断与干预研究综述［J］. 中国特殊教育，2006（7）：26-31.

100. 张夏恒. 基于新一代人工智能技术（ChatGPT）的数字经济发展研究［J］. 长安大学学报（社会科学版），2023，25（3）：55-64.

101. 赵英华. 人工智能技术在交通领域的应用［J］. 河南科技，2021，40（12）：19-21.

102. 钟文俊，苏福根，罗江华. 人工智能助力高等教育教学：宏观趋势、技术实践及未来设想：《2023 EDUCAUSE地平线报告（教与学版）》要点解读［J］. 中国教育信息化，2023，29（6）：35-45.

103. 朱雨萌，李艳，杨玉辉，等. 智能技术驱动高等教育变革：2023地平线报告：教与学版的要点与反思［J］. 开放教育研究，2023，29（3）：19-30.